基于语料库的汉语词束研究

彭咏梅 余静 著

上海交通大学出版社
SHANGHAI JIAO TONG UNIVERSITY PRESS

内容提要

本书利用语料库方法,基于一个 100 万词的汉语口语语料库 LLSCC 和一个 100 万词的汉语书面语语料库 LCMC 对汉语词束进行研究。相关内容分为定性讨论和语料库实证调查两部分。定性讨论包括汉语词束的界定、识别和分类等内容。语料库实证调查主要包括以下三个方面:① 比较汉语自然会话和学术写作两种语体中,词束在数量、结构分类、功能分类以及离散度等方面的情况;② 比较自然会话、剧本、专题话题和口头叙述四种口语语体中,汉语词束在数量和频率、结构分类、功能分类以及离散度等方面的情况;③ 比较新闻、公文、学术写作和小说四种书面语体中,汉语词束在数量和频率、结构分类、功能分类以及离散度等方面的情况。该书具有较强的理论意义和实践意义,可为相关研究提供参考。

图书在版编目(CIP)数据

基于语料库的汉语词束研究 / 彭咏梅,余静著. —
上海:上海交通大学出版社,2023.11
ISBN 978 - 7 - 313 - 29550 - 7

Ⅰ. ①基… Ⅱ. ①彭… ②余… Ⅲ. ①汉语—语言学
—研究 Ⅳ. ①H1

中国国家版本馆 CIP 数据核字(2023)第 185837 号

基于语料库的汉语词束研究
JIYU YULIAOKU DE HANYU CISHU YANJIU

著　　者:彭咏梅　余　静
出版发行:上海交通大学出版社　　　　　　地　　址:上海市番禺路 951 号
邮政编码:200030　　　　　　　　　　　　电　　话:021 - 64071208
印　　制:苏州市古得堡数码印刷有限公司　经　　销:全国新华书店
开　　本:710 mm×1000 mm　1/16　　　　印　　张:19.5
字　　数:298 千字
版　　次:2023 年 11 月第 1 版　　　　　　印　　次:2023 年 11 月第 1 次印刷
书　　号:ISBN 978 - 7 - 313 - 29550 - 7
定　　价:98.00 元

前 言

FOREWORD

词束指"频繁地共现于多个文本中的多词序列"（Biber et al., 1999：990），是多词单位的一种。Biber 等人（1999）认为，词束可看作是延伸的搭配结构。在频率方面，词束频繁共现于语言表达中；在结构方面，词束结构清晰，具有可分析性和可变化性；在意义方面，词束意义明确，总体意义是其构成成分意义之和。

国内外词束研究始于 20 世纪末，一般采用语料库方法，注重考察单词及其出现的语言环境。研究表明，词束在英语、西班牙语、朝鲜语、德语等多种语言中广泛存在，可充当语言的构建块，在句子中起连接前后成分的桥梁作用，也可促进语言加工，提升语言表达的流利性。同时，词束也可实现话语功能，帮助说话者或写作者表达立场、组织话语和表达指示，有利于读者或听者理解信息。此外，词束研究还发现，不同语言类型的词束以及同一语言不同语体中的词束，在数量、结构分类和功能分类方面的表现特征并不相同，体现了各自语言一些独有的特点。

汉语和英语有着不同的语言特点：汉语注重意念，而英语注重结构；汉语注重主体思维，而英语注重客体思维；汉语注重具体、实在的表达，而英语注重抽象思维等等。而且，Biber、Kim 和 Tracy-Ventura（2010）的研究发现，不同语言的不同语体中，词束在数量、频率、结构分类、功能分类等方面存在差异。如英语学术写作中，词束结构以名词/介词类为主，自然会话中以动词类为主。西班牙语口语和书面语中词束均以名词/介词类为最多。朝鲜语词束中，基于动词的词束最少，存在性词束最普遍，且学术写作中的词束比自然会话中的词束更多。

但是，前人的词束研究并未对词束的离散度情况进行探讨，且主要集中于英语词束研究，采用语料库方法探讨汉语词束的研究比较稀缺，对汉语词束的特征缺乏了解,所以有必要利用语料库方法对汉语词束进行研究。

目前汉语词束研究比较薄弱,不如英语词束研究系统、全面和深入,一些规律性的认识散见于个别学者的研究中,缺乏专门的、系统的汉语词束研究。

笔者通过结合汉语语言特点,对汉语词束进行界定、识别和分类,可框定汉语词束研究的研究对象和范围,提高研究的针对性和精准性,而且有助于揭示汉语词束的内在特征和规律。本书不仅可以为汉语词束的实证调查明确范围和内容,而且可以丰富不同语言类型的词束研究。

词束在语言中广泛存在,在语言表达中可起到构建块的作用,减少语言加工的压力,提高语言使用的准确性和流利性。因此,相关结果有利于语言的学习和使用。

本书旨在通过定性和定量研究揭示汉语词束的特点,丰富不同语言的词束研究。本书若存在不妥之处,敬请广大读者批评指正。

本书付梓之际,笔者想衷心感谢浙江大学,感谢瞿云华教授、肖忠华教授、马博森教授,感谢江西中医药大学人文学院对我们的支持。最后,笔者还要感谢家人给予我们的支持。

彭咏梅　余　静
2023 年 2 月

目 录
CONTENTS

图 目 录

表 目 录

第 1 章

绪　论

词束(lexical bundles)是指"频繁地共现于多个文本中的多词序列" (Biber et al., 1999: 990),是多个词语共现于某一语境的搭配,是一种多词单位。

词束研究起步较晚,研究者一般采用语料库方法对词束进行研究,注重考察单词及其共现的语境。国内外词束研究发现,英语、西班牙语、朝鲜语、德语等多种语言中都有词束,且词束在语言表达中可起构建块的作用,有助于语言的连贯性。同时,英语、西班牙语和朝鲜语的词束对比研究发现,不同语言的词束以及同一语言不同语体中的词束,在数量、结构分类、功能分类等方面表现的特征并不相同,体现了各自语言一些独有的特点。

然而,前人的词束研究并未对词束的离散度情况进行探讨。目前,词束研究主要关注英语词束,很少讨论汉语词束,运用语料库方法的汉语词束研究更为匮乏。汉语词束在数量、结构分类、功能分类以及离散度方面呈现出哪些特点,有待考察。因此,利用语料库方法对汉语词束进行研究有必要且有价值。分析汉语词束在界定、识别、结构分类、功能分类以及离散度方面所体现的规律性特点,可完善不同语言类型的词束研究。

1.1　研究背景

Biber 等人(1999)认为,词束是频繁共现于语言表达中的一种多词单位,可看作是延伸的搭配结构。在频率方面,词束频繁共现于语言表达中。在结构方面,词束结构清晰,具有可分析性和可变化性。在意义方面,词束意义明确,总体意义是其构成成分意义之和。

从 20 世纪末开始,不少研究通过语料库方法对词束进行探讨,代表性的有 Biber 等人(1999)、Biber、Barbieri(2007)、Biber(2008)、Biber、Conrad(2009)、Biber、Gray(2011)等学者所做的研究。这些研究基于语料库的词束数据,证实了英语口语和书面语不同语体中,词束在数量、结构分类、功能分类等方面存在差异,进而为语体理论的发展提供了坚实的数据支持和丰富的语言实例。

Biber、Conrad、Cortes(2004)、Biber、Barbieri(2007)、Hyland(2008a)等人的研究总结了词束研究的意义。他们认为,词束虽然在结构上不完整,但可看成语言模块,在构建话语中具有重要作用,对话语的连贯性起重要的衔接作用(如 as shown in figure)。同时,Hyland(2008a)还认为,词束可体现写作或说话的自然性和地道性,如在学术写作中,"as can be seen"比"as you can see"或"as can be observed"更加常见。

Salazar(2014)认为,词束研究具有意义。首先,词束通过计算机手段和频率标准提取获得,这比仅凭借经验判断的传统多词单位的研究更客观。其次,研究者可根据词束出现的具体语境对词束进行讨论,即考察不同语体或语类中的词束。再次,不同语体中词束的研究证实了词束语体研究的可行性和意义(如 Biber 等人,1999;Biber、Conrad、Cortes,2004;Biber,2006;Hyland,2008a 等)。

心理实验(如 Conklin、Schmitt,2008;Millar,2011;Martinez、Schmitt,2012)发现,词束可促进语言表达的流利性。因为词束不需经过加工,可直接从大脑中整体提取并应用。一些学者(如 Laufer、Waldman,2011;Crossley、Salsbury,2011)发现,词束使用越正确,语言的流利程度越高。

目前词束研究主要集中于英语词束,偶有一些学者关注其他语言的词束,例如西班牙语词束(如 Butler,1998;Biber、Kim、Tracy-Ventura,2010)和朝鲜语词束(如 Kim,2009)。Biber、Kim、Tracy-Ventura(2010)对比了英语、西班牙语以及朝鲜语三种不同语言的词束,发现英语、西班牙语和朝鲜语三种语言的词束结构分类不一,如英语有基于动词、基于名词和从句类三类词束,西班牙语有基于动词和基于名词两类词束,朝鲜语有基于动词、基于名词和存在性词束三类词束。同时发现,在结构分类、数量、频率、功能等方面,不同语言的词束表现出差异,体现了各自语言的特点。

然而,前人的词束研究并未对词束的离散度情况进行探讨。而且,汉语作为世界上使用人数最多的语言之一,其语言特征不同于英语。连淑能(1993/2004)、陈德彰(2011)、潘文国(2010)等人的英汉对比研究发现,英语和汉语属于两种不同的语言体系,英语属于分析语,汉语属于综合语。通过和英语语言特征进行对比,汉语语言特征在多个方面体现了不同之处。

1)注重意念

连淑能(1993/2004)认为,英语句子注重结构完整以及形式规范。尽管有时英语句子在表面上繁简交替、长短交错,但其在形式上仍不流散,原因主要归结为英语有许多聚集句子的手段,如采用形态标记或连接词使各种成分关系分明。

与英语不同,汉语注重表达的内在意念,而非外在形式。根据刑福义和汪国胜(2011)的总结,汉语的意念主要表现为两个重要特点:首先,汉语语言没有形态变化,词序在汉语语言表达中起着重要作用,如"我看他"和"他看我",这两个句子的形式一样,只是词序有所不同,但两句话的意思完全相反。其次,虚词的作用至关重要。汉语主要通过虚词体现词与词之间的关系,如"学校和教学楼"和"学校的教学楼",这两个句子在结构形式上仅有一个虚词不同,而意思却相差甚远。

2)注重主体思维

陈德彰(2011)主张,英语倾向于抽象思维,英语的名词和介词使用相当频繁,表现为常用物称表达事物或事情。换句话说,英语不用人称来叙述,而是让事物以客观的语气呈现。物称也被称为非人称。连淑能(1993/2004)认为,非人称表达法是英语中常见的一种文体风格,在英语书面表达中尤其常见。非人称表达以"什么事发生在什么人身上"的结构出现,使叙事本身显得客观公正,如"Sadness deprived me of all power of utterance"。这种非人称表达通常与被动式一起出现,以显客观和生动。

汉语则不同,比较注重主体思维。连淑能(1993/2004)认为,这种主体思维表现为从自我出发来叙述客观事物,主要通过描述人及其行为状态来实现,一般采用"什么人怎么样了"的结构,如"我伤心得说不出话来"。

汉语的主体思维体现在人称结合动词的结构特别常见,且主动句式偏多。陈德彰(2011)认为这是受儒家思想的影响,因为儒家认为人比物更重要,所以通常用人做主语进行交流,如"老师要求学生遵守规章制度"。连淑能(1993/2004)认为,如无需或不能说出施事者的时候,汉语通常采用主语省略句或泛称(如"有人""人们""大家""别人"等等),以保持句子的主动形式。

受主体思维影响,汉语表达中较少使用被动式,因为被动式在汉语中一般被看成"不幸语态"(inflictive voice)(Xiao & McEnery,2010),常用来表达不如意的事情,如"被开除了""被罢免了"等等。

3)注重具体、实在的表达

潘文国(2010)主张,汉语倾向于采用具体、实在的形式表达抽象的概念。根据陈德彰(2011)的观点,汉语经常使用动词,使语言显得更加动态,如"我开始思考"。汉语用动词"思考"表示"思考"行为,读者或听众可以根据这一行为,想象人在思考时的一些特征。汉语用具体、实在的行为和动作表达了"思考"这一抽象的概念。英语则与此相反,喜欢用"My thought begins its journey"。英语用抽象名词"thought"作主语,用表物名词做主语,代替"思考"这一行为。

陈德彰(2011)认为,汉语注重实体,还表现在丰富的量词上,以更形象的方式描述名词的数量,如一条狗、一间房等。英语倾向于在描述的名词后直接加"s",只有少数不可数名词,其数量结构与汉语带量词的名词结构在表面上看起来有些类似,如"a piece of bread"(一片面包),"a bottle of water"(一瓶水)等,但其中的"piece"和"bottle"是名词,不是量词。

综上所述,汉语和英语有着不同的语言特点:汉语注重意念,而英语注重结构;汉语注重主体思维,而英语注重客体思维;汉语注重具体、实在的表达,而英语注重抽象思维等等。而且,Biber、Kim、Tracy-Ventura(2010)的研究发现,不同语言的不同语体中,词束在数量和频率、结构分类和功能分类等方面存在差异。如英语学术写作中,词束以名词/介词类为主,自然会话中以动词类为主。西班牙语口语和书面语中词束均以名词/介词类为最多。朝鲜语词束中,基于动词的词束最少,存在性词束最普遍,且学术写作中的词束比自然会话中的词束更多。

目前汉语词束研究比较薄弱,不如英语词束研究系统、全面和深入,一些规律性的认识散见于个别学者的研究中,缺乏专门的、系统的汉语词束研究。只有 Xiao(2011)运用语料库方法,调查了汉语翻译文本和汉语母语文本中的词束,发现翻译文本中词束更多,因为译者试图使翻译文本尽可能接近母语文本。

因此,汉语词束具有哪些规律性的特征,有待深入探讨和总结。为此,笔者基于英语词束研究的成果,以词束在不同语体中的使用特征为切入点,分析归纳汉语口语和书面语多种语体中,词束在数量、结构分类、功能分类以及离散度方面的规律,以丰富词束研究。

1.2 研究目标

本书将汉语词束讨论分为定性探讨和实证研究两部分。定性探讨涉及汉语词束的界定、识别和分类等方面的内容。实证研究则采用肖忠华等老师创建的两个大型汉语语料库,即"兰卡斯特—洛杉矶口语语料库"(The Lancaster Los Angeles Spoken Chinese Corpus,简称 LLSCC)和"兰卡斯特汉语语料库"(Lancaster Corpus of Mandarin Chinese,简称 LCMC)①,系统地分析汉语词束在自然会话、专题话题、剧本、口头叙述四种口语体,以及学术写作、新闻、公文和小说四种书面语语体中,在数量、结构、功能以及离散度方面的情况,探知其体现的汉语语言特点,以及不同语体的特点,总结汉语词束规律性特征。本书拟实现以下三个目标:

(1)对汉语词束进行界定,总结汉语词束特征和识别条件,实现汉语词束界定和识别的互补论证。

(2)总结汉语词束在数量、结构分类、功能分类以及离散度方面的规律,挖掘汉语词束规律反映出的汉语语言特点以及不同语体的特征。

(3)总结可优先教授和学习的汉语词束表。

---

① LLSCC 语料库为肖忠华、陶红印等老师所建,LCMC 为肖忠华等老师所建。感谢同意本人使用这两个语料库进行语言研究。

1.3 研究意义

1.3.1 理论意义

在理论方面,词束研究可促进多词单位研究的发展,因为词束研究把传统多词单位的探讨由边缘的习语、谚语等固定结构转向了人们经常使用的语言中心结构,拓展了多词单位研究的广度和深度。

本书结合汉语语言特点,对汉语词束进行界定、识别和分类,可框定汉语词束研究的研究对象和范围,提高研究的针对性和精准性,而且有助于揭示汉语词束的内在特征和规律。本书不仅可以为汉语词束的实证调查明确范围和内容,而且可以丰富不同语言类型的词束研究。

1.3.2 实践意义

在实践方面,词束有利于语言的学习和使用,因为词束在语言中广泛存在,在语言表达中可起到构建块的作用,减少语言加工的压力,提高语言使用的准确性和流利性。

为此,本书根据频率、覆盖率和离散度三个指标进行筛选,最后保留的汉语词束可成为优先教授的词束,用于对外汉语的词汇教学。外国汉语学习者可直接学习汉语词束表,提高汉语水平。

1.3.3 方法论意义

在方法上,笔者对汉语词束进行定性讨论和定量分析,有助于全面呈现汉语词束的特征。

在定性讨论方面,笔者对汉语词束进行界定,对识别条件和分类进行总结和归纳。汉语词束界定过程,遵循"初步界定—识别操作—完善界定"的顺序,既把汉语词束初步界定中外在、结构、意义以及频率等方面的特征融入识别条件,体现界定对识别的指导,又把识别条件中更具体的提取频率、结构、意义、标点符号和语感等因素融入汉语词束的界定中,完善汉语词束的初步界定,体现识别对界定的帮助,实现汉语词束界定和识别的互补论证。

在定量分析方面,本书通过计算离散度值(D 值),利用对比的方法,从不同语体的特点入手,深入分析汉语词束在离散度方面的特征。相关归纳不是印象式、直觉性、规定性的描述,而是从对比的定量数据开始,走向定性的归纳总结。相关结果有利于促进采用语料库方法的汉语词束实证性研究的发展,进一步完善词束研究体系。

1.4　本书结构

本书共有六章。第 1 章为绪论,简要介绍选题背景、研究目标、研究意义以及全书结构安排等。

第 2 章为文献综述,可分为三部分,旨在总结前人相关研究成果,分析其中存在的不足。第一部分总结词束的理论性研究成果,并分析和归纳词束在界定、识别和分类等方面需要完善的地方。第二部分对 Biber 提出的词束定义进行重新解读,为汉语词束的界定程序和方法做好铺垫。第三部分为基于语料库的词束实证研究综述,通过对运用语料库方法的词束实证研究进行系统地整理,归纳其成果和不足,为进一步的汉语词束实证调查明确方向。

第 3 章为本书的研究方法,包括理论分析框架和研究设计。笔者主要探讨语体概念,陈述本书的理论框架、研究问题、采用的语料库(包括语料的选取、语料的构成、语料的处理)以及本书的设计思路。

第 4 章可分为四个部分,分别为汉语词束的界定、识别、总结可优先教授的汉语词束表,以及汉语词束的分类。

在汉语词束的界定和识别方面,本书借鉴英语词束在界定和识别方面的成果,对整个过程做更为细致的安排,突出两个方面:第一,汉语词束的界定体现汉语语言的特点;第二,通过"初步界定—识别操作—完善界定"的顺序,体现汉语词束界定和识别的互补关系。

在总结汉语词束表时,笔者结合词束的频率、覆盖率以及离散度(D

值)三个指标,归纳可优先教授和学习的汉语词束,以用于对外汉语词汇教学。

汉语词束的分类有三种:按成分词数量分类、结构分类和功能分类。按成分词数量分类主要依据词束构成成分词的数量进行分类;结构分类依据汉语词束主要构成成分词的词性进行分类;功能分类依据主要构成成分词在语言中所起的作用进行分类。

第5章针对汉语词束的调查结果进行分析。基于第4章在界定、识别、分类以及离散度(D值)方面的讨论,第5章对从语料库中提取并保留的词束进行比较、分析,从而发现汉语词束的规律性特征,以及所体现的汉语语言特征和不同语体的特点。

第5章的主要内容分为三部分:① 分析汉语自然会话和学术写作中,词束在数量、结构分类、功能分类以及离散度等方面的情况;② 分析汉语自然会话、专题话题、剧本、口头叙述四种口语语体中,词束在数量、结构分类、功能分类和离散度等方面的情况;③ 分析汉语学术写作、新闻、公文和小说四种书面语语体中,词束在数量、结构分类、功能分类以及离散度等方面的情况。

第6章是全书结语,阐述本书的主要发现和创新之处,对主要内容和发现进行总结,并指出本书的局限性,以及今后需要进一步研究的问题。

第 2 章
词束研究综述

鉴于本书在定性方面将讨论汉语词束的界定、识别、分类等内容,以及在实证方面将探讨多种语体中汉语词束在数量、结构和功能方面所表现的特征,本章分别从词束的定性研究和采用语料库方法的词束实证研究两方面来综述国内外相关研究成果。词束定性研究文献包括词束研究的兴起、词束特征、识别条件以及定义等方面的内容。词束实证性研究文献包括采用语料库方法对英语、朝鲜语、西班牙语、汉语等语言进行的词束研究。为便于对汉语词束进行理论研究和实践探讨,笔者将重新解读 Biber 提出的词束定义,为后续研究提供启发。

2.1 词束的理论性研究

2.1.1 词束研究的兴起

词束是一种多词单位,如“for the purpose of”“I thought it was”“it is one of”等。多词单位指由多个词语构成的结构。词束研究由多词单位研究发展而来。笔者根据词束研究的发展历程,将其分为萌芽期、发展期和繁荣期三个阶段。

第一阶段为萌芽期,词束研究开始出现。以 Jesperson(1917/1924)、Palmer(1933)、Firth(1951)以及 Nattinger 和 DeCarrico(1992)为代表所做的传统多词单位讨论,主要采用定性方法。随着计算机和电子语料的出现,研究者开始采用语料库方法对多词单位进行研究。Sinclair(1991:169)提出习语原则(Idiom Principle),即"词一般不单独出现,而是通过和其他词相结合,形成短语趋势",并进一步指出,研究单词,不应该单独、分开地讨论,而需关注这个单词及其出现的语境。这种关注单词及其语境的研究,为新时期多词单位研究开拓了新思路。受 Sinclair 启发,Biber 等人(1999)利用语料库技术,首次开展了词束研究,分析英语自然会话和学术写作中的词束,结果发现自然会话中比学术写作中的词束更多,而且两种不同语体中,词束的结构分类有差异。学术写作中,词束结构以名词/介词类为主,但自然会话中,词束结构以动词类为主。

第二阶段为发展期,词束研究不断深入。以 Hoey(2005)和 Stefanowitsch、Gries(2003)为代表提出的分布性方法(distributional approach),把词束研究引向更深层次。分布性方法通过设置频率来辨认词束。这种方法有别于传统的研究多词单位意义整体性的辨认方法,主要通过考察词和结构之间的关联强度,以发现某些结构与其成分词出现频率的关系。具体的分布性多词单位的类别和研究方法参看图 2.1(引自 Granger & Paquot,2008:39)。

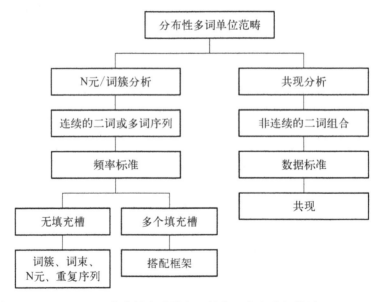

图 2.1　分布性方法的多词单位研究方法和类别

根据图 2.1 可知,词束是多词单位范畴下的一类,是根据频率方法获取的无填充槽的多词序列。

第三阶段为繁荣期,很多学者开始关注词束研究,研究方法趋于成熟,主要采用语料库方法,并从多个角度丰富词束研究。经笔者梳理,根据研究侧重点不同,采用语料库方法的词束研究可总结为五个方面:① 某种语体中词束的使用特征研究,如 Cortes(2006,2013),Hyland(2000,2008a,2008b,2012),Nesi、Basturkmen(2006)和 Pace-Sigge(2013);② 不同语体中词束使用特征的对比研究,如 Biber、Conrad、Cortes(2004),Biber(2006,2009),Scott、Tribble(2006)和 Gray、Biber(2013);③ 不同英语水平者的词束使用特征的对比研究,如 Li、Schmitt(2009),Adel、Erman(2012),Salazar(2014)以及 Pan、Reppen、Biber(2016);④ 不同语言之间词束的对比研究,如 Tracy-Ventura、Biber、Cortes(2007)以及 Biber、Kim、Tracy-Ventura(2010);⑤ 词束与语言加工及语言流利性的关系研究,如 Conklin、Schmitt(2008),Millar(2011),Tremblay、Derwing、Libben、Westbury(2011),Martinez、Schmitt(2012),Hyland(2008a),Ohlrogge(2009)。这些研究从不同角度探讨了词束在实际中的使用情况,提供了多方位的视角,丰富了词束研究。

以上词束研究的发展过程表明,当前词束研究更多关注英语词束,汉语词束的研究很少。目前只有 Xiao(2011)利用语料库方法,比较汉语翻译文本和母语文本中的汉语词束,发现汉语译文比汉语母语文本在词束的使用方面,具有更高频率和更广的覆盖率,使汉语译文呈现出一种“整齐化”或“集中化”的趋势与特征。

2.1.2　词束的特征

词束、公式化语言、习语等都为多词单位。相关研究中,一些学者容易把这几个术语混淆,或对这几个术语不加区分,如 Nam(2016)、Niu(2015)、Allan(2016)等。然而,Biber 等人(1999)以及 Wray(2002)、Cortes(2006)、Salazar(2014)等学者认为,公式化语言、习语和词束存在区别,如词束在结构方面需遵循语法规则,公式化语言和习语则没有这个要求。笔者根据英语词束研究,总结出词束具有以下几个突出特点。

1. 高频

词束的一个主要特点为高频。Biber 等人(1999),以及 Biber(2006,

2009）、Cortes（2006）、Hyland（2008a，2008b，2012）、Lee（2013）、Salazar（2014）等学者，通过语料库研究发现，词束可在 AntConc 软件或 WordSmith 软件中，设置频率参数提取获得。Biber 等人（1999）在研究中，将词束的频率设置为在 100 万词中至少出现 10 次，出现在不少于 5 个不同文本中。与之不同的是，公式化语言对频率不作要求，更强调要符合语感。Wray（2002）主张，语感是公式化语言的一个显著特征，与出现次数无关。

2. 结构遵循语法规则

Biber 等人（1999）以及 Cortes（2006）、Hyland（2008a，2008b，2012）、Salazar（2014）等学者认为，词束在结构方面虽然并不一定完整，但其遵循语法规则，可充当构建块，在句子中起连接前后成分的桥梁作用，如"is organized as follows""in the sense that"等。而习语的形成方式一般为约定俗成，有些不符合语法规则的习语，因其承载着文化和历史意义，也得到社会认同，如"finger lickin' good"。

3. 结构具有可替换性和可扩充性

词束结构的可替换性和可扩充性指，在遵循语法规则的情况下，同一语法结构可以衍生出很多词束。Schmitt（2004）认为，词束结构可替换性较强，如"it is possible that"中的"possible"就可以被很多形容词替换，如换成"likely"变成"it is likely that"，换成"probably"变成"it is probable that"。

Biber、Conrad、Cortes（2004）主张，词束可以通过前后追加词语进行扩充，使短的词束变成更长的词束，如"I don't know"可通过前后追加词，变成"well I don't know"和"I don't know why"。而公式化语言和习语结构通常不可变化，也没可替换性。Wray（2002）主张，习语通常为固定结构，不可改变其中的成分词，如"head over heels"。

4. 意义为字面本身含义

Cortes（2006）、Hyland（2008a，2008b，2012）、Salazar（2014）等人主张，词束的意义并非约定俗成，相反，词束的总体意义，是其构成成分词字面意义之和，如"it is also inadequate"。而习语则不同，习语意义并非字面含义，通常表现为引申意义，承载着一定的文化和历史意义，读者需辅以背景知识才能理解透彻。例如,"carry coals to Newcastle"的真正含义为"多此一举",原因是纽卡斯尔本来就产煤丰富,往纽卡斯尔再运煤,寓意为多此一举。

2.1.3 词束的识别条件

根据词束在频率、结构和意义三方面的特征,Biber(2006)和 Salazar(2014)等研究者提炼了词束的识别条件,以便从语料库中提取和辨别词束,使得基于语料库的词束识别具有实际可操作性。

1. 频率和出现文本数

国内外词束研究中,出现频率和出现的文本数是识别词束的主要条件。如 Biber 等人(1999)在研究中,设置词束提取的条件为:每百万词出现 10 次,至少出现于 5 个不同文本。通过设置频率和文本范围,Biber 等人(1999)从语料库中提取到很多有意义的多词单位,如"I don't think so""when we get to"等。

Simpson-Vlach 和 Ellis(2010)认为,仅靠频率因素提取词束存在不足,具体表现为:第一,仅仅依靠频率提取多词单位,无法识别句子之间以及主要成分之间的边界,不能保证语义或功能方面的连贯性;第二,依靠频率提取的结果,通常倾向于与出现频率很高的功能词搭配的结构,一般为与虚词(如 the、of 等)密切相关的多词单位;第三,依据使用频率标准很可能提取出一些有话题或问题偏向性的表达,也就是说,很可能提取到只出现于某种语体中的词束。

Salazar(2014)则认为,依据频率识别词束比较客观,可通过计算机软件设置频率标准获得,这比仅凭借经验判断的传统多词单位的识别更客观。但是,Salazar(2014)还认为,根据频率参数,往往容易获得频率较高的虚词多词单位,不能纳入词束范围,如"la la la la""mm mm mm mm"等没有意义的多词单位。

2. 既包含实词也包含虚词

词束是既包括实词也包括虚词的多词序列。从 Biber(2009)词束研究的对象可以发现,词束结构为实词和虚词的结合,如"at the end of""I don't know how"。全虚词的多词单位通常为语气词,不承载实际想表达的内容,如"mm mm mm mm"。全实词的多词单位多为术语,一般在特定场合使用,如"use computer searches"。

3. 互信值(Mutual Information Score,简称 MI 值)

互信值(MI 值)表示,一个词在语料库中出现的频数所能提供的关于另一个词出现的概率信息。如果 MI 值越大,那么节点词对其他词影响越大,吸引力越强,两个词之间的搭配强度越高。根据 Church 和 Hanks(1990)的研究,MI 值表示互相共现的两个词中,一个词对另一个词的影响程度,即词语间的搭配强度。

MI 值可通过以下公式进行计算:

$$MI_{(x, y)} = \log_2(P_{(x, y)}/(P_{(X)} * P_{(Y)}))$$
$$= \log_2((F_{(x, y)} * N)/(F_{(X)} * F_{(Y)}))$$

公式中 x、y 代表两个相互共现的词项,$P_{(X)}$、$P_{(Y)}$ 分别表示词项 x、y 在语料库中出现的概率,$F_{(X)}$、$F_{(Y)}$ 分别表示词项 x、y 在语料库中出现的频率,$F_{(x, y)}$ 表示词项 x、y 在语料库中共现的频数,N 表示语料库的总词数(token)。

如果 x 和 y 之间存在真正的连结关系,那么观察概率将远大于期望概率,结果为 $MI_{(x, y)} > 0$。如果两个词相关程度不高,那么观察概率接近期望概率,结果为 $MI_{(x, y)} \approx 0$。如果 $MI_{(x, y)} < 0$,说明其中一个词出现时,另一个词不出现,即两词之间互相排斥,不出现于共同的语境内。

MI 值的高低表示多词单位成分词之间的搭配强弱。Hunston(2002)主张,基于语料库的词语搭配研究中,MI 值大于或等于 3 的搭配词视作较强的显著搭配。MI 值小于 3 的多词单位,表示他们一起出现的概率并不高,需要排除。Salazar(2014)主张,MI 值可成为判断某个多词单位是否可被纳入词束的重要指标或重要条件。因为 MI 值的大小可反映出构成该多词单位的成分词一起出现的可能性。MI 值越大,说明成分词之间的黏合力越强,一起出现的可能性越大,越有可能成为词束。李晶洁、卫乃兴(2017)认为,MI 值可以反映搭配词内部的黏着力和关联度,可用于识别某个多词单位是否可被纳入词束范围。

参考 MI 值对词束进行识别,有其优势。Simpson-Vlach 和 Ellis(2010)

研究发现：① MI 值高的多词单位，可以体现出更强的功能和意义，更具有研究价值；② 和原始的频率相比，MI 值更高的多词单位，在教学活动中具有更强的学习意义。

参考 MI 值对词束进行识别也有缺陷。Biber(2009)的研究表明，MI 值高的多词单位通常为全实词组合，并不是词束，如"relatively fixed lexial sequences"。Biber(2009)还总结了仅仅参考 MI 值对多词单位进行研究的不足：① MI 值只考虑词语之间的搭配情况，并不考虑构成成分词的顺序。② MI 值关注多词单位成分词之间的搭配强度，并不关注成分词性质是实词还是虚词。因为搭配强度较强的多词单位通常是全实词的组合，如"discuss statistical reasons"。梁茂成、李文中、许家金(2010)认为，参考 MI 值一个明显的不足是，容易将低频词视作某个节点词的强搭配词。

从上述词束识别条件的分析可知，仅仅依靠单个识别条件提取的多词单位不完全符合词束特征。因此，需要综合运用多项条件才能有效甄别词束。为此，本书将在借鉴英语词束识别研究经验的基础上，结合汉语词束的特点，对汉语词束的识别条件进行全面细致地分析，系统归纳总结汉语词束的识别条件，探索建立汉语词束的识别体系。

2.1.4　词束的分类

在词束研究中，研究者一般根据研究目的，从不同角度，以不同的指标对词束进行分类，以便深入分析、研究词束，探寻词束的内在规律，达到研究目的。

本小节主要讨论词束的理论性研究，重点介绍词束研究的兴起，分析前人词束研究中词束的特征和识别条件，总结前人研究在词束结构分类和功能分类方面的优劣。从本节的讨论情况发现，前人的词束理论性研究主要集中于英语词束研究，对其他语种的词束研究较弱，研究有失平衡。特别是在汉语词束方面，目前学术界较少涉及这一领域，存在研究的盲点，对汉语词束的特征、识别条件和分类等方面的内容缺乏全面、系统、深入的定性探讨。因此，本书拟对汉语词束的特征、识别和分类进行重点讨论，丰富汉语词束研究，完善词束的理论体系。

1. 按成分词的数量分类

根据词束构成成分词的不同数量,词束可分为二词词束(如"more than")、三词词束(如"can be used")、四词词束(如"to look at the")、五词词束(如"it is wise to wait")等。一般情况下,随着成分词数量的增加,词束的数量和频率会逐渐减少。具体来说,二词词束比三词词束多,三词词束比四词词束多,四词词束比五词词束多,五词词束比六词词束多。

2. 词束的结构分类

词束的结构符合语法规则。研究者可根据词束主要构成成分词的词性,对词束进行结构分类。

1)英语词束的结构分类

Biber 等人(1999)和 Biber、Conrad、Cortes(2004)采用词性描述的方式,根据词束主要构成成分词的词性,对英语词束进行结构分类,在结构上可以分三类:① 基于动词词束(VP-based bundles),如"you don't have to";② 基于名词/介词词束(NP/PP-based bundles),如"at the end of";③ 从句类词束(dependent clause bundles),如"when we get to"。这几个结构大分类又可分为更加细致的小分类。具体分类参看表 2.1(引自 Biber、Conrad、Cortes, 2004: 381)。

表 2.1　英语词束的结构分类

---

1. 基于动词的词束
1a.（连接词）第一/第二人称+动词短语
如: you don't have to, I'm going to, well I don't know
1b.（连接词）第三人称+动词短语
如: it's going to be, that's one of the, and this is a
1c. 话语标记+动词短语
如: I mean you know, you know it was, I mean I don't
1d. 非被动动词短语
如: is going to be, is one of the, have a lot of, take a look at
1e. 被动结构动词短语
如: is based on, can be used to, shown in figure N
1f. 一般疑问结构
如: are you going to, do you want to, does that make sense
1g. 特殊疑问结构
如: what do you think, how many of you, what does that mean

续　表

2. 从句类词束

　2a. 第一/第二人称+从句类结构

　如：I want you to, I don't know if, you might want to

　2b. Wh-引导的疑问从句

　如：what I want to, what's going to happen, when we get to

　2c. If 引导的从句结构

　如：if you want to, if you have a, if we look at

　2d. (动词/形容词+)to 引导的从句

　如：to be able to, to come up with, want to do is

　2e. That 引导的从句

　如：that there is a, that I want to, that this is a

---

3. 基于名词/介词的词束

　3a. (连接词)+of 名词短语

　如：one of the things, the end of the, a little bit of

　3b. 名词短语+后置修饰成分

　如：a little bit about, those of you who, the way in which

　3c. 其他名词短语

　如：a little bit more, or something like that, and stuff like that

　3d. 介词短语

　如：of the things that, at the end of, at the same time

　3e. 比较短语

　如：as far as the, greater than or equal, as well as the

　　基于 Biber 等人（1999）对英语学术写作中的词束的分类情况，Hyland（2008a）研究了英语学术论文中的词束，对其进行结构分类研究。Hyland 把英文学术论文的词束分为七类：① 名词短语+of，如"the nature of the"；② 其他名词短语，如"the extent to which"；③ 介词短语+of，如"on the basis of"；④ 其他介词短语，如"in the present study"；⑤ 被动结构+介词短语，如"is defined as the"；⑥ 形式主语结构，如"it is possible that"；⑦ be+名词/形容词短语，如"is the same as"。虽然 Hyland 的词束结构分类和 Biber 等人（1999）以及 Biber、Conrad、Cortes（2004）等学者在研究中的分类有所不同，但总体上仍为采用词性描述的方法的结构分类。

　　Salazar（2014）参照 Biber 等人（1999）和 Hyland（2008a）针对英文学术论文的词束结构分类，也采用词性描述方式对英语母语者和非母语者写作中提取的英语词束进行结构分类，把词束分为 16 个类别：① 名词+of 短语,如"a variety of";② 名词短语+后置修饰,如"the difference in";③ 其他名词短语,如"lines of evidence";④ 介词+of,如"as a consequence of";⑤ 其他介词短语,如"with respect to";⑥ 被动+介词短语,如"as shown in";⑦ 其他被动结构,如"has been reported";⑧ 形式主语结构,如"it is likely that";⑨ 助动词 be+形容词短语,如"is consistent with";⑩ 动词/名词+that 从句,如"the possibility that";⑪（动词/形容词+）to 引导的从句,如"to account for";⑫ 状语从句结构,如"as described previously";⑬ we+动词短语,如"we found that";⑭ 其他动词短语,如"does not require";⑮ 其他形容词短语,如"similar to that";⑯ 其他表达式,如"in order to"。

2）其他语言词束的结构分类

有学者借鉴 Biber、Conrad、Cortes（2004）针对英语词束的结构分类,对其他语言的词束进行结构分类讨论,如朝鲜语和西班牙语。参考 Biber、Conrad、Cortes（2004）的英语词束结构分类,Tracy-Ventura、Biber、Cortes（2007）采用词性描述方式,结合西班牙语词束的具体情况,把西班牙语词束分为两大类:① 基于动词词束,如"es una cosa que";② 基于名词/介词词束,如"a través de la"。

Kim（2009）参考英语词束结构分类,采用词性描述方式,把朝鲜语词束分为三大类:① 基于动词词束,如"수 있을 것이다";② 基于名词词束,如"수 있는 것은";③ 存在性词束,如"할 수 있다"。

3）词束结构分类的评析

针对采用词性描述方式对词束进行分类的优劣,学术界存在争议。

Hyland（2008a）和 Salazar（2014）认为,词性描述方式有利于发现常用词束的结构,以及词束的结构和功能之间的关系。

马广惠（2011）则认为,这种依据词性描述的词束分类方式缺乏理论基础。用词性描述方式,对从语料库中提取符合一定频率和分布要求的语言片段,很难进行归类描述。

针对上述争议,笔者认为,采用词性描述方式对词束进行结构分类,比较系统而全面,具有以下四个优点:第一,依据可靠。采用词性描述方式对词束进行结构分类,依据的是词束主要成分词的词性。相对来说,一个词的词性比较客观,依据词性对词束所分的结构类别更倾向一致。第二,具有较强的可操作性。单词的词性可在字典里查询,有据可查,有据可依。同时,即使要考虑词性有变化,也需结合该词出现的具体语境,明确其在具体语境中的词性。第三,具有普适性。Biber、Conrad、Cortes(2004)的结构分类以词束的主要构成成分词词性为依据,英语词束的分类已采用这一方式,西班牙语和朝鲜语等语言的词束分类也已采用这一方式。词为大多数语言的一个重要语法单位,大部分语言都可以划分词和词性。第四,有利于体现语言特点,便于进行语言对比研究。根据词束的主要成分词词性进行结构分类,可以发现语言的一些特点以及词束的结构和功能之间的关系等。相关研究(如 Tracy-Ventura、Biber、Cortes, 2007)已经证实,采用词性描述的方式对词束进行结构分类,有利于对比不同语言词束的结构分类,进行深层次的分析,以发现不同语言中的独有特点。

3. 词束的功能分类

词束的功能指词束在语言表达中所起的作用,结合语境,词束通常可以帮助组织文本或话语,以促进顺利进行会话。结合词束主要构成成分在语言表达中所起的作用及其出现的语境对词束进行分类,可以发现词束在语言表达中所起的作用。根据词束在语言表达中所起的作用,对其进行分类,被称为词束的功能分类。

1) 英语词束的功能分类

Biber、Conrad、Cortes(2004)通过讨论英语词束认为,词束能够根据功能分为以下四类:① 情态词束(stance expressions),用来表达态度、情态、评价等,如"I don't think so";② 话语组织词束(discourse organizers),反映前后话语之间的联系,如"if you look at";③ 指示词束(referential expressions),直接指向某个物体、抽象概念或文本等,如"is one of the";④ 特殊会话词束(special conversational functions),表达礼貌、询问或者陈述,如"what are you doing"。详情可参看表 2.2(引自 Biber、Conrad、Cortes,2004:384—388)。

Hyland(2008a)对不同学科的英文学术论文中的词束进行功能探讨,认为词束在学术写作中可以按功能分为以下三类:① 研究导向词束(research-oriented),帮助写作者表达与研究相关的信息,给读者提供指示,如"in the present study";② 文本导向词束(text-oriented),有利于写作者组织文本信息逻辑,如"in addition to the";③ 参与者导向词束(participant-oriented),帮助写作者表明态度,引导读者,如"it should be noted that"。

表 2.2　英语词束的功能分类

情 态 词 束	话语组织词束	指 示 词 束	特殊会话词束
A. 表达认知 I think it was	**A.** 引起话题 what do you think	**A.** 有关注点 that's one of the	**A.** 礼貌 thank you very much
B. 表达态度/情态 I'm not going to to be able to	**B.** 构建话题 on the other hand	**B.** 不确定 someting like that	**B.** 询问 what are you doing
		C. 具体属性 the nature of the **D.** 时间/地点/文本指示 at the time of as shown in the figure	**C.** 陈述 I said to him

Salazar(2014)的研究对象与 Hyland(2008a)一致,都为英文学术论文中的词束,所以采用 Hyland(2008a)的功能分类标准。

2)其他语言词束的功能分类

Tracy-Ventura、Biber、Cortes(2007)参考 Biber、Conrad、Cortes(2004)针对英语词束的功能分类,对西班牙语词束可实现的功能进行探讨,将词束分为以下类别:① 情态词束,如"a míme gusta";② 话语组织词束,如"que es lo que";③ 指示词束,如"la mayoría de los"。

Kim(2009)发现,朝鲜语词束在语言表达中也可以按功能分为以下三类:① 情态词束,如"수 있어야 한다";② 话语组织词束,如"그 다음에 인제";③ 指示词束,如"뭐 이런 거"。

3)词束功能分类评析

Biber、Conrad、Cortes(2004)和 Hyland(2008a)等研究者认为他们的功能分类有以下两个优势:① 对词束进行的功能分类,结合了词束在具体语境中发挥的功能。语言研究需要考虑语境因素,脱离语境的研究,没有实际意义,也不客观。② 词束功能所分的类别和语言在交流中所起的作用比较接近。人们使用语言进行交流时,需要通过符合逻辑的话语来组织语言、表达看法或立场、明确指代讨论的事物等等。相关英语词束研究所总结的词束所发挥的功能,与语言所发挥的功能比较一致。

马广惠(2011)认为,Biber、Conrad、Corters(2004)的词束功能分类,并非根据语法功能而进行的分类,而是根据语篇和语用功能对词束进行的分类,比较宏观。

根据以上分析可以得知,英语、西班牙语和朝鲜语的词束研究一致认为,词束可以在语言中实现三类功能:情态功能、话语组织功能和指示功能。相对而言,Hyland 和 Salazar 的词束功能分类比较特殊,因为 Hyland 和 Salazar 的研究对象仅为学术论文中的词束,语料选取范围比 Biber 等人的研究范围更窄。尽管这些学者在词束功能分类的称谓方面存在差异,但实际所表达的内涵大体相似,总体趋向一致,都反映出词束的使用需要结合其出现的语境,以判断其在语言中发挥的具体功能。

2.2　词束的定义及重新解读

2.2.1　词束的定义

词束这个术语首次出现于 Biber 等人(1999:990)的研究中,并被定义如下:"词束是重复出现的表达式,是在自然会话中经常共现的词语序列,意义不需要约定俗成"。

Biber(2006:132)定义词束为"某种语体中频繁共现的词语序列"。

2.2.2　前人对词束定义的评析

Cortes(2004)认为,Biber 等人(1999)的词束定义具有实证性和可操作性,而非依靠直觉判断。

Hyland(2008)认为,Biber 等人(1999)和 Biber(2006)提出的定义虽然简单,但突出了词束的特点,具有很强的实践性,尤其是通过频率提取的词束实例,能够反映出词束的其他特点。

马广惠(2011)主张,Biber 等人提出的词束定义虽然有很强的可操作性,但无法排除无意义的多词组合。

Wray(2013)认为,Biber 等人(1999)和 Biber(2006)的词束定义突出了词束的高频特点。虽然高频很重要,但同时把一些同样重要、却使用不频繁的多词单位排除在外,如"blow your own trumpet"。

Allan(2016)认为,Biber 等人(1999)和 Biber(2006)的定义过于简单,仅表现为高频出现,在判断词束时会遇到麻烦。例如,根据频率标准,从语料库中提取到"the moment the",其实际意义不是很清晰,且没有"at the moment"地道。因此,词束的定义需体现词束更多的特征。

2.2.3 对词束定义的重新解读

笔者认为,Biber 等人(1999)的词束定义包含以下几个方面:① 外在特征——多词序列;② 频率特征——词束需要不断重复出现于多个文本;③ 意义特征——词束的整体意义不需要约定俗成;④ 结构特征——对词束结构没有特定要求,只需是词语序列即可。

Biber(2006)的词束定义,较之前定义更简洁,同样突出词束高频的特点。与之前的词束定义相比,Biber(2006)的词束定义突出了词束与语体的关系,主张词束是某种语体中的词语序列。

Biber 等人(1999)和 Biber(2006)的词束定义的关键在于突出词束是不断重复共现的高频词语序列。该定义有其优势,主要体现为:① 具有可操作性。他们的定义给词束研究者提供了较强的操作性,研究者可利用语料库方法在软件中设定频率参数以提取词束。② 识别更客观。与依靠直觉判断或内省获得多词单位相比,根据重复出现的频率以提取词束体现了客观性。

同时,笔者认为 Biber 等人(1999)的词束定义,存在以下两点不足:① 定义过于宽泛。Biber 等人(1999)的词束定义中,形式和意义方面的特征过于笼统,不是有形的界定,而是无形和宽泛的定义。② 体现的词束特征不全面。Biber 等人(1999)的词束定义主要体现重复共现这一特征,词束的其他特征并不清晰。

　　因此,笔者主张,词束定义还需体现 Biber(2006)在研究中提到的两个特征:① 结构清晰,符合语法规则。这与传统多词单位的非语法常规性特征不同。② 意义明确。词束的总体意义可从其构成成分的意义得知,是其构成成分意义的总和。

　　此外,Biber(2006)认为,词束具有可扩充性。词束的扩充性,指较短的词束可通过追加合适的词,成为较长的词束,如"I don't think"可以追加为"well I don't think""I don't think so"或者"but I don't think"等等。

　　这些特征,是 Biber 根据后期词束研究进行分析、总结得来的,在 Biber 等人(1999)的词束定义中没有明显体现。

　　至此,笔者参考 Biber 的相关研究,将词束在频率、结构、意义和功能方面的特征融入词束定义中,对 Biber 等人(1999)的最初定义进行进一步解读,并加以完善。完善后的词束定义表述如下:

　　词束是指频繁共现于多个文本中的多词单位,结构清晰,意义明确,具有一定扩展性,并在语言表达中发挥一定功能。

　　完善后的词束定义,不仅保留了原有定义的可操作性,如"频繁共现于多个文本中",而且涉及词束的多个特征,如频率特征为"频繁共现",结构特征为"结构清晰"和"具有一定扩展性",意义特征为"意义明确",以及功能特征为"发挥一定功能"。完善后的词束定义,体现了词束多个方面的特征和可操作性,使词束特征更清晰、更全面。

2.3　基于语料库的词束研究

　　在词束研究中,语料库方法是目前常用的、较为有效的研究方法。英语、朝鲜语、西班牙语等语言的大多数词束研究,都采用了语料库方法。

　　本节总结了学术界采用语料库方法研究词束的成果。从中发现,词束不仅在英语、西班牙语、朝鲜语、德语等多种语言中广泛存在,而且词束具有促进语言加工,提升语言表达流利性的作用。同时还发现,不同语言类型的词束在数量、结构分类和功能分类方面的表现特征并不相同,体现了各自语言一些独有的特点。

然而,前人的词束研究并未对词束的离散度情况进行探讨。而且,汉语有着自身独特的语言特征,但目前采用语料库方法探讨汉语词束的研究比较稀缺,汉语词束具有哪些特征无从知晓。因此,有必要利用语料库方法对汉语词束进行研究。探索汉语口语和书面语多种语体中,汉语词束在数量、结构分类、功能分类以及离散度方面的情况,有利于发现汉语词束的规律性特点,丰富词束研究,使得词束研究体系更加完善。

2.3.1 英语词束的研究

目前,有学者基于语料库方法,对英语词束进行了广泛、深入的实证性探讨。较有代表性的研究有: ① 某种语体中词束的使用特征研究;② 不同语体中词束的使用特征的对比研究;③ 不同英语水平者词束使用特征的对比研究;④ 不同语言之间词束的对比研究;⑤ 词束与语言加工及语言流利性的关系研究。这些研究从不同角度探讨词束在实际中的使用情况,为后续的词束研究提供了较为全面的视角,同时给其他语言的词束研究提供了参考。

1. 某种语体中词束使用特征的研究

有学者对词束在某种语体中的使用情况进行了深入研究,并提炼了一些具有规律性的特点,比较典型的语体有: 学术写作语体、课堂话语语体、口语语体、翻译文本等。

1) 学术写作语体中的英语词束研究

Cortes(2006)对比历史写作课中词束教学前后的情况,得出以下结论: 虽然进行词束教学前和教学后,学生的词束使用数量以及词束使用的正确率并没有明显变化,但教学后,学生对词束的兴趣和意识明显增强。

Nesi 和 Basturkmen(2006)讨论了英语学术报告中词束的使用情况,发现学术报告中的词束有三个特点: ① 既有口语化特征,也带有书面语性质;② 大部分的词束在学术报告中具有话语组织作用;③ 词束功能的判断需结合上下文。

Li 和 Schmitt(2009)跟踪调查了中国硕士学生在英语写作中的词束习得情况,发现学生在词束使用的数量和正确性方面有提高。研究对象反映,这是通过阅读大量的学术材料而取得进步的。

Cortes(2013)以学术文章中的"Introduction"语料为研究对象,提取了使用最频繁的词束,并对这些词束发挥的功能进行深入的探讨,发现词束在话语中可以起到话步(move)的作用,如"as a result of""little is known about the""for the first time"等词束。

Allan(2016)考察了英语分级读物和英文原版小说中的词束,指出:① 分级读物中的词束比英文原版小说中更多,而且词束可以反映出真实的语言水平;② 分级读物中可以提取出一些代表性的、重要的、有用的词束;③ 词束在不同层次的英语分级读物中有差异,词束的范围和语法类型不同。

2）课堂话语语体中的英语词束研究

Herbel-Eisenmann、Wagner、Cortes(2010)比较初中数学课堂语料、大学课堂语料(不包括数学课堂)以及一些自然会话语料,发现:① 初中数学课堂话语中有独有的情态词束;② 情态词束有助于老师和学生在数学课堂表达观点,可反映说话者的身份。

Csomay(2013)对 Biber、Conrad、Cortes(2004)研究的 84 个词束,以及这些词束在课堂话语中发挥的功能进行探讨,发现:① 开场阶段,84 个目标词束主要表达立场,指示的功能不强;② 课堂教学阶段,这些词束起表达立场的作用开始减弱,指示功能开始增强;③ 在整个阶段,84 个目标词束较少发挥话语组织作用。该研究反映,词束在实际交际中发挥的功能与话语结构发挥的功能比较吻合。

3）口语语体中的英语词束研究

Pace-Sigge(2013)利用自建的利物浦口语语料库,对比了利物浦人和英国其他地方的人,在英语口语中使用的与常用词(如"I""somebody""very""like"等)搭配的词束。Peng(2015a)将发现总结为以下两点:① 利物浦人和英国其他地方的人在词束成分词的搭配和使用频率方面有差异;② 利物浦人在英语口语中,体现了其自身的地域特点。此项研究证实,在英语口语中,词束的使用既与地域相关,也需结合话语的上下文。

Miguel、Olliva、Serrano(2013)调查了西班牙语自然会话中,与西班牙语第一、第二人称代词(yo"我"、nosotros"我们"、tú"你"、usted/ustedes"你/你们")相关的词束。调查结果表明,与第一、第二人称代词相关的词束,在表达立场时有差异。Peng(2015b)将调查结果总结为以下四点:① 出现第一人称代词 yo"我"、nosotros"我们",以及第二人称代词 tú"你"时,词束更多体现人际功能,互动功能较少;② 省略第一人称代词 yo"我"、nosotros"我们"和第二人称代词 tú"你"时,词束更多体现了互动功能;③ 出现第二人称代词 usted/ustedes"你/你们"时,词束更多体现了互动功能;④ 省略第二人称代词 usted/ustedes"你/你们"时,词束更多地体现了人际功能。此项研究通过比较与第一、第二人称代词相结合的西班牙语词束,发现了词束省略和不省略第一、第二人称代词时所体现的功能有差异,这表明语言的语境对词束功能有影响。

4)英语翻译文本中的词束研究

有些研究考察了翻译文本中词束的使用情况,这类研究一般采用与非翻译文本进行比较的方法。Baker(2004)调查了英语母语非翻译文本和翻译文本中的词束使用情况,发现:① 英语翻译语料库中的词束比非翻译语料库中出现更频繁;② 个体翻译者对某些典型词束的使用体现了差异。

2. 不同语体中词束使用特征的对比研究

不同语体中词束的对比,能反映出语体的深层次特点,可从实证方面丰富语体研究。一些研究发现,不同语体中,词束在数量、结构和功能等方面有差异,并体现出一些特点。较为典型的研究有:比较自然会话和学术写作语体中的词束,比较大学学习和工作多种语体中的词束,比较与药物相关的多种语体中的词束等。

1)比较自然会话和学术写作中的词束

一些学者比较了英语词束在口语和书面语中的使用情况。Biber 等人(1999)对比了自然会话和学术写作中的英语词束,指出:① 自然会话中的词束比学术写作中的词束更多;② 自然会话和学术写作中,词束的结构有差异。在学术写作中,词束结构以名词/介词类为主,且并不完整,基本跨越了两个词束,大部分词束以虚词结尾,同时这个虚词也是另一个词束的开始。然而,在自然会话中,词束结构以动词类为主,且大部分为陈述句和问句的一部分。

Gray 和 Biber(2013)比较了学术写作和自然会话中英语四词词束的框架类型。研究发现:① 自然会话和学术写作中的框架类型不同。在自然会话中,词束框架表现为结合动词,以形成相对稳定的框架结构。相反,在学术写作中,词束框架主要通过虚词和动词 be,组成结构变化的框架结构。② 英语自然会话和学术写作中,词束的框架结构数据差异具有统计显著性。

2)比较大学教学、学习和工作多种语体中的词束

Biber、Conrad、Cortes(2004)把大学课堂教学和大学课本两种语体中的词束与自然会话和学术写作两种语体中的词束进行比较,研究发现:① 课堂教学语体中的情态词束和话语组织词束比自然会话语体中更多;② 课堂教学语体中的指示词束比学术写作语体中的指示词束出现更频繁;③ 课堂教学语体融合了口语和书面语两种媒介的特点。

Biber 和 Barbieri(2007)调查了大学教学、学习和工作多种语体中的词束,口语语料包括学生的课堂语料,以及课堂管理、小组讨论、办公室会面、学习小组和服务窗口的语料。书面语主要包括课本、课程参考资料、课程管理文档以及机构写作等。调查结果显示,大学非学术语体中的词束比教学语体中的词束更普遍、更频繁。

3)比较与药物相关的多种语体中的词束

Grabowsiki(2015)考察了与药物相关的多种语体中的词束。语料包括向患者提供的宣传单、产品特征概述、临床诊疗的会谈和药学课本的文章。结果显示:① 四种语体中的词束有很大差异,这是由四种语体的不同话题和文本类型引起的;② 学者需重视专门用途英语中的词束。

3. 不同英语水平者词束使用特征的对比研究

通过对比不同英语水平者使用英语词束的情况,可以发现不同英语水平者的词束使用特征,对英语教学有帮助。典型的对比研究包括:比较公开发表的文章和学生写作中的词束,比较不同英语水平者公开发表的文章中的词束,比较英语母语者和非母语者写作中的词束。

1)比较公开发表的文章和学生写作中的词束

Cortes(2004)通过比较历史和生物两个专业已出版的英文文章和这两个专业的学生英文写作作业中的词束,得出结论:已出版的学术文章中的英语词束和学生写作作业中的英语词束有差异,出版学术文章中经常使用的词束在学生写作中并不常见。

2)比较不同英语水平者公开发表的文章中的词束

Hyland(2008a)研究了学术写作中的词束,语料包括四个学科(电子工

程、生物学、商科专业、应用语言学)的学术文章、博士论文和硕士论文。结果发现：词束在学术写作中至关重要，不同学科采用的词束不同，词束类别和统计数据有差异。

3）比较英语母语者和非母语者写作中的词束

一些研究比较了英语母语者和非母语者的词束使用情况。Chen 和 Baker(2010)对比母语者已出版的英语学术论文和二语学习者的英语学术写作中的词束，发现两者在以下两方面存在差异：① 母语者已出版的学术论文中词束较多，二语学习者英语学术写作中的词束较少；② 英语母语者出版文章中的词束，并未频繁或广泛出现于二语学习者的学术写作中，同时，二语学习者频繁使用的词束，并未频繁出现于母语者的论文中。

Allen(2011)探讨了学习者在英语写作中的词束使用特点，证实 ALESS 语料库可以反映英语学习者的词束使用情况，并发现：① 和母语者相比，学习者词束使用的正确性和得体性不如母语专家；② 从研究中提取的词束，可以通过教学设计用于词束教学，以提高教学质量；③ 学习者在不同语体中成功地使用了不同词束。

Adel 和 Erman(2012)对比了母语为瑞典语的英语高水平者和母语为英语的研究生在英语写作中使用的词束，发现英语母语者使用的词束类别更多，呈多样化状态。

Karabacak 和 Qin(2013)分析了三组不同的初级写作者(土耳其籍英语学习者、中国籍英语学习者和美国籍母语学习者)在议论文写作中使用的词束，发现：词束不能简单依靠语感而习得，需要借助于专门的词束教学活动。该研究提倡设计出促进词束学习的教学方案。

Salazar(2014)分析了英语母语者和非母语者在生物医学写作中使用的英语词束，发现：英语水平不同的人群使用的词束在数量、结构和功能方面有差异。该研究还涉及了一系列的教学活动，向读者说明可以采用怎样的教学形式对词束进行教学。

Qin(2014)考察了应用语言学专业的不同英语水平的二语学习者的毕业论文，发现：① 英语水平更高的学习者使用的词束数量更多，更具有多样性；② 英语水平更高的学习者比低水平的英语学习者更明显地体现了学术写作特点;③ 高水平的英语学习者使用的词束更多体现话语组织作用和立场作用。

Pan、Reppen、Biber(2016)研究了英语母语者和中国的英语专家在传媒远程交流语体的英语写作中的词束。研究证明: 英语母语者和二语英语专家使用的英语词束,在词束的结构和功能方面有差异。研究结果具体表现为: ① 在词束的结构方面,二语专家偏爱从句词束,母语者倾向短语词束;② 在词束的功能方面,两类人群使用不同的词束以实现相似的功能。

4. 不同语言之间词束的比较研究

一些学者开始比较不同语言之间的词束。Cortes(2008)对比了英语和西班牙语的历史学术写作中词束的使用情况,发现两种语言的写作语料中,词束有共同点: ① 两种语言的历史学术写作都偏爱短语类的词束;② 有一类词束表现为"翻译腔",非地道表达;③ 两种语言的历史写作中,词束体现了学术语体的特点。

Biber、Kim、Tracy-Ventura(2010)比较了英语、朝鲜语和西班牙语三种语言词束的使用情况。该研究发现: ① 不同语言的词束结构分类不尽相同。如英语词束的结构主要可以分为基于动词、基于名词和从句类三类。西班牙语词束的结构主要可以分为基于动词和基于名词两类。朝鲜语词束的结构可以分为基于动词、基于名词和存在性词束三类。② 词束的结构类别在不同语言和不同语体中表现不同。如英语学术写作中,词束结构以名词/介词类为主,自然会话中以动词类为主。西班牙语口语和书面语中词束均以名词/介词类为最多。朝鲜语词束研究中,基于动词的词束最少,基于名词的词束比基于动词的词束更频繁和更普遍,存在性词束最普遍,且书面语中的词束比口语中更多。③ 不同结构类别所占词束总量的比例有差异。如英语自然会话中,90%的英语词束为从句类,而在学术写作中,70%的英语词束为短语类。西班牙语口语和书面语中各类词束所占比例相差不大。朝鲜语中,存在性词束约占词束总量的90%。

5. 词束与语言加工、语言流利性的关系研究

词束与语言加工和语言流利性具有密切关系,语言表达中使用词束有助于提升语言加工的反应速度和表达的流利性,这方面较有代表性的研究有: 词束与语言加工的关系研究、词束与语言流利性的关系研究。

1）词束与语言加工的关系研究

词束在语言加工过程中的反应时间更短，因为词束可以作为一个整体进行识别和提取，加速语言加工进程。Conklin 和 Schmitt（2008）通过眼动实验证实：和非公式化的结构相比，学习者对词束的加工反应速度更快，答案更准确。

Tremblay、Derwing、Libben、Westbury（2011）通过自我控制节奏的阅读和句子回顾任务两种实验，证实：词束在加工过程中具有一定优势，可作为一个整体进行识别和提取。该研究通过两项词语补充和一项句子回顾实验，发现：受试对象可以更准确地记住含有词束的句子，而且记的更多。此项研究进一步证实了词束在脑海中容易留下印记。

Martinez 和 Schmitt（2012）证实：与非公式化语言相比，阅读者可以更快且更准确地对词束进行加工。

Millar（2011）的心理实验显示：由于二语学习者在写作中会使用并不标准的搭配结构，母语者在对其加工时有很重的负担。这项研究从反方向证实，母语者使用的正常搭配的词束，对语言加工有促进作用。

2）词束与语言流利性的关系研究

词束作为一种多词单位，可以在句子中起到构建块的作用，使得语言表达更加连贯，提升语言表达的流利性。

Hyland（2008a）的研究表明，词束对学术写作时产出有效语言至关重要，可以帮助写作者在具体上下文中形成意义，对文本的连贯性有重要意义。

Ohlrogge（2009）发现，学习者使用的词束更多，其语言表达能力显得更强，所得的分数也更高。

Paquot 和 Granger（2012）的研究结果显示，词束在口语和书面语中意义重大，尤其在语言组织方面有着关键的、重要的作用，可促进语言表达更加流利。

2.3.2　汉语词束的研究

目前学术界利用语料库方法开展的汉语词束实证研究比较匮乏。除Xiao（2011）外，没有其他学者利用语料库方法对汉语词束进行实证探讨。Xiao（2011）对比了汉语母语语料库（LCMC）和汉语译文语料库（ZCTC）中的词束,发现:① 汉语译文语料中词束的频率,远高于汉语母语语料中的频率;② 汉语译文中词束的覆盖率,超过了汉语母语文本中的覆盖率。

2.3.3　其他语言的词束研究

一些学者对其他语言的词束也进行了探讨,如西班牙语词束、朝鲜语词束和德语词束等,这些研究有助于发现词束在不同语言中的规律,深化对词束的理解。

Bulter(1998)调查了西班牙语中的四词词束,发现:① 西班牙语口语中词束的数量比书面语中更多;② 西班牙语词束主要用于人际或文本目的,而不是意念目的。

Kim(2009)比较了朝鲜语自然会话和学术写作中的词束,发现:① 朝鲜语的存在性词束是个特殊类别,英语词束和西班牙语词束中都没有这个类别;② 自然会话和学术写作中,存在性词束所占比重相当大,均占约90%,基于动词词束比较少;③ 用以表达立场的朝鲜语词束所占比重较大。

Shrefler(2011)研究了两个不同德文翻译版本的《圣经》,即经典翻译版本和现代翻译版本,发现:① 经典翻译版本更集中地使用一些词束,有利于人们对其进行理解;② 现代德语翻译版本《圣经》在词束使用方面体现了多样性,然而词束的多样化降低了现代版本的可读性。

2.4　本章小结

本章主要阐述和总结国内外词束研究的成果,对词束的兴起、特征、识别和分类进行梳理和分析。在此基础上,笔者考察 Biber 提出的词束定义以及总结的词束特征,并参考前人对 Biber 的词束定义的解析,结合词束的识别条件,对 Biber 的词束定义进行重新解读。同时,笔者对基于语料库方法的英语、汉语、西班牙语、朝鲜语、德语等语言的词束研究进行深入分析,发现并未有研究对词束的离散度情况进行探讨,且采用语料库方法的汉语词束研究比较薄弱,有必要深入讨论,以发现汉语词束的规律性特点,丰富词束研究,促进词束研究的发展。

第 3 章

研究方法

本章将陈述本书研究的理论框架和实证研究设计。理论部分具体包括语体概念、语体分析涉及的要素和语体要素在本书中的应用三个小节。实证设计分别陈述了本书的研究问题、研究方法,包括语料的选取、构成、处理和分析思路等。本章的重点为分析思路,分别包括定性讨论思路(包含了八个方面的详细探讨)和实证调查流程(包括对汉语词束在多个方面、多种语体和多项指标的分析)。

3.1 理论基础

3.1.1 语体概念

目前语体的定义处于百花齐放的状态,有研究把语体等同于文体、风格、语域等。区分语体概念不是本书的重点,但为使本书的研究范围明晰,笔者将前人对语体的界定进行总结。

Halliday(2008)认为,语体的内涵为按其使用的社会情景定义的语言变体。在韩礼德提出的语言学理论中,语体这一术语与按使用者特点定义的语言变体对立,并可细分为语场、语旨和语式(沈家煊,2000)。

沈家煊(2000:157)在其翻译的《现代语言学词典》中对“语体”(genre)进行说明,最初指“文学作品可辨认的类别,如小说体,诗歌体,散文体”,现引申为“任何形式上可区分的、得到一定程度公认的语言变体,不管是口头的还是书面的,如商业广告、笑话、布道等语体”。沈家煊认为,一种语体需要在语言方面表现出可区分的特点,这些特点与其主要内容、目的(如叙述、议论)、篇章结构、正式程度等方面相关。一些语体还可分出更细的次语体,如小说可以细分为侦探小说、言情小说、科幻小说等次语体。

Richards、Schmidt、Kendrick、Kim(2005:288)在《朗文语言教学与应用语言学词典》中,对"语体"进行了说明和解释:"用在特定情景、具有区别性的、可被辨认的模式和结构组织规范的一种话语类型,具有特定和独特的交际功能。例如,商务报告、新闻广播、演讲、书信、广告等"。在创作时,创作者须体现与语体类型相关的惯例特征。在阅读时,读者可结合语体特征,预期文本可能出现某些特征。

张德禄、贾晓庆、雷茜(2015:26)主张,"语体"指"人们在各种社会活动领域,针对不同的对象和环境,使用语言进行交际时所形成的常用词汇、句式结构、修辞手段等一系列运用语言的特点。如系统功能语言学的语域(register)所覆盖的范围分为口头语体和书面语体,其中口头语体包括谈话语体、演讲语体,书面语体又分为法律语体、事物语体、科技语体、政论语体、文艺语体、新闻语体、网络语体等"。

梁福军(2016:78)对语体进行了界定,"语体是在长期的语用过程中,语言为适应不同的交际需要(内容、目的、对象、场合、方式等)而形成的具有不同风格特点的表达形式,体现为由语言各要素共同作用而形成的运用全民语言所形成的语言特点的综合体"。

综上所述,虽然前人对语体定义的表达有区别,但在内涵方面,有重合之处,即强调具有特定的交际目的,依据约定俗成的规范格式,以及具有区别性的语言特征。

本书对所涉及的语料,采用"语体"这一称谓进行分类。主要原因如下:第一,本书采用的语料涉及小说、新闻、公文和学术写作等多个类别,而这些类别符合上述语言学词典或论著对语体的定义,是具有特定情景、区别性特征以及特定交际功能的文本。第二,因本书调查的语料包含汉语书面语和口语语料,所以不能采用"文体"这一概念,因为文体一般只用于书面语(张德禄、贾晓庆、雷茜,2015)。第三,根据 Biber 和 Conrad(2009)的观点,语体从语言的角度出发,研究与某种交际目的相关的文本中的词汇—语法特征。本书所讨论的"词束"正是文本词汇—语法特征中的一类。第四,本书采用的语料通过收集次语体获得,如新闻语体包括新闻报道、社论、新闻综述等,自然会话语体包括面对面交谈和电话交流等。笔者可通过融合次语体语料,调查汉语词束在某种语体中的使用情况,并与其它语体中的词束进行比较,以发现词束所能体现的语体特点。

3.1.2　语体分析涉及的要素

Biber 和 Conrad(2009)在研究中指出,语体指和某个特定应用场景密切相关的变体。同时,该研究还主张,语体分析需要考虑以下三方面要素:情景、语言特征以及语言特征和情景之间的功能关系,详情见表 3.1(引自 Biber & Conrad, 2009: 6)。

表 3.1　语体分析中涉及的要素

语言使用的情景 (包括交际目的)	←———功能———→	经常出现的词或结构的语言 特征分析

表 3.1 显示,词或语言结构的分析,需要考虑其出现的语言情景,以此实现语言特征、情景和功能之间的互动关系。

从表 3.1 显示的语体分析要素的关系来看,本书需考虑以下几个方面:第一,本书考察的汉语词束,是频繁和大量存在于文本中的语言形式,也就是语体中的语言特征。第二,词束在汉语口语和书面语多种语体中的使用情况,即某个语言特征在具体文本中的分布。第三,本书对汉语词束的功能分类,与语言所发挥的功能具有一致性。笔者依据词束主要构成成分词所具有的功能,结合词束出现的语境,讨论了词束在汉语口语和书面语多种语体中发挥的功能。词束发挥的功能与语体情景特征密切相关,不同语体的情景特征不同,比较不同语体中词束发挥的功能,有助于发现词束与其出现情景的关系。

根据 Biber 和 Conrad(2009)的论述,语体差异可通过一些语言特征和情景特征来体现。因为识别某个语法结构或词的使用形式是否为某种语体的语言形式,关键标准为是否符合这个语体的情景特征。人们会根据不同的场合而选择不同的语言形式,同一语言的不同说话者也会通过不同的方式表达同一件事。总体来看,大部分的语言变体非常系统。更确切地说,语体间语言的差异主要由情景因素(situational characteristics)引起,因为语言在不同的语境中可以发挥不同的功能。

Biber 和 Conrad(2009)提出,情景因素包含多个方面,比如语言实际产出的时间和地点、说话者、接收者、交际目的等等。同时该研究还主张,有效的语体研究主要通过对比讨论实现。研究通常需要比较语言产出的不同话语场景中的多个因素,以分析语言特征的差异是否由不同情景因素引起。

Biber 和 Conrad(2009)研究中的情景因素,主要包括以下七个方面: 话语参与者、参与者之间的关系、话语产出的渠道、话语产出的环境、话语产出的场景、交际目的和谈论话题。话语参与者主要包括产出者、受话者和旁观者三类。研究中需要考虑这三类话语参与者的数量、职业、年龄以及受教育程度等内容。参与者之间的关系主要包括是否具有互动性、社会阶层角色、个人关系、个人或专业知识等等。产出渠道主要涉及口语、书面语和符号三种,也可以根据产出内容的短暂性和持久性来区分。产出的环境包括即时、事先准备、录音等几种类型。产出的场景包括参与者是否共享语言环境,公共或私人场合等等。交际目的比较复杂,包括一般性目的和具体目的,也可以分为陈述事实和表达观点。谈论的话题也可分为一般和特殊话题。具体详细且清晰的情景因素可参见表 3.2(引自 Biber & Conrad, 2009: 40)。

表 3.2　语体分析中的情景因素

（一）参与者
　A. 发话者(说话者或写作者)
　　1. 单个人/多个人/机构性/未说明
　　2. 社会特征: 年龄、教育程度、职业等
　B. 受话者
　　1. 单个人/多个人/没有计算
　　2. 自己/其他人
　C. 旁观者
（二）参与者之间的关系
　A. 互动性
　B. 社会角色: 相对地位/权力
　C. 之间的关系: 朋友/同事/陌生人
　D. 共享知识: 私人信息/专业知识

续 表

（三）**产出渠道**
　A. 方式：口语/书面语/符号
　B. 特定媒介：
　持久性：录音/转写/手稿/打印/电子邮件
　暂时性：面对面谈话/电话/广播/电视
（四）**产出环境**
　即时产出/有准备的/电影、电视剧本/修改和编辑过的
（五）**场景**
　A. 参与者是否共享时间和地点
　B. 交流的地点
　　1. 私人/公共场合
　　2. 特定的场景
　C. 时间：当代/历史
（六）**交际目的**
　A. 一般目的：叙述/报道、描述、展示/通知/解释、劝说/程序性、娱乐性、启发式、自我抒发
　B. 特定目的：从众多资源中总结信息/描述研究方法/展示新的研究发现/通过个人经历进行道德教育
　C. 实在性：事实/观点/推测/想象
　D. 表达立场：认知/态度/非显性立场
（七）**话题**
　A. 一般话题：家庭、日常活动、商业/工作、科学、教育/学术、政府/法律/政治、宗教、体育、艺术/娱乐
　B. 特殊话题
　C. 被提及人的社会地位

3.1.3　语体分析要素在本书中的应用

从表 3.2 可知，情景因素涉及很多方面，丰富而细致。相关研究涉及情景因素时，研究者需要考虑多个方面。

Biber 和 Conrad（2009）对话语产出的情景所作的总结，可以为本书的实证研究设计提供可靠的理论基础和分析逻辑。这些具体的因素可为本书语料的归类以及不同语体间词束的对比讨论提供参考和依据。换句话说，情景因素的差异可为本书对汉语口语和书面语语体中的词束使用情况的对比分析设计提供依据，并为深入分析差异原因提供参考方向。

根据表 3.2 展现的语体分析中的情景因素，口语和书面语产出的语言

情景有很大不同,在参与者、产出渠道、产出的场景,以及相关的话题等方面都有差异。因此,研究者在研究某个语言特征时,需要考虑语言特征出现的情景,包括话语参与者、参与者之间的关系、语言产出环境、场景和交际目的等。汉语词束是本书研究的语言特征,它在口语和书面语中的使用情况应结合其出现的情景。因为口语和书面语的语言情景不同,所以本书有必要讨论汉语口语和书面语中,词束在不同语言情景中发挥的功能。换句话说,需要通过对汉语词束进行功能分类,以考察词束在具体语言使用中发挥的功能,以及反映的汉语口语和书面语多种语体中不同的情景特点。

3.2　实证设计

本书假定研究对象"汉语词束",与英语词束内涵一致,为结构清晰和总体意义为其构成成分字面意义之和的多词单位。一般来说,词束的出现频率会随着成分词数量的增加而减少,即二词词束较多,三词词束比二词词束少,四词词束比三词词束更少,五词词束又比四词词束少,六词及以上的词束非常少。笔者从汉语口语语料库 LLSCC 中提取到的结果也印证了这点,共提取到 7 000 多个二词词束,1 000 多个三词词束,100 多个四词词束,6 个五词词束,没有六词词束。

为了摸清汉语词束的情况,笔者从汉语口语语料库 LLSCC 和汉语书面语语料库 LCMC 中提取汉语词束。在 LLSCC 中提取到 6 个五词词束,没有六词词束。在 LCMC 中没有提取到可供深入讨论的五词或六词词束。总体来看,汉语五词和六词词束数量太少,不适合研究。虽然提取到很多二词词束,但也不利于研究。因为有些二词词束主要反映两个词之间的简单搭配关系,如"他说",还有些二词词束的结构和意义不清晰,如"说我",这样的二词词束不利于进行结构分类、功能分类等方面的探讨。Biber 等人(1999)认为,较短的词束可以通过追加合适的词,变成更长的词束。从前人的研究经验以及本书提取的结果来看,三词和四词属于中等长度的词束,适合研究。

因此,本书拟对汉语口语和书面语多种语体中的三词词束和四词词束进行深入且细致地调查,以期发现汉语词束在不同语体中的特征。

3.2.1　研究问题

围绕本书的研究主题,借鉴前人研究英语词束的方法,笔者拟从汉语词束的界定、识别、结构分类、功能分类以及离散度方面入手,找出汉语词束的特征及其在实际使用中的规律。本书拟回答以下问题:

(1)汉语词束在界定、识别以及分类方面有哪些特征?如何体现汉语词束在界定和识别过程中的互补论证?

(2)汉语自然会话和学术写作两种语体中,汉语词束在数量、结构分类、功能分类以及离散度方面有哪些规律性特征?是否与汉语语言特征或语体特征相关?

(3)汉语自然会话、专题话题、剧本和口头叙述四种口语语体中,汉语词束在数量、结构分类、功能分类以及离散度方面有哪些规律性特征?是否与汉语语言特征或语体特征相关?

(4)汉语学术写作、新闻、公文和小说四种书面语语体中,汉语词束在数量、结构分类、功能分类以及离散度方面有哪些规律性特征?是否与汉语语言特征或语体特征相关?

3.2.2　研究方法

为了发现汉语词束的特征,以及全面掌握汉语词束在汉语口语和书面语多种语体中的使用情况,笔者需要采用大型的、语体比较齐全的汉语语料库。

1. 语料选取

目前虽然不乏大型的汉语语料库,但并不都适合本研究采用。

国家语委现代汉语语料库便不适合本研究采用,因为该语料库虽然取材范围广,但所选语料不平衡。该语料库囊括了人文、社会科学、自然科学以及其他语料,但口语语料只有四百万字,只占该库总语料 3.6%。

北京大学中国语言学研究中心开发的汉语语料库规模宏大,但也不适合本研究采用。主要原因有两个。第一,语料取样不平衡。尽管该语料库包括了新闻、杂志、文学和应用文写作等不同语体的语料,然而这些语料超过一半来源于文学作品。第二,可供研究者使用的语料并不完善。该库在线版可供研究者使用的语料没有被分词和词类标注,不利于本研究对词束进行深入讨论,因为只有分词和标注过的语料才可以被机器识别。

台湾的现代汉语平衡语料库(Academia Sinica Balanced Corpus of Modern Chinese)有两个优点:第一,这是最早的汉语平衡语料库,规模宏大,目前版本(4.0)已扩容到 1 000 万词次;第二,该语料库涉及的语体广泛而且抽样平衡。该库按五类抽样标准收集语料并对语料进行分类:即语体、文体、语式、主题和语料来源。但中国台湾和大陆在语言表达方面有差异,所以该库无法反映出中国大陆的汉语使用情况(肖忠华,2012)。

香港教育学院语言信息科学研究中心创建的汉语共时语料库(Linguistic Variation in Chinese Speech Communities,LIVAC)虽然兼顾语料的共时性和历时性,但该库不适合本研究采用。原因有二:第一,该库只收集了汉语的媒体语料,并非语体齐全的语料库;第二,该库并不向社会开放,仅供内部使用。

以上几个大型的汉语语料库不符合本研究的目的,不适用于探讨汉语词束在汉语口语和书面语多种语体中的使用情况。

和这几个大型语料库相比,由肖忠华等老师创建的汉语口语语料库(LLSCC)和汉语书面语语料库(LCMC)有着明显的优势。

LLSCC 的优点有:① LLSCC 为通用型口语语料库,其收集的语料为日常使用的汉语语言;② LLSCC 为语体齐全的汉语平衡口语语料库,涉及了自然会话、剧本、辩论和口头叙述等语体的语料;③ LLSCC 的词容较大,有 100 万词次。

LCMC 也体现了三个优点:① LCMC 的建设非常规范,严格按照英国英语书面语平衡语料库 FLOB(Freiburg-LOB Corpus of British English)的抽样方法和标准构建而成;② LCMC 收集的语料语体齐全,包含了新闻、学术论文、小说和非小说等语体的语料,且每个样本控制在 2 000 词左右;③ LCMC 的词容较大,有 100 万词次。

综上所述,LLSCC 和 LCMC 符合本研究目的,比较适合进行汉语口语和书面多种语体比较的研究。

2. 语料构成

本研究采用 LLSCC 和 LCMC 语料库,具体语料构成如下。

汉语口语语料库采用 LLSCC。该语料库由肖忠华教授和陶红印教授合作构建。通过收集汉语口语中实际使用的语言,肖忠华教授和陶红印教授最终构建了一个词容为 1 002 151 词的现代汉语通用型平衡口语语料库。该语料库已获得版权,由以下语料构成:面对面交谈、电话交流、电视/电影剧本、电视访谈、辩论、北京居民的口头叙述和编辑过的汉语口头叙述。具体详情可参看表 3.3。

表 3.3　LLSCC 语料库的构成

语 体 特 点	语 体	次 语 体	样本数	词 量
即时、互动	自然会话	面对面谈话	25	60 806
		电话交流	120	295 026
完全准备、有互动	剧本	电视/电影剧本	33	80 446
部分准备、有互动	专题话题	电视访谈	51	118 588
		辩论	32	77 909
有准备、没互动	口头叙述	北京居民的口头叙述	41	102 262
		编辑过的叙述	110	267 114
总数			412	1 002 151

表 3.3 显示,面对面谈话共 60 806 词,25 个样本;电话交流收集了海外华人与中国家人之间的电话聊天记录,共 295 026 词,120 个样本;电视/电影剧本共 80 446 词,33 个样本;电视访谈收集了中央电视台《实话实说》栏目的材料,共 118 588 词,51 个样本;辩论语料收集了 1993—2002 年间的大学生辩论赛资料,共 77 909 词,32 个样本;北京居民的口头叙述由 49 位北京居民的口头叙述构成,共 102 262 词,41 个样本;编辑过的叙述由 100 位中国人的口头叙述构成,共 267 114 词,110 个样本。

汉语书面语语料库采用 LCMC,由肖忠华教授和其他老师搜集 1991 年前后的语料而建成,是一个由 500 个文本构成 100 万词次的现代汉语通用型平衡书面语语料库。该库取材范围广泛,涉及多种语体,如新闻报道、社论、新闻综述、宗教文本、操作语体、流行读物、传记和散文、报告和公文、学术和科技论文、一般小说、侦探小说、科幻小说、武侠传奇小说、爱情小说和幽默①,每个样本控制在 2 000 词左右,共 1 006 731 词。具体详情见表 3.4。

表 3.4　LCMC 语料库的构成

语　　体	编码	次　语　体	样本数	所占比例
新闻语体	A	新闻报道	44	8.8
	B	社论	27	5.4
	C	新闻综述	17	3.4
非小说语体	D	宗教文本	17	3.4
	E	操作语体	38	7.6
	F	流行读物	44	8.8
	G	传记和散文	77	15.4
	H	报告和公文	30	6
学术写作语体	J	学术和科技论文	80	16
小说语体	K	一般小说	29	5.8
	L	侦探小说	24	4.8
	M	科幻小说	6	1.2
	N	武侠传奇小说	29	5.8
	P	爱情小说	29	5.8
	R	幽默	9	1.8
总数			500	100

　　表 3.4 显示,新闻报道共 88 000 词,44 个样本;社论共 54 000 词,27 个样本;新闻综述共 34 000 词,17 个样本;宗教文本共 34 000 词,17 个样本;操作语体共 76 000 词,38 个样本;流行读物共 88 000 词,44 个样本;传记和散文共 154 000 词,77 个样本;报告和公文共 60 000 词,30 个样本;学术和科技论文共 160 000 词,80 个样本;一般小说共 58 000 词,29 个样本;侦探小说共 48 000 词,24 个样本;科幻小说共 12 000 词,6 个样本;武侠传奇小说共 58 000 词,29 个样本;爱情小说共 58 000 词,29 个样本;幽默共 18 000 词,9 个样本。

　　3. 语料处理

　　汉语的书写表现为连续的汉字,中间没有空格分开。采用语料库方法

---

① 这里的"幽默"为语体中的一种,指汉语中的幽默笑话。

研究汉语时,需要对汉语文本进行分词处理,只有进行过分词处理的语料才能被机器识别。LLSCC 和 LCMC 这两个大型汉语语料库的分词和标注,都是建库者采用中国科学院计算技术研究所的 ICTCLAS 软件进行的。该软件是目前具有代表性的汉语分词和标注软件,将汉语词的命名实体、未定义词识别、分词和词性标注等所有环节都统一到一个完整的理论框架内,分词和标注的准确率可达98.45%和94.63%。在使用软件对语料进行分词和标注之后,语料库创建者对所分的词和标注的词性进行人工校对,并对软件分词和标注不正确的地方进行了人工修改和纠正,使保留下来的词尽可能地符合汉语使用的习惯。经抽样检测,分词和标注准确率都达到98%以上。本书研究的词束是经过软件分词、人工校对之后,机器识别出来的词语序列,词中含有空格表示切分,格式表现为"好 不 好 啊""有 一 个""我 不 知道"等。

4. 分析思路

本书的研究设计分为定性讨论和实证调查两部分。

定性讨论主要涉及以下内容:对汉语词束进行界定、识别、分类以及总结汉语词束表。汉语词束定性讨论具体分为以下步骤。

(1)确定汉语词束界定需考虑的因素。在这一过程中,笔者通过分析和概括英语词束界定中涉及的因素,以确定汉语词束界定中需考虑的因素。

(2)参照英语词束的界定方法,根据频率和出现文本两个参数,笔者从汉语语料库 LLSCC 和 LCMC 中提取汉语多词单位,获得初步结果。

(3)探讨词束与汉语词、短语和句子之间的关系。笔者结合从语料库中提取的初步结果——假定汉语词束,梳理假定汉语词束与词、短语以及句子之间的关系,从中发现假定汉语词束可能具有的与汉语其他语言单位不同的特点,对汉语词束进行初步界定。

(4)构建汉语词束的识别系统。笔者参考汉语词束初步界定中的特征,通过分析英语词束研究中涉及的识别条件,总结出汉语词束的识别条件。

(5)对从语料库中提取的多词单位进行甄别。因为并不是从语料库中提取的所有汉语多词单位,都可以被纳入汉语词束的范围。这一过程笔者需要制定一些排除条件,以排除一些不能被纳入词束范围的多词单位。

（6）对汉语词束界定进行完善。笔者参考识别条件,以及经排除后所保留的汉语词束所具备的特征,对汉语词束的初步界定进行完善。

（7）基于界定和识别,并结合离散度（D 值）,总结可优先教授和学习的汉语词束表。

（8）参考 Biber 的结构分类,以主要构成成分词的词性为依据,对保留的汉语词束进行结构分类。参考 Biber 的功能分类和汉语词束的实例,对保留的汉语词束进行功能分类。

具体步骤如图 3.1 所示。

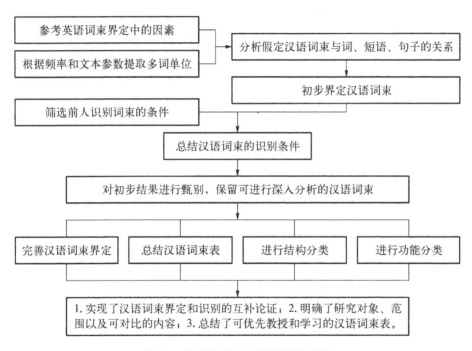

图 3.1　汉语词束的定性讨论流程图

以上步骤中,前三个步骤是前提和基础,为汉语词束的界定提供参考依据和方向。第四和第五个步骤为实际操作,通过构建汉语词束的识别条件体系,对从语料库中提取的初步结果进行筛选,保留符合条件的多词单位并纳入汉语词束范围。后面三个步骤为经界定和识别后可进一步进行的工作。整个过程既体现汉语词束界定和识别的互补论证,也体现了在界定和识别基础上,可进行汉语词束表的总结、汉语词束的结构分类和功能分类等工作。

实证调查方面,笔者基于 Biber 和 Conrad(2009)的语体分析框架,对 LLSCC 和 LCMC 中可深入讨论的词束进行探讨。

实证研究分为三部分。

第一部分主要比较汉语自然会话和学术写作两种语体中,词束在数量、结构分类、功能分类以及离散度方面的情况,并对相关数据进行解释。笔者事先对 LLSCC 和 LCMC 两个语料库做了一个初步调查,比较了 LLSCC 和 LCMC 中总体提取的词束在数量、结构分类、功能分类以及离散度等方面的数据,发现在汉语口语和书面语中,词束在这些方面都体现差异。

Biber 等人(1999),Kim(2007)和 Tracy-Ventura、Biber、Cortes(2007)等研究者认为,自然会话和学术写作两种语体在语言特征方面区别最大,如自然会话中频繁使用第一、第二人称代词,而这些代词很少出现于学术写作中。这些研究者分别讨论了在英语、朝鲜语和西班牙语三种语言的自然会话和学术写作两种语体中,词束在数量、结构分类和功能分类方面的情况。这三项研究发现,英语、朝鲜语和西班牙语三种不同语言中,在自然会话和学术写作语体中,词束在数量、结构分类和功能分类方面都体现了显著差异,如在自然会话中,90%的英语词束为从句类,而在学术写作中,70%的英语词束为短语类。西班牙语口语和书面语中,词束结构分类相似,均以名词/介词类为最多。朝鲜语词束中,基于动词的词束最少,且书面语中的词束比口语中更多。

为缩小本书的研究范围,也为更好、更深入地对汉语词束进行分析,笔者选取汉语口语中最具代表性的自然会话语体(包括面对面谈话和电话交流)和书面语中最具代表性的学术写作语体进行比较,主要对比这两种语体中汉语词束的数量和频率、结构分类的类别、各类别的数量和频率、功能分类的类别、各类别数量和频率,以及离散度较广(D 值等于大于 0.3)的词束等,旨在发现词束在两种语体中的规律性特征,以及特征所能体现的汉语语言特点或不同语体的特点。

第二部分主要比较自然会话、剧本、专题话题和口头叙述四种口语语体中,汉语词束的数量和频率、结构分类类别、各类别的数量和频率、功能分类类别、各类别数量和频率,以及离散度较广(D 值等于大于 0.3)的词束等内容,以期发现词束在汉语口语四种语体中的规律性特征,以及特征所能体现的汉语语言特点或不同语体特点。

根据表 3.3,LLSCC 涉及七种口语语料:面对面谈话、电话交流、电视/电影剧本、电视访谈、辩论、北京居民的口头叙述以及编辑过的口头叙述。根据 Keenan(1977)的研究,"准备性话语"指在表达之前有充分的时间进行思考和构思结构的话语;"非准备性话语"为没有提前思考、也没有提前构思结构的话语。根据 Leech(2000)的观点,谈话的一个明显特征为互动性,表示这个活动不止一个人参加,谈话参与者在过程中要对说话者做出即时回应。为便于对有明显区别性特征的语料进行汉语词束的语体比较和分析,笔者结合话语准备的程度和互动性两方面的特征,将 LLSCC 的七种语料归为四类:自然会话(面对面谈话和电话交流),特点为事先不准备、即时产出、互动较多;电视/电影剧本,特点为完全准备、有互动;专题话题(电视访谈和辩论),特点为部分准备、部分即时产出、有互动;口头叙述(北京居民的口头叙述和编辑过的口头叙述),特点为事先准备、没有互动。

第三部分主要比较新闻、公文、学术写作和小说四种书面语语体中,汉语词束的数量和频率、结构分类类别、各类别的数量和频率、功能分类类别、各类别数量和频率,以及离散度较广(D 值等于大于 0.3)的词束等内容,以期发现词束在汉语书面语四种语体中的规律性特征,以及特征所能体现的汉语语言特点或不同语体特点。

根据表 3.4,LCMC 涉及 15 种书面语语料,肖忠华(2012)把这些语料分为四类语体:新闻语体(新闻报道、社论、新闻综述)、非小说语体(宗教文本、操作语体、流行读物、传记和散文、报告和公文)、学术写作语体(学术和科技论文)和小说语体(一般小说、侦探小说、科幻小说、武侠传奇小说、爱情小说、幽默)。其中,新闻语体和学术写作语体,在本书讨论中,笔者采用肖忠华(2012)的语料分类。另外,笔者仔细查看源语料,发现"幽默"语料为我们俗称的"笑话",并非幽默小说,和小说语料有区别。因此,在本书的小说语体中,笔者把"幽默"语料排除在外。非小说语体中,笔者只选"报告和公文"语料进行分析,因为这类语料比较常见,为官方的、正式的汉语书面语,具有一定的代表性。笔者在本书中不讨论宗教语料,因为宗教语料有其特殊性,笔者为非宗教人士,对这方面语料不熟悉,不适合进行详细分析。"传记和散文"是文学文体的一种,在文学文体方面,笔者已选择有代表性的小说语料。为使得所对比的语料具有更大的区别性,笔者在本书中不分析"传记和散文"语料。笔者通过查看操作语体和流行读物的源语料,发现操作语料与一些学术写作中的步骤描述有相近之处,而流行读物的语料比较杂,不具有共同的区别性语言特征,所以本书对操作语体和流行读物也不予讨论。

本书汉语词束的实证研究的步骤如图3.2所示。

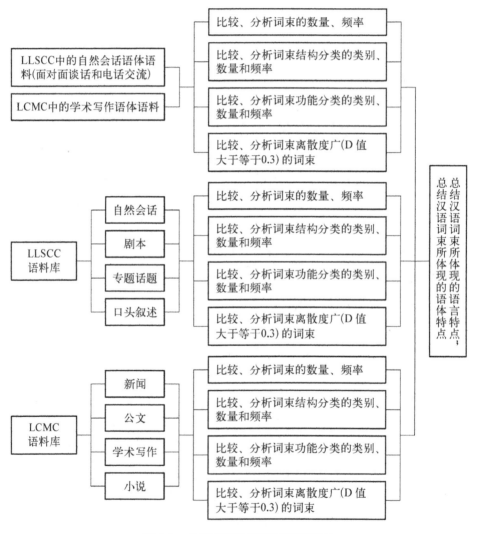

图3.2 汉语词束的实证调查流程图

3.3　本章小结

　　本章主要介绍本书的研究框架,包括理论基础和实证设计两部分。理论基础首先探讨、确定语体概念,然后依据 Biber 和 Conrad(2009)的语体分析框架,指导实证调查。实证设计主要涉及本书的研究问题、研究方法(语料选取、语料构成和语料处理)以及分析思路等内容。下一章将重点对汉语词束的界定、识别和分类进行探讨。

第 4 章

汉语词束的界定、识别和分类

本章围绕"汉语词束在界定、识别以及分类方面有哪些特征,如何体现汉语词束在界定和识别过程中的互补论证"等问题展开,采用比较分析的方法,对汉语词束在界定、识别和分类等方面进行讨论。同时,本章遵循"初步界定—识别—完善界定"的逻辑,从不同角度,对汉语词束的界定和识别进行深入讨论,以科学、全面地概括汉语词束所表现出的特征,并体现汉语词束界定和识别的互补论证关系。基于界定和识别,本章总结了对外汉语教学中可优先教授和学习的词束,并对保留的汉语词束进行结构分类和功能分类。

4.1 汉语词束的界定

界定是指对某个事物的特征进行概括,限定概念内涵的范围。对事物进行界定,指从类似的事物中抽取共同属性,经过抽取过程所获得的事物的共同属性可作为定义(杨国枢,1984)。

然而,国内外词束的界定仍然存在以下两个问题: ① 英语词束的界定没有体现与识别的互补论证关系;② 鲜少有研究对汉语词束进行界定,没有体现出汉语语言的特点。

对研究的事物进行准确地界定,有利于框定研究对象,精准地聚焦研究范围,为进一步的研究打下基础(Wray,2002)。研究者需要根据自己对研究对象本质特征的认知和理解,去界定研究对象,以便准确地把握研究的方向,提出严谨的研究问题,进行科学的研究设计(李方,2009)。

4.1.1　汉语词束的界定方法与步骤

Wray(2002)认为,对研究的事物需要进行准确地界定,且对事物的界定和识别是一种互补关系。也就是说,对某一事物进行界定时,需要参考经识别的具体实例。同时,对某一事物进行识别时,又需参考其定义。

对汉语词束进行界定并非易事。因为对汉语词束进行界定时,需要对词束的特征有所了解,还需对特征加以分析和概括。换句话说,在对汉语词束界定之前,某些语言片段已经被假定识别为词束了,即假定词束。因此,笔者对汉语词束进行界定时,既需借鉴英语词束的界定方法,又需结合从语料库中提取的具体实例,对假定汉语词束进行验证,从而实现对汉语词束的准确界定。总体上,汉语词束的界定,既需要全面体现汉语词束的特征,包括体现汉语自身的语言特征,也需要和识别相结合,体现界定和识别的互补论证关系。

为体现汉语词束的界定和识别之间的互补论证关系,本书对汉语词束的界定遵循"初步界定—识别—完善界定"的过程,希望能够起到良好效果。

第一阶段为汉语词束的初步界定。这一阶段通过总结英语词束界定中包括的因素,根据频率和文本条件获得假定词束的实例,以及讨论假定汉语词束与词、短语和句子的关系,对汉语词束进行界定,既体现英语词束定义的参考作用,又可为汉语词束的识别提供依据和方向。

第二阶段为汉语词束的识别。汉语词束的识别应以界定为指导,通过参考界定中概括的特征,对多词单位进行初步判断。结合英语词束的识别条件和汉语词束的实例,构建汉语词束识别体系。对假定词束进行甄别,排除不符合词束条件的多词单位。

第三阶段为结合识别,完善汉语词束的界定。这个过程需要考虑三个方面:保留的具体词束实例、汉语词束的识别条件以及汉语词束总体所呈现的特征。

由此可见,根据"初步界定—识别—完善界定"的逻辑,对汉语词束进行界定和识别,既可体现界定对识别的指导作用,也可体现识别条件对界定的完善作用,有利于实现汉语词束界定和识别的互补论证。

汉语词束具体的界定工作分为以下几个步骤:

(1)确定汉语词束界定需要包括的因素。由于目前汉语词束的界定研究处于空白,所以本书对汉语词束进行界定时,需参考其他语言词束界定的研究成果或方法。同时,鉴于目前词束界定研究中,英语词束界定研究为主流,因此笔者借鉴英语词束界定的研究成果,对汉语词束进行界定。这一过程主要通过分析和概括英语词束界定中涉及的因素,确定汉语词束界定中需要包括的因素。

(2)根据频率和出现文本两个参数,笔者从 LLSCC 和 LCMC 两个汉语语料库中提取汉语多词单位。

(3)梳理假定汉语词束与词、短语和句子之间的关系。笔者将结合从语料库中提取的初步结果,通过探讨假定汉语词束与词、短语以及句子之间的关系,从中发现汉语词束的特点,对汉语词束进行初步界定。

(4)构建汉语词束的识别系统。参考和分析前人词束研究中涉及的识别条件,总结识别汉语词束时,需参考的具体条件。

(5)对从语料库中提取的多词单位进行甄别。不是从语料库中提取的所有汉语多词单位,都可被纳入汉语词束的范围,需要排除一些多词单位。在这一过程中,笔者需结合词束的界定和识别,制定一些排除条件,以删除一些不能被纳入词束范围的多词单位。

(6)对汉语词束界定进行完善。笔者参考识别条件,以及经排除后所保留的汉语词束所具备的特征,对汉语词束界定进行完善。

汉语词束的界定和识别的具体实施步骤可总结为下列流程图(见图4.1)。

通过上述步骤可以发现,汉语词束的界定和识别并不是截然分开的,而是互补论证的过程。汉语词束的界定是对汉语词束特征的全面概括。界定所总结、提炼的特征,有利于把汉语词束和习语等其他单位区分开来,对汉语词束的识别起导向作用。同时,结合识别条件完善后的汉语词束界定,可以更加全面地反映汉语词束的特征,体现识别对界定的完善作用。

4.1.2 关于汉语词束初步界定的讨论

对汉语词束进行界定,有助于凸显被界定对象的特征,有助于明确研究

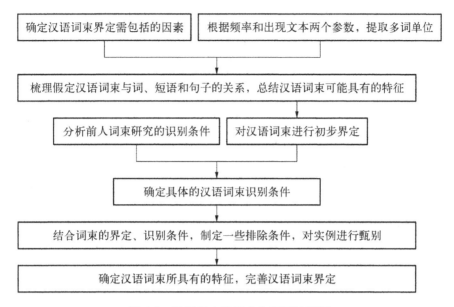

图 4.1　汉语词束的界定和识别流程图

的对象。因此,笔者将结合前人词束界定中涉及的因素,全面考察汉语词束与词、短语和句子的关系,从而总结出汉语词束可能具有的特征,对汉语词束进行初步界定。

4.1.2.1　汉语词束界定需考虑的因素

根据薛旭辉(2013)的研究,最早关于概念界定的理论要追溯到亚里士多德的概念结构经典理论。该理论存有三个基本假设:① 某概念所有个体的一系列共同特征可用来描述该概念的不同实例;② 物体的意义可用特征词来表达;③ 若概念甲是概念乙的属概念,那么概念甲必须具有概念乙的所有特征。

笔者在本书中已总结,Biber 等人(1999)的词束界定包含以下四个方面的内容:外在特征、频率特征、意义特征和结构特征。Biber 等人(1999)界定的词束在外在、频率等方面的基本特征,是词束的基本特征和共同特征。汉语词束是词束的一个分支,也需具备这几方面的特征。有鉴于此,笔者在对汉语词束进行界定时,拟从外在特征、频率特征、意义特征和结构特征等因素入手进行探讨。

(1)外在特征。Wray(2002)认为,外在特征应包含词语数量、是否

51

连续或具有填充槽。因为外在特征可以给人直观的印象,有利于研究者根据外在形式对具体实例进行初步判断,使得界定和识别联系更加密切。

根据英语词束的实例可知,词束在外在形式方面,表现为由两词及以上数量的词组成的、连续的多词单位。单个词是单词,非连续的结构为框架,均非词束。汉语词束也属于词束范畴,因此,笔者假定汉语词束和英语词束具有相似的外在特征,表现为至少两词的连续结构。

(2)频率特征。Biber 等人(1999),Biber、Conrad、Cortes(2004)等学者的词束研究表明,词束是高频共现的多词单位,是频繁出现于多个文本的多词单位。高频共现是词束的显著特征。因此,对汉语词束进行界定时,也需要考虑频率因素。

(3)结构特征。Hyland(2008a)、Biber(2009)等人的英语词束研究已总结,词束结构特征为:结构清晰、具有语法分析性、具有可替换性和可扩展性,这些特征表明词束与习语、谚语等固定的多词单位不同。因此,词束的结构特征同样需要在汉语词束界定中体现。

(4)意义特征。相关词束研究发现,词束不是无意义的组合,也并非意义约定俗成的多词单位,而是总体意义为其构成成分词的字面意义之和。这与具有约定俗成意义的习语、俗语等有差异。因此,对汉语词束进行界定时,需要说明词束的意义特征。

综上分析,外在形式和结构方面的特征可以帮助研究者对词束进行初步判断。因为这两个特征比较直观,即使是在对所界定的事物的内涵并不确定的情况下,研究者也可以从表面上感知这两个特征。频率特征是词束的突出特点,也需要加以考虑。同时,频率条件可以用于识别词束,有助于研究者从语料库中获取初步的多词单位。词束在意义上与习语、俗语有差异,在界定时说明词束的意义,有助于研究者对初步的结果进行识别,排除一些意义不清晰的多词单位。

4.1.2.2　汉语词束与词、短语和句子的关系

吕叔湘(1979:14/2013:12)指出,"对语言进行语法分析,就是分析各种语言片段的结构。要分析一个语言片段的结构,必须先把它分解成多个较小的片段。语言结构就是由较小片段组合成较大的片段的方式。所以,

要做语法结构的分析,首先得确定一些大、中、小的单位,如'句子'
'短语''词'。"

因此,对汉语词束这类语言片段进行界定时,需将其放置于各种语言
结构单位中去考量,从汉语的本体角度出发,分析汉语词束在语法结构中
可能所处的地位。通过梳理汉语词束与词、短语以及句子的关系,从中发
现汉语词束具有的特点,进而勾勒出汉语词束可能涉及的范围。这个过
程可以为界定汉语词束提供依据和基础,也可为讨论汉语词束的识别和
选取作好铺垫。

1) 汉语词与汉语词束

朱德熙(1982/2012: 11)定义,词是"最小的能够独立活动的有意义的
语言成分",由字构成。在此定义的基础上,朱德熙(1982/2012)归纳出确
定词的标准:第一,能否单独成句;第二,语言成分活动能力的强弱;第三,
语言成分结合的紧密程度。他指出,以上这三个方面需要综合考虑,单凭某
一项都不可靠。

本书所说的"词",是语言专家使用的一个技术术语。因为汉语并不能
自动分开,所以研究者需要人工判断或通过软件把词分开显示,如"世界 可
能 有 变化"。

从上可知,虽然语言学家提出了如何判断汉语的词,但不可否认的是,
这些可用于判断词的方法存在主观性,容易出现错误。鉴于此,本书词束中
的词是语料库创建者运用中国科学院计算技术研究所的 ICTCLAS 分词软
件对汉语语料划分而来的。该软件所分的词和对词进行标注的准确率达
98.45% 和 94.63%。同时,语料库创建者对其中分词和标注不正确的地方,
进行了人工修改和纠正,准确率均超过 98%。笔者参照商务印书馆出版的
《现代汉语词典》对汉语词束中的"词"进行校对,确保本书中汉语词束的词
尽可能地符合汉语使用习惯。

汉语词束为多词序列,由多个词构成。笔者从 LLSCC 和 LCMC 汉语
语料库中,分别提取二词至六词的汉语词束,如"很 好""是 一 个""挺 好
的 吧""在 这种 情况 下"等等。其中单个词语,如"社会主义",虽然字数很
多,但实际为单词,出现在词汇表(wordlist)中,不能被称为"词束"。换句
话说,汉语词束至少由两个汉语"句法词"构成,单个词不能被称为词束。

2) 汉语短语与汉语词束

朱德熙(1982/2012)提到,按照以往的观点,汉语中全实词的多词组合被称为"词组",实词与虚词的结合被称为"结构"。无论是"结构"或是"词组",都统一被称为"词组"或"短语"。为便于研究,本书采用"短语"这个称谓。

根据笔者从汉语语料库中提取的结果,汉语短语和汉语词束都为多词组合,笔者对两者的特征进行了总结和比较,详情见表4.1。

表4.1 汉语短语和汉语词束的特征比较

	汉 语 短 语	汉 语 词 束
结构方面	连续的词与词的组合,如"首都北京",也包括实词与虚词的结合,如"躺在床上"。	连续的实词与虚词的组合,如"在这 方面"。
意义方面	意义清晰、明确,是其构成成分意义的总和,如"坐下休息""穿长衫的"。	意义清晰、明确,是其构成成分意义的总和,如"我 告诉 你 啊"。
出现条件方面	没有频率要求,也没有出现的文本要求,一般性的搭配可归入短语,如"专业基础课"。	频繁出现于多个文本,至少在每百万词中出现 10 次,在 5 个不同文本中出现。
功能方面	一般表现为语法功能,并不考虑实际短语出现的语境,像主谓短语、动宾短语等,如"春天来临""擦干眼泪"。	可发挥一定功能,需结合词束出现的语境来判断其发挥的功能,如"我 不 知道"在交流中用以表达立场。

从表4.1可知,汉语短语和汉语词束的特征在两方面相同:① 结构方面,短语和词束都可以作为实词和虚词组合的多词单位;② 意义方面,短语和词束都表现为意义清晰和明确,整体意义为成分词意义之和。同时,短语和词束也存在以下三方面的差异:① 结构要求不同。短语结构一般比较完整,但大多数词束结构不完整,需要进行补充。② 出现条件不同。短语没有任何频率要求,词束则需频繁出现于多个不同文本。③ 功能不同。短语主要体现其在句子中发挥的语法功能,而词束功能需要结合语境进行判断。

汉语词束和短语的关系总结如下：第一种关系为只是词束，不是短语，如"这 是 一 个""是 不 是 就"；另一种关系为既是词束又是短语，如"躺在床上""点了点头"；第三种为只是短语，不是词束，如"社会主义现代化建设"。第三种在本书中不讨论，因为本书研究对象为汉语词束，不是短语。

3）汉语句子与汉语词束

朱德熙（1982：21）将句子定义为："前后都有停顿并且带着一定的句调表示相对完整的意义的语言形式"。汉语句式比较多样化，有整句（full sentence），也有大量的零句（minor sentence）。整句有主谓结构，零句没有主谓结构，由词或词组构成。同时，朱德熙（1982/2012）还认为，零句是汉语的主要句型。零句可以作整句的主语，也可以作整句的谓语，如"着火了""行不行"。吕叔湘（1979：27）指出，"汉语口语里特多流水句，一个小句接一个小句，很多地方可断可连。"如，"他轻轻地，走进房间，把亮着的台灯关了。"

笔者从汉语语料库中提取的结果显示，汉语词束和汉语句子存在以下三种关系：第一，是词束，但不是句子，如"有 很 大 的"；第二，既是句子，也是词束，如"行 不 行 啊""好 不 好 啊"；第三，是句子，但不是词束。一些句子只出现于某个特定的情景中，全由实词构成，如"社会主义制度有优越性"，本书不把这类结构纳入研究的汉语词束中。

笔者把汉语句子与汉语词束的关系简单总结为：汉语词束不超过句子层面，为小于或等于句子的多词序列。

综上所述，汉语词束与汉语的词、短语、句子可能存在以下关系：汉语词束由两个及以上的词构成，与短语既有相似又有差异，是不超过汉语句子层面的多词序列。

4.1.2.3　汉语词束的初步界定

笔者参考词束在外在形式、结构、意义和频率等方面的要求，以及汉语词束与汉语词、短语和句子存在的关系，对汉语词束进行了初步界定。

汉语词束初步界定如下：词束是由两个及以上的词组成，频繁出现于多个文本中的、连续的多词组合，结构清晰，意义为构成成分字面意义之和，可行使一定功能，与汉语短语既有相似又有差异，是大于词而小于或等于句子的多词序列。

这一界定可以解释如下：

（1）外在特征方面，"两个及以上"清晰而具体地表现了词束外在形式的数量特征；"连续的"体现了词束在外在形式上没有填充槽。

（2）构成成分方面，"词"表示汉语词束是词的组合，并不是其他成分的组合。

（3）频率方面，"频繁出现于多个文本中"是词束的共同特征，突出了词束的高频特点。

（4）结构方面，"结构清晰"说明汉语词束并非传统的、结构不可分析的多词单位。

（5）意义方面，"意义为构成成分字面意义之和"说明了词束在意义方面的特征，词束不是无意义的组合，也并非意义约定俗成的多词单位，而是总体意义为其构成成分字面意义的总和。

（6）功能方面，词束在具体语言使用中"可行使一定的功能"，这体现了词束研究的实际意义。

（7）汉语词束是一个比较特别的语法单位，由多词构成，与短语有相似，也有区别，且不超过句子层面。

4.2 汉语词束的识别

对事物进行识别，指依据一些特征或条件对某事物进行辨认或判断，确定某个事物是否为某一研究的对象。对界定进行完善，有助于提高界定的准确性和科学性。在对汉语词束进行识别时，为提高识别的准确性，需要考虑以下方面：

（1）参考汉语词束界定中包含的特征。汉语词束的识别应以界定为基础，通过参考界定中包括的特征，对多词单位进行初步判断。

（2）需要多方面验证。汉语词束的特征涉及多个方面，如外在特征、结构特征、意义特征等。因此，需要通过多个方面的特征去核实，这样才能有效地框定可深入讨论的词束对象和范围。

（3）排除不符合词束特征和识别条件的多词单位。汉语词束涉及多方面特征和多个识别条件,在进行多方面验证时,一些不符合词束特征和识别条件的多词单位需要被排除。

4.2.1 汉语词束的识别条件

国内外学者总结了如何准确地识别词束的条件,较为典型的有: ① 频率因素。Biber 等人(1999)通过词束研究认为,频率是识别词束的一个重要条件。② 实词和虚词相结合。Biber(2009)认为,既包含实词也包含虚词是英语词束的重要特征,也可以作为识别词束的条件。③ 互信值(MI值)。Salazar(2014)认为,仅凭频率提取的多词单位很多是无意义的,不应该把频率和文本范围当成提取的唯一条件,多词单位的互信值可以成为判断某个多词单位是否可被纳入词束的另一重要指标或重要条件。

总结以上学者提出的词束识别条件发现,大多数研究都基于单一方面的考虑,提出的识别条件有失全面,这样提取的结果容易出现较大的误差。观察笔者提取的词束实例,目前有必要综合词束识别条件的研究成果,形成统一的词束识别系统,以提高词束识别的准确率。

参考英语词束识别方面的研究成果,结合汉语词束的界定,笔者认为,对汉语词束进行识别时,需要参照以下条件。

1)频率因素

笔者认为,频率标准可作为识别汉语词束的首要条件。频率因素有其优势,主要体现于两方面:第一,具有客观性、可量化性和可操作性。研究者可以运用语料库软件,通过设置出现的频率和出现的文本数量等参数提取词束,并不是单纯依靠内省或直觉来识别。这比仅凭借经验进行判断更客观。第二,通过频率提取的词束,有助于观察其出现的具体语言环境。

然而,仅根据频率提取词束也有不足:有时提取的词束,其组成成分跨越了标点,在语义方面并不连贯;有时提取到很多全虚词组合的多词单位,在意义和功能方面价值不大。

因此,笔者在本书研究中并不把频率标准作为唯一参考,而是作为汉语词束的首要识别条件,然后再将频率与其他识别条件相结合,既保留频率条件的优势,也弥补频率识别条件带来的缺陷,使得汉语词束的识别方法更加完善。

2）外在特征

笔者认为,外在形式特征可作为识别汉语词束的外在条件。词束的外形特征包括构成成分词的数量和连续性。

成分词数量是指构成词束的成分词有几个,一般可分为二词词束、三词词束、四词词束等。

词束的另一外在特征表现为连续的形式,中间没有填充槽。笔者从语料库中提取的多词单位均为连续的序列,中间不插入其他词语。

3）结构和意义因素

笔者认为,结构和意义可作为识别汉语词束的内在条件。在结构方面,汉语词束是结构清晰的多词单位。在意义方面,词束语义清晰,总体意义为其构成成分意义之和。相反,那些不符合语法规则、语义约定俗成的多词单位不在本书研究范围内。

4）MI 值

笔者认为,MI 值可作为识别汉语词束的重要条件之一。MI 值可以用来判断一个多词单位词汇之间的内部黏合力。参考 MI 值的优势在于,可以根据 MI 值的数值大小,客观地判断词束是否是随意组合的序列,是否是具有一定黏合力才结合在一起。MI 值越高,说明这个词束有越强的黏合力,越趋向于词束,更具有研究价值。

参考 MI 值也有不足:MI 值只关心词束成分词之间的搭配强度,并不关心成分词之间的顺序,而且容易把全实词的专有名词保留下来。MI 值的不足,可以结合高频共现以弥补,使得本书研究中保留下来的多词单位,既是高频共现的,也是构成成分词之间具有较强搭配力和黏合力的多词单位。

根据 Salazar（2014）的观点,某个词束的 MI 值（共现信息值①）可以把这个词束在某个语料库中出现的频率和这个词束中的每个成分词出现的频率进行比较。

根据两词 MI 值的计算公式,我们将其类推到计算三词和四词词束的

---

① 互信值一般用于表示两个词语之间的搭配力。当涉及三个及以上的词语时,本书用"共现信息值"来表述,以和两词的互信值区分开来。

共现信息值①。

　　三词词束 $MI_{(x, y, z)} = \log_2((F_{(x, y, z)} * N^2)/(F_{(X)} * F_{(Y)} * F_{(z)}))$

　　四词词束 $MI_{(x, y, a, b)} = \log_2((F_{(x, y, a, b)} * N^3)/(F_{(X)} * F_{(Y)} * F_{(a)} * F_{(b)}))$

　　在本书研究中，MI 值主要用于根据频率提取多词单位后，排除一些 MI 值小于 3 的多词单位，使得保留下来的多词单位，既是高频共现的，也是构成成分词之间具有较强搭配力和吸引力的多词单位。笔者拟把频率因素和共现信息值（MI 值）相结合，发挥两个识别条件的优势，弥补两者的不足带来的影响。

　　5）语感

　　Erman 和 Warren（2000）认为，词束更受母语者的偏爱，因为母语者可以通过语感来判断。笔者把语感作为识别汉语词束的辅助条件。语感主要用于人工排除一些无意义的、只出现于某种语体中的多词组合，保留有意义的、多个语体通用的汉语词束，以便更好地体现汉语词束的特征。一方面，笔者认同 Wray（2002）的看法，在词束识别过程中，语感有其不足，表现为语感判断有主观性、限制性、不一致性、个体差异性等，不能单独作为汉语词束的识别条件。另一方面，从语料库中提取的数据不能全部直接采用，仍然需要人工筛选。对数据的筛选，需要依靠人工以进行理解和判断。笔者认为，语感在这个方面可以发挥其作用，辅助笔者删除一些不符合母语者习惯的多词单位。

　　本书对汉语词束的识别将综合采用以上识别条件：频率和出现文本、外在形式、内部结构、意义、共现信息值、语感等。笔者通过分析和归纳汉语词束识别条件的具体项目，根据类别和层级构建了系统的汉语词束识别条件，探索建立汉语词束的识别条件体系。具体详情参看表 4.2。

　　从表 4.2 可知，汉语词束识别条件较多，包括出现条件、外在形式、内部结构、意义条件、共现信息值和语感等六个方面。只有当某个多词单位满足了这些条件中所有的必要条件后，才可以进入本书的考察范围。笔者对语

---

① 感谢徐云飞副教授和李亮博士为本书三词和四词汉语词束的共现信息值的计算方法提供悉心指导。

料库中提取的汉语多词单位进行一一甄别,把符合所有必要条件和典型条件的多词单位保留下来。这些保留下来的汉语多词单位即为本书重点分析的对象——汉语词束。

表 4.2　汉语词束的识别条件系统

	必 要 条 件	典 型 条 件	与 Wray(2002,2013)研究的不同之处
出现条件 (条件 1 和 2 参考了 Biber 等人的研究)	1)每百万词至少出现 10 次; 2)至少出现于 5 个不同文本中。		1)没有提及出现的频率; 2)没有提及出现的文本数。
外在形式	1)多词语的组合。	2)至少两个词语; 3)连续结构。	1)单个词语也纳入其考察范围; 2)非连续形式或框架结构也在研究范围内。
内部结构 (参考了 Biber 提出的英语词束的结构特征)	1)符合语法规则;	2)结构清晰; 3)既包含实词也包含虚词。	1)结构具有语法非常规性; 2)不可进行语法分析。
意义条件 (参考了 Biber 提出的英语词束的意义特征)	1)具有一定意义;	2)意义清晰; 3)整体意义是成分意义之和。	1)意义具有整体性和预制性; 2)意义不透明,总的意义并非其部分意义之和; 3)框架结构通过补充成分,使得意义更完整。
MI 值 (参考了 Salazar 提出的英语词束识别条件)	MI 值大于或等于 3		
语感	符合多数母语者语感		语感为主要识别条件

表 4.2 中有三点需要特别指出。① 出现条件(频率和文本)为首要条件,因为笔者首先需要从语料库中提取多词单位,才能通过观察其结构、意义以及计算共现信息值等进行下一步工作。② 语感条件为辅助条件。因为这个识别条件主观性、个体差异性明显,不太适合作为主要条件采用。在本书中,笔者在排除一些多词单位的过程中,运用语感作为辅助条件,使得保留下来的汉语词束尽可能地符合汉语语言使用者的习惯。③ 根据王力、吕叔湘、朱德熙的观点,名词、动词和形容词这三类词基本都有实实在在的意义,可以纳入实词范围。汉语中有些副词,也有实在意义,如"沉""深""满"等,可以划入实词。同时,有些副词,如"也""很""而"等词语,没有实际意义,只是可以实现句子的衔接功能。只充当功能词的副词和其他剩余的词类一起划入虚词范围。因此,本书把汉语的实词范围定位在名词、动词、形容词以及有实在意义的副词这四类,只充当功能词的副词和其他类别的词划入虚词范围。同时,笔者把只出现数量词并不出现名词的词束也纳入考察范围,如"这两个"。这是因为数量词虽然被列入了虚词,但根据朱德熙(1982/2012)的观点,这时实际的数量词和其修饰的中心名词具有同位关系,即五张=五张纸,两件=两件衣服,相关名词不需要出现也可以通过上下文进行理解。

以上汉语词束的识别条件,可以作为识别汉语词束操作过程中的总体指导和最终依据,在对汉语词束的具体选取过程中,笔者将在此基础上进一步操作、落实。

4.2.2　汉语词束的识别流程

4.2.2.1　界定对识别的指导

为提高识别的准确性,一些学者在对事物进行识别时,参考了界定中包含的特征,体现了界定对识别的指导作用。邵敬敏、周芍(2005)讨论语义特征提取时,参考了该文中语义特征的界定。杨建国(2012)分析汉语词束文化词如何选取时,也借鉴了该文中汉语词束文化词的界定。可以这样理解,界定对选取或识别有指导作用。

本书结合英语词束界定的研究成果以及从汉语语料库中初步提取的实例,对汉语词束进行了初步界定,体现的特征如图 4.2 所示。

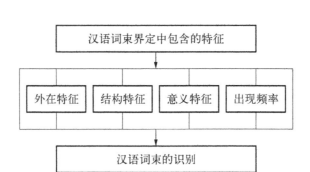

图 4.2　汉语词束界定中包含的特征

笔者结合界定以及词束识别的条件：频率和出现文本、外在形式、结构和意义、MI 值以及语感等，对汉语词束进行识别，过程如下。

第一阶段：根据频率和出现文本数对词束进行提取。词束的高频表示词束经常出现，不是偶尔出现。词束出现于多个不同的文本中，表示词束并不是某位作者的偏好。笔者通过在软件中设定频率为每百万词至少出现10 次，至少出现在 5 个不同文本中，提取到多词单位。

第二阶段：结合汉语词束界定中的外在形式、结构和意义特征，识别符合汉语词束界定描述的多词单位。

第三阶段：根据频率、结构和意义等条件对所识别的多词单位进行判断，通过计算共现信息值（MI 值），检查其内部搭配强度和黏合力。其中，可进行深入研究的汉语词束，需要符合界定中的每个特征要求。不符合界定的多词单位，不纳入本书的词束研究范围。

第四阶段：人工排除不符合汉语词束研究条件的多词单位。

为进一步提高数据的可靠性和实验的可重复性，对从 LLSCC 和 LCMC中提取的初步结果，笔者和多位母语者参与排查，对所提取的多词单位进行一一甄别，人工排除一些不符合汉语词束识别条件的多词单位。笔者主要排除以下类别。

（1）无意义的多词单位。如果某个汉语多词单位本身没有意义，就不符合词束意义清晰的特征，可以将其排除在外，如"年 月 日""我 我 也"。其中，全虚词的多词单位如"那 那 那""我 就 我 就"等，就没有意义，归入无意义的多词单位中。

（2）特定话题的多词单位。专业性、技术性术语，以及特定话题的词束，一般只局限于某种语体，并不具有使用的广泛性和通用性（Biber，2009）。如笔者从 LLSCC 和 LCMC 中提取到的特定话题词束，如"十三届七中全会""一个中心""两个基本点"等，只出现于特定政治话题的语境中，不适合进行深入探讨，需要排除。其中全实词的多词单位如"思想 政治 工作""行政 主管 部门"等，全由实词构成，多为技术性术语，也可归入特定话题的多词单位中。

（3）跨越标点符号的多词单位。带有标点符号的词束在语义上不太连贯，如"就 是 说，嗯""是 不 是？ 对""我 知道，我 知道"等，不利于对其进行深入研究。笔者之所以借助标点符号对多词单位进行排除，主要考虑到：一方面，本书采用的口语语料并未用特别标记将一些语音特征标记出来；另一方面，经过转写的口语和书面语语料中都有标点符号，标点符号是转写后的口语和书面语的共同特征，可用于排除汉语多词单位。如果多词单位跨越了标点符号，其在语义和功能上不连贯，不符合词束"结构清晰和意义明确"的特征，应予排除。这一排除过程，可以通过 AntConc 软件中的词语索引（Concordance）功能实现语境共现。

（4）MI 值小于 3 的多词单位。MI 值表示某几个单词一起出现的搭配强度。根据 Huston（2002）的看法，如果 MI 值小于 3，说明某几个单词共现的概率较低，需要被排除。

（5）意义不清晰的多词单位。根据本书提取的结果，有些词束虽然由实词和虚词构成，共现信息值也很高，但这些词束意义并不清晰，不利于笔者对其在结构和功能方面进行深入讨论，如"种 新 的""的 过程 中""的 不是"等，需要将其排除。

4.2.2.2　识别对界定的完善

为提升界定的全面性和准确性，一些学者在对事物进行界定时，借助经识别的具体实例，对最初的界定进行验证。如崔蓬克（2012）对当代流行语的概念进行再次界定时，参考经识别确定为流行语的实例，体现了识别对界定的帮助。

笔者对汉语词束的界定进行了完善，以体现汉语词束识别对界定的帮助。为了体现研究的科学性，笔者基于本书对汉语词束的界定，结合汉语词束的识别条件,以及从 LLSSC 和 LCMC 语料库中提取并保留的词束所体现的特征,完善汉语词束界定。

完善后的汉语词束界定如下:

词束是由两个及以上的词组成,频繁出现于多个文本中的连续性多词序列,不跨越标点,结构清晰,意义为构成成分字面意义之和,可通过前后追加词语进行扩展,不反映屈折形态变化,可发挥一定功能。

与本书汉语词束的初步界定相比,结合识别条件后,完善的汉语词束界定体现了更强的实际操作性,更加全面地体现了汉语词束特征。与本书汉语词束的初步界定的不同之处主要体现在以下几个方面。

(1)"不跨越标点"的表述,代替了前文汉语词束的初步界定中的"大于词而小于或等于句子"的表达,为汉语词束的识别范围提供了更具体的操作性条件。

(2)"可通过前后追加词语进行扩展"这一表达,体现了汉语词束的扩展性特征,也说明了如何扩展,即"通过前后追加词语"。扩展性既是汉语词束的一个特征,也可作为识别汉语词束的一个条件,为识别汉语词束提供了更大的操作空间。

(3)"不反映屈折形态变化"的表达,突出了汉语词束与英语词束的差异。这个表达是经识别排除后,对保留的汉语词束的特征进行观察总结而来的。

根据从语料库中提取的结果,汉语词束基本为原型的多词序列,不体现人称、时态、性别、格的屈折形态变化。如"不 是 很 好"这个表达,无论主语是谁,无论什么时候表达,都是"不 是 很 好"这一结构。这是因为汉语语言本身形态标记不明显,这使得汉语词无论出现在什么位置,词形都一样,不体现人称、时态、性别和格等屈折形态变化。汉语词束由词的原型构成,也不体现屈折形态变化。

这一点与英语词束不同。Biber 等人研究的英语词束能够体现时态、人称等方面的变化。如 Biber、Conrad、Cortes(2004)研究中的"I think it was/I thought it was"以及"is/was one of the"都可以反映出时态、人称的变化情况。

综上所述,汉语词束的界定和识别过程,体现了界定对识别可以起指导作用,也体现了识别可以帮助完善界定,两者为互补论证关系。

4.3　经界定和识别的汉语词束结果

笔者以汉语词束的界定和识别为依据,设置参数为:每百万词出现频率至少为 10 次,至少出现在 5 个文本,对 LLSCC 和 LCMC 两个语料库进行词束提取。LLSCC 和 LCMC 语料库中汉语词束的总体分布情况以及在具体语体中的分布情况只在下面小节中简要呈现,笔者将在第 5 章中重点比较、分析和解释汉语词束的使用情况。

4.3.1　汉语词束的总体分布

4.3.1.1　保留的汉语词束总体分布

笔者根据每百万词出现频率至少为 10 次,至少出现在 5 个文本中的参数,首先对 LLSCC 和 LCMC 两个语料库中的总体语料进行数据提取,汉语词束的总体数量和总体频率如表 4.3 和表 4.4 显示,本书所有数据已进行每百万词标准化处理。

表 4.3　LLSCC 和 LCMC 词束数量的总体情况

	二词词束	三词词束	四词词束	五词词束	六词词束
LLSCC					
提取的总量	8 986	2 271	208	20	9
保留的词束数量	7 745	1 308	147	5	0
保留实例	我 觉得	是 不 是	也 是 一 种	我 跟 你 说 啊	
	不 知道	挺 好 的	你 有 没 有	我 跟 你 讲 啊	
	这 是	一 个 人	还 挺 好 的	是 怎样 炼 成 的	
LCMC					
提取的总量	6 523	642	50	15	8
保留的词束数量	5 820	363	34	0	0
保留实例	有 一	有 一 种	近 几 年 来		
	说 我	一 句 话	点 了 点 头		
	有 了	而 不 是	如 图 所 示		

表 4.4　LLSCC 和 LCMC 词束频率的总体情况

	二词词束	三词词束	四词词束	五词词束	六词词束
LLSCC					
提取的总频率	340 289	48 272	4 759	973	668
保留的词束频率	301 077	27 988	2 542	66	0
LCMC					
提取的总频率	178 473	11 253	734	222	116
保留的词束频率	164 259	6 325	434	0	0

从表 4.3 和表 4.4 可知，汉语语料库 LLSCC 和 LCMC 中，二词至六词的词束数量和频率随着词束成分词数量的增加而逐渐递减，没有保留的六词词束。然而，从语料库中提取的结果，并不能直接采用，需要进行人工筛选。

4.3.1.2　排除的汉语多词单位的总体分布

本书对从 LLSCC 和 LCMC 语料库中排除的汉语多词单位的类别、数量和频率进行统计，详情参见表 4.5 和表 4.6。

表 4.5　LLSCC 和 LCMC 语料库中排除的三词多词单位

	无意义	特定话题	跨越标点符号	MI 值小于 3	意义不清晰
LLSCC					
排除的数量	638	188	85	140	93
排除的频率	10 428	2 605	1 255	1 190	380
实例	哼 嗯 哼 呃 呃 呃	辩友 今天 辩友 如果	了，我 就 啊！就 是	说 是 我 那 你 有	的 就 是 了 就 是
LCMC					
排除的数量	13	58	3	0	188
排除的频率	337	1 083	36	0	3 185
实例	于 年 月 从 年 开始	现代化 建设 的 七中 全会 精神	的 。这 就 深入 、持久 地		的 人 都 的 也 是

表 4.6　LLSCC 和 LCMC 语料库中排除的四词多词单位

	无意义	特定话题	跨越标点符号	MI 值小于 3	意义不清晰
LLSCC					
排除的数量	23	22	43	0	9
排除的频率	1 380	426	876	0	162
实例	的 话 那 就 啊 哈 啊 哈	对方 辩友 的 对方 辩友 在	不 是？我 是 我 知道，我 知道		了 很 大 的 了 我 说 你
LCMC					
排除的数量	1	27	1	0	3
排除的频率	11	436	11	0	38
实例	月 日 上午 时	和 十年 规划 两 个 基本 点	各 地区、各 部门		了 一 口 气 的 一 项 重要

表 4.5 和表 4.6 显示,汉语 LLSCC 和 LCMC 语料库中排除的词束较多,主要排除的类别为：无意义的、跨越标点的、特定话题和意义不清晰的多词单位,被排除的 MI 值小于 3 的多词单位不多。

4.3.2　汉语词束在多种语体中的分布

在本书中,笔者重点考察汉语口语和书面语多种语体中,三词和四词汉语词束的使用情况,以发现汉语词束所能体现的与语言相关的特点,以及与语体情景因素相关的特点。

按照 Biber 和 Barbieri（2007）的词束提取方法,需要根据语料大小进行参数设置：① 当语料库不大于 50 000 词时,参数可以设定为出现频率为 3 以及出现于 3 个不同文本中,以提取词束。因为根据每百万词标准化后的结果,这些词束在百万词中的出现频率将达 60 次,可以纳入高频词束范围。② 对大于 50 000 词而小于 200 000 词的语料库,参数可以设定为出现频率为 4 以及出现于 4 个不同文本中,以提取词束。③ 当语料库词容在不小于 200 000 时,参数可以设定为出现频率为 5 以及出现于 5 个不同文本中以提取词束。具体参数设置如表 4.7 显示。

表 4.7　汉语多种语体中提取词束的参数设置

语料库	语　体	语料词容量	频率参数	文本参数
LLSCC	自然会话	355 832	5	5
	剧本	80 446	4	4
	专题话题	196 497	4	4
	口头叙述	369 376	5	5
LCMC	新闻	176 000	4	4
	报告和公文	60 000	4	4
	学术写作	176 000	4	4
	小说	234 000	5	5

　　笔者根据表 4.7 设置的频率和出现文本的参数,从 LLSCC 和 LCMC 语料库的多种语体中提取汉语词束。本书共讨论词束在八种语体中的使用情况。由于词束数量较多,如果将八种语体中所有保留的词束和被排除的词束都一一列举,需占据大量篇幅。有鉴于此,笔者在以下小节中将简单陈述结果概貌,选取部分词束作为实例代表,并将其呈现于本书的附录中(附录 1 至附录 32),在本书第五章对所有数据做详细分析和解释。

4.3.2.1　多种语体中保留的汉语词束

　　本书重点研究汉语口语和书面语多种语体中的三词和四词词束,词束提取的总量和保留的情况请参见表 4.8、表 4.9、表 4.10 和表 4.11。

　　表 4.8 和表 4.9 显示,汉语口语和书面语多种语体中,保留有较多的三词词束。总体而言,汉语口语中的三词词束比汉语书面语中更多,出现得更频繁。

表 4.8　LLSCC 和 LCMC 多种语体中保留的三词词束数量

语　体	提取的总量	保留的数量	三词词束保留实例
自然会话	5 865	2 215	有 没 有;在 学校 里
剧本	11 063	3 941	有 什么 关系;年轻 的 时候
专题话题	8 575	3 623	我 特别 喜欢;一 个 方面

语　体	提取的总量	保留的数量	三词词束保留实例
口头叙述	3 357	1 565	也 不 知道;我 的 同学
新闻	2 097	983	是 一致 的;对 记者 说
报告和公文	6 517	2 000	是 一项;从 根本 上
学术写作	1 931	1 369	有 计划 的;是 正确 的
小说	1 483	782	我 也 想;这 件 事

表 4.9　LLSCC 和 LCMC 多种语体中保留的三词词束频率

语　体	提取的总频率	保留的频率	三词词束保留实例
自然会话	71 877	31 481	挺 好 啊;你 怎么 办
剧本	50 257	20 548	不 早 了;谢谢 您 了
专题话题	70 250	35 772	很 小 的;到 此 结束
口头叙述	30 681	16 271	全 齐 了;别 忘 了
新闻	13 869	7 205	更 重要 的;笑 着 说
报告和公文	34 883	10 367	不 合理 的;另 有 规定
学术写作	14 163	9 831	一些 新 的;不 相同 的
小说	12 291	6 654	小 小 的;你 说 什么

表 4.10 和表 4.11 显示,汉语口语和书面语多种语体中保留的四词词束不太多。总体上,汉语口语中保留的四词词束比汉语书面语中更多、更常见。

表 4.10　LLSCC 和 LCMC 多种语体中保留的四词词束数量

语　体	提取的总量	保留的数量	四词词束保留实例
自然会话	655	433	我 觉得 就 是;还 有 一件
剧本	1 367	746	不 能 这么 说;这么 多 年 了
专题话题	1 740	1 018	是 个 社会 问题;任何 一 个 人

续　表

语　体	提取的总量	保留的数量	四词词束保留实例
口头叙述	143	111	我 并 不 是；到 家 里 来
新闻	273	108	新 的 一 年；再 翻 一 番
报告和公文	1 833	500	提高 到 一 个；各 种 形式 的
学术写作	206	194	在 此 基础 上；一 个 独立 的
小说	124	94	点 了 点 头；一 个 人 的

表 4.11　LLSCC 和 LCMC 多种语体中保留的四词词束频率

语　体	提取的总频率	保留的频率	四词词束保留实例
自然会话	9 816	4 334	对 不 对 啊；你 跟 她 说
剧本	5 010	2 747	不 瞒 您 说；出 了 什么 事儿
专题话题	12 346	7 624	有 多 长 时间；在 这个 过程 中
口头叙述	1 096	855	是 干 什么 的；一 百 多 块
新闻	1 875	693	大 有 希望 的；一 个 新 的
报告和公文	10 717	2 117	经验 的 基础 上；自 批准 之 日
学术写作	1 225	1 119	指出 的 是；更 重要 的 是
小说	803	607	出 了 什么 事；哼 了 一 声

4.3.2.2　多种语体中排除的汉语多词单位

根据汉语词束的识别条件，笔者排除了以下多词单位：① 无意义的多词单位；② 特定话题的多词单位；③ 跨越标点符号的多词单位；④ MI 值小于 3 的多词单位；⑤ 意义不清晰的多词单位。

汉语口语的多种语体中，词束的具体排除情况，参见表 4.12 和表 4.13。

表 4.12 和表 4.13 显示，汉语口语多种语体中，排除的多词单位较多，主要排除的类别为无意义的多词单位、跨越标点的多词单位和意义不清晰的多词单位。其中，被排除的特定话题和 MI 值小于 3 这两类的多词单位不多。

汉语书面语的多种语体中，词束的具体排除情况请参见表 4.14 和表 4.15。

表 4.12　LLSCC 多种语体中排除的三词单位

	无意义	特定话题	跨越标点符号	MI 值小于 3	意义不清晰
自然会话					
排除的数量	2 125	0	239	405	882
排除的频率	26 495	0	764	3 344	9 794
实例	哦哦哦 对对就		时候，我 就 不 对？是	不 是 我 你 现在 是	的 人 呢 了 不 是
剧本					
排除的数量	3 862	0	2 201	109	979
排除的频率	16 041	0	9 150	452	4 067
实例	那 那 她 不 了 了		明白 了。那 放心 吧，我	我 是 不 是 你 的	人家 把 我 你 都 不
专题话题					
排除的数量	655	1 260	1 486	167	1 384
排除的频率	4 563	8 772	10 343	1 166	9 634
实例	的 我 就 是 分 秒	辩友 今天 同学 发言 时间	是 这样，因为 大家 好。刚才	我 不 是 是 我 的	的 人 是 的 他 说
口头叙述					
排除的数量	823	9	251	84	625
排除的频率	6 616	72	2 021	674	5 028
实例	的 都 是 毛线 一	为 人民 服务 粉碎 四人帮 之后	再 以后，我 出去 了，我	我 有 我 我 也 有	的 几 个 的 原因 是

表 4.13　LLSCC 多种语体中排除的四词单位

	无意义	特定话题	跨越标点符号	MI 值小于 3	意义不清晰
自然会话					
排除的数量	123	0	45	0	54
排除的频率	3 983	0	530	0	963
实例	哎 哎 哎 哎 对 对 对 你		挺 好 的 ，呃 就 是 说 ，呃		的 是 不 是 的 话 他 就
剧本					
排除的数量	153	0	315	0	144
排除的频率	571	0	1 201	0	491
实例	呀 呃 对 对 的 哎 呀 你 这		得 了 吗？我 快 走 ，快 走		了 是 不 是 了 我 也 是
专题话题					
排除的数量	89	337	133	0	163
排除的频率	581	2 206	871	0	1 064
实例	时间 是 分 秒 也 是 分钟 请	请问 对方 辩 友 对方 辩 友 的	有 一 次 ，我 哪 一 位 ，我		了 我 说 你 了 很 大 的
口头叙述					
排除的数量	0	0	11	0	21
排除的频率	0	0	80	0	161
实例			就 是 ，就 是 不 是 ，不 是		了 是 不 是 了 几 个 月

表 4.14　LCMC 多种语体中排除的三词单位

	无意义	特定话题	跨越标点符号	MI 值小于 3	意义不清晰
新闻					
排除的数量	150	543	0	0	421
排除的频率	895	3 249	0	0	2 520
实例	达 亿 美元 上午 时 分	两 个 基本点 人民 的 利益			了 几 句 的 也 是
报告和公文					
排除的数量	447	2 429	320	0	1 321
排除的频率	2 428	13 183	1 735	0	7 170
实例	自 年 月 月 日 起	落实 党 的 贯彻 落实 党	深入, 持久 地 第一 条: 为了		的 一 项 的 单位 和
学术写作					
排除的数量	18	18		0	533
排除的频率	135	142		0	4 034
实例	千 年 月 从 年 开始	社会主义 初级 阶段 经济 发展 和			种 新 的 中 存在 着
小说					
排除的数量	15	0	55	0	631
排除的频率	116	0	426	0	4 883
实例	年 月 日 我 我 也		地 说:"我 的 时候, 他		的 人 也 的 是 一

表 4.15　LCMC 多种语体中排除的四词单位

	无意义	特定话题	跨越标点符号	MI 值小于 3	意义不清晰
新闻					
排除的数量	16	149	0	0	0
排除的频率	113	1 070	0	0	0
实例	上午 时 分 达 多 万 元	以 经济 建设 为 在 改革 开放 中			
报告和公文					
排除的数量	156	1 064	28	0	85
排除的频率	1 229	8 382	224	0	671
实例	亿 元 比 上午 自 年 月 日	十三 届 七 中 发展 十 年 规划	转发 给 你们，请 品种，提高 产品 质量		中 的 一 个 的 实际 情况 制定
学术写作					
排除的数量	0	4	0	0	8
排除的频率	0	35	0	0	71
实例		有 计划 的 商品 经济			的 一 个 重要 的 另 一 个
小说					
排除的数量	0	0	4	0	26
排除的频率	0	0	28	0	168
实例			想 了 想，说		丁 他 一 眼 地 看 着 她

表 4.14 和表 4.15 显示,汉语书面语多种语体中排除的多词单位没有口语中多,排除的主要类别为意义不清晰的多词单位,其余依次为特定话题、无意义和跨越标点的多词单位,没有排除 MI 值小于 3 的多词单位。

4.4　汉语词束表的构建

笔者在界定和识别基础上,分别从口语和书面语中总结出两张汉语词束表,可在对外汉语教学中进行优先教授和学习,以提高对外汉语教学的效果。总结优先教授的汉语词束,需要参考以下条件:

(1)频率:本书采用 Biber 等人(1999)的词束提取频率标准,即每百万词出现 10 次。较高的频率表示,这些词束频繁地出现于语言表达中,经常被使用。

(2)覆盖率:根据肖忠华(2012)的观点,覆盖率是词束出现的文本个数与总文本数之比,可以体现某词束的使用趋势。本书研究的汉语词束,是多个词的组合,根据频率和出现文本参数提取获得,其本身就有一定的覆盖率。因此,笔者认为,如果汉语三词和四词词束出现于 10 个及以上不同文本中,就可体现其出现的趋势,反映出其并非单个写作者的个人偏好。

(3)离散度(D 值):主要用于判断某词是否均衡分布,可以反映出某个词是否离散分布于语料库中,而不只在某语体中频繁出现。离散度系数一般采用 D 值,这项指标主要借鉴 Juilland 等人(1970)制定法语词典时采用的系数,D 值大于等于 0.3 表示该词分布均衡,离散分布于多类语料中。一般情况下,D 值大小介于 0 至 1 之间。D 值越靠近 1,说明该词分布越离散,分布于多类语料中。如果 D 值越靠近 0,说明该词分布不平衡,主要分布于某一两种语料中。

桂诗春(2009:26)参照 Juilland 等人(1970)的 D 值计算,总结英语语言学多种语体中的词汇离散度(D 值)的计算公式:

$$H = \log\left(\sum pi\right) - \left(\sum pi\right) / \sum pi$$
$$D = H / \log n$$

该公式涉及以下参数：

（1）总库词量 N。

（2）子库词量 si＝s1，s2，…。

（3）子库个数 n。

（4）当前词的子库次数 fi＝f1，f2，…。

（5）当前词的总库次数 F＝f1+f2+…。

（6）当前词的子库概率 pi＝p1，p2，…。

（7）当前词的子库概率累加值 P＝p1+p2+…。

（8）SumLogPi＝（−p1）＊log（p1）+（−p2）＊log（p2）+…。

（9）当前词的影响力 F_min＝子库次数乘以子库词量除以总库词量＝ f1＊s1/N+f2＊s2/N+…。

（10）当前词分布值 D＝（log（子库概率累加值）+当前词子库概率对数型累加值/当前词子库概率累加值）/log（子库数量）＝（log P+SumLogPi/ P）/Logn。

笔者制定汉语词束表时，主要根据三个条件：① 每百万词出现 10 次及以上；② 覆盖率为出现于 10 个及以上不同文本；③ D 值大于等于 0.3。Juilland 最早使用 D 值指标，后续 D 值计算的研究均以其标准为参照。本书汉语词束的 D 值计算公式，采用桂诗春（2009）的离散系数公式。D 值选取结果，采用 Juilland 的标准，即若某词的 D 值大于等于 0.3，则认为该词在多个子库中分布比较离散。本书研究中，如果一个词束的 D 值大于等于 0.3，那么这个词束在子库中的分布被视为比较离散，可纳入优先教授的词束表中。如果 D 值小于 0.3，则不被纳入词束表。

汉语口语和书面语中可优先教授的词束详情，分别参见附录 33 和附录 34。

汉语口语和书面语中总结的词束，可成为优先教授和学习的词束。使用者既可以直接教授和学习词束表中具体的词束，也可以根据类似结构总结规律，以提高外国汉语学习者的汉语水平，促进对外汉语教学水平的提高。如附录 33（汉语口语词束表）中，疑问词束"你 是 不 是""是 不 是 啊""有 什么 好"既可以被直接学习，也可以用来总结汉语疑问结构的规律："V 不 V""V 不 V+语气词"以及"疑问词提问"。

4.5　汉语词束的分类

针对从 LLSCC 和 LCMC 语料库中提取的结果,参照 Biber、Conrad、Cortes(2004)的英语词束分类方法,笔者从构成成分词的数量、结构和功能三个方面,对汉语词束进行了分类。汉语词束的具体分类情况如下。

4.5.1　成分词数量分类

按构成成分词的数量进行分类,汉语词束可分为二词词束、三词词束、四词词束、五词词束、六词词束等等。一般来说,随着成分词数量的增加,词束的数量和频率呈逐渐减少的趋势。换句话说,二词词束最多,三词词束比二词词束少,四词词束比三词词束更少,五词词束比四词词束还少,六词、七词及以上的词束很少。从 LLSCC 和 LCMC 语料库中提取的结果也印证了这个事实(如表 4.3 和表 4.4 所示)。

4.5.2　结构分类

词束的结构分类指,根据研究目的,结合词束的结构,对词束进行归类。国内外有学者对英语和其他语言的词束进行结构分类。

英语词束研究中,以词束的主要成分词词性进行结构分类:① Biber、Conrad、Cortes(2004)采用了词性描述的方式,对英语词束进行了详细的结构分类,将英语词束分为基于动词、基于名词和从句类三类。② Hyland(2008a)也采用词性描述的方法,对学术语体中的词束进行了结构分类。

其他语言的词束研究也采用了词性描述的方法,对其研究对象进行结构分类,如朝鲜语(如 Kim,2009)、西班牙语(如 Tracy-Ventura、Biber、Cortes,2007)等。

Biber、Kim、Tracy-Ventura(2010)研究发现,对词束进行结构分类,有助于发现词束体现的语言特点。为发现汉语词束体现的语言特点,笔者和多位汉语母语者对汉语口语语料库 LLSCC 和汉语书面语语料库 LCMC 中多种语体中的三词和四词汉语词束进行了结构分类。

本书调查对象为汉语词束,依据词束主要构成成分词的词性,对汉语词束采用词性描述的方式,进行结构分类,原因如下:① Biber、Conrad、Cortes(2004)研究中词束的结构分类,以词束主要构成成分词的词性为依据,对词束进行分类,这一方法已应用于其他语言的词束结构分类中,如西班牙语词束和朝鲜语词束的结构分类都参照了该分类方法,具有普适性。② 本书采用的 LLSCC 和 LCMC 这两个汉语语料库的语料比较丰富,涉及汉语口语和书面语中多类语体的语料,而学术写作语体的语料只是其中的一部分,不宜采用 Hyland(2008a)仅限于学术写作单一语体研究中的词束的结构分类标准。③ Hyland(2008a)对学术语体的词束进行的结构分类,过于细化,只是详细的罗列,没有形成系统。④ 采用词性描述方式对词束进行结构分类,可以体现科学性和客观性。因为这一方法的依据为词束主要构成成分词的词性,有据可查,有客观和可靠的基础以及较强的可操作性。另外,根据词性对词束进行结构分类虽然可靠,但是也需要结合语境。虽然词的词性一般比较稳定,但还是需要结合其出现的语境考虑其具体的词性。⑤ 基于词性描述的结构分类方法,有利于探讨词束的结构和其发挥的功能之间的关系。如 Biber 等人的英语词束研究,Tracy-Ventura、Biber、Cortes(2007)的西班牙语词束研究和 Kim(2009)的朝鲜语词束研究已经发现,词束的结构和功能之间有着必然的联系。

汉语词束采用词性描述的结构分类标准,有利于探讨汉语词束的结构和功能之间的联系。

参考 Biber 等人的英语词束结构分类标准,结合从 LLSCC 和 LCMC 语料库中提取的结果,笔者根据汉语词束主要构成成分的词性,采用词性描述方式,对汉语词束进行分类,将汉语词束分为以下四个类别:

(1)基于动词词束:指词束的主要成分词为动词,如"更 重 要 的 是""这 是 一 种""我 觉 得 就 是"。

(2)基于名词/介词词束:指词束的主要构成成分词为名词或介词,如"近 几 年 来""你 们 两 个 人""如 图 所 示"。基于名词/介词词束,包括名词词束和介词词束,如"我 一 个 人"为名词词束,"在 家 里"为介词词束。

(3)基于形容词词束:指词束的主要成分词为形容词,如"美 不 美 啊""很 大 的"等。形容词词束包括疑问形容词词束(如"挺 好 的 吧""对

不 对 啊")和描述形容词词束(如"最 重要 的")。

(4) 从句类词束：包括可独立使用的词束和不可独立使用的词束。可独立使用的词束又被称为零句词束,如"到 时候 再 说""我 告诉 你 啊"。不可独立使用的词束,通常带有连接词,意义并不完整,如"因为 你 要是"。本书中的从句类词束,并未与基于动词词束、基于名词/介词词束和基于形容词词束重复计算。

笔者将在第五章对汉语口语和书面语多种语体中的三词和四词词束结构所分的类别进行统计和比较,以发现汉语词束在结构分类方面体现的汉语的语言特点以及不同的语体特征。

4.5.3　功能分类

词束的功能指词束主要构成成分的意义在语言中所起的作用,结合语境可以发挥一定的功能,以帮助顺利进行会话。根据词束在语言表达中所起的作用,对其进行分类,被称为词束的功能分类。

结合词束主要构成成分词在语言中所起的作用及其出现的语境,对词束进行分类,可以发现词束在语言表达中发挥的功能,也从另一方面证实,词束的研究需要考虑与其密切相关的情景因素。

目前有学者对英语和其他语言的词束进行功能分类。

英语词束研究方面：① Biber、Conrad、Cortes(2004)对英语词束进行了功能分类,根据英语词束发挥的功能,将其分为情态词束、话语组织词束、指示词束和特殊会话词束等四类。② Hyland(2008a)把学术写作中的词束根据功能分为三类：研究导向词束、文本导向词束、参与者导向词束。

其他语言的词束研究,如朝鲜语(如 Kim,2009)、西班牙语(如 Tracy-Ventura、Biber、Cortes,2007)等,参考 Biber、Conrad、Cortes(2004)的英语词束研究,将其研究对象发挥的功能分为三种：表达立场、话语组织、指示作用。

Biber、Kim、Tracy-Ventura(2010)发现,对词束进行功能分类,有助于发现词束在具体语言使用中发挥的功能。而且,Biber、Conrad、Cortes(2004)的研究证实,词束的结构和功能之间有联系。如基于动词词束和从句类词束主要发挥立场功能,基于名词/介词词束主要发挥指称功能。这一研究发现证实,采用词性描述的结构形式和功能之间有着密切的联系。

为发现汉语词束发挥的功能,以及汉语词束在结构和功能方面的关系,笔者和多位母语者结合词束主要构成成分词在语言中所起的作用,以及其出现的语境,对汉语口语和汉语书面语多种语体中的三词和四词词束进行功能分类。

对汉语词束进行功能分类,笔者采用 Biber 的英语词束功能分类标准,原因如下:① Biber、Conrad、Cortes(2004)所分的功能类别,与语言所起的作用比较一致。人们使用语言进行交流时,需要通过符合逻辑的话语来组织语言、表达看法或立场、明确指代讨论的东西等等。这些要求和目的,与词束研究所总结的功能相吻合。② 结合语境的词束功能分类,体现了词束的语用功能,有助于揭示汉语词束的功能与情景因素之间的关系。③ 本书所采用的语料比较丰富,涉及了汉语口语和书面语中的多种语体。学术写作语料只是其中的一部分,不宜采用 Hyland(2008a)仅限于学术语体研究中的词束的功能分类标准。

笔者参考 Biber 等人对英语词束进行的功能分类,结合从 LLSCC 和 LCMC 中提取的结果,再通过 AntConc 软件的语境共现功能,将汉语词束分为以下五个类别:

(1)情态词束:用于表达对话语内容的态度和评价,如"是 不 可 能 的""我 也 不 知 道""还 挺 好 的"。

(2)话语组织词束:用于组织话语,反映话语的前后关系,如"我 跟 你 说""跟 你 讲 啊""点 了 点 头"。

(3)指示性词束:指示具体或抽象的事物或者篇章本身,既可以指称事物本身,也可以指称事物的特定属性,如"几 千 块 钱""有 很 大 的""有 一 个 人""在 床 上"。

(4)特殊会话词束:如"对 不 对 啊""是 怎 么 回 事""谢谢 您 了"。

(5)多功能词束:如"这 是 因为""如果 这 是""放心 好 了"。

笔者将在第 5 章对汉语口语和书面语多种语体中,三词和四词词束所分的类别进行统计和比较,以发现汉语词束在功能分类方面所体现的汉语语言的特点以及不同语体的特征。同时,在汉语口语和书面语的多种语体中,汉语词束在结构和功能方面的关系,也将在第 5 章中讨论。

4.6　本章小结

本章基于前人在词束界定、识别和分类等方面的研究成果,对汉语词束进行定性讨论,涉及了以下工作:对汉语词束进行界定、初步构建汉语词束识别体系、总结可优先教授和学习的汉语词束表,以及对汉语词束进行结构分类和功能分类。

在汉语词束的界定和识别方面,本章探索了汉语词束的界定和识别的互补论证,既体现了界定对识别的指导,也体现了识别对界定的完善,弥补了前人研究的不足。

从汉语口语和书面语中总结的汉语词束,可成为优先教授的词束,以提高对外汉语教学水平。

汉语词束的结构分类和功能分类,分别以汉语词束的主要构成成分词词性以及主要构成成分词发挥的功能为依据,对汉语词束在结构和功能方面划分了基本的类别。

总之,汉语词束的界定使汉语词束的特征更加清晰,明确了可纳入深入讨论范围的汉语词束所具有的特征。汉语词束的识别有利于研究者从大量的语料中获取较多的词束,确定可进行进一步分析的对象。汉语词束的结构分类和功能分类,有助于清晰地体现词束在结构和功能方面的特点,了解词束在结构和功能方面之间的关系。基于词束的界定、识别以及离散度等方面总结的汉语词束,可成为对外汉语教学中优先教授和学习的词束。

总之,汉语词束的界定、识别和分类等方面的内容,明确了本书的研究对象、范围和重点,为在第 5 章讨论汉语词束在汉语口语和书面语多种语体中,在数量、结构分类、功能分类和离散度等方面的情况,做好了铺垫。

第 5 章

关于汉语词束调查结果的分析与讨论

基于第 4 章对汉语词束的界定、识别、结构分类、功能分类以及离散度等方面的讨论,笔者将对汉语口语和书面语的多种语体中保留的汉语三词和四词词束,在数量和频率、结构分类、功能分类以及离散度等方面的数据进行统计、分析和解释。

本章分为三部分:第一,比较和分析汉语自然会话和学术写作两种语体中,词束在数量和频率、结构分类、功能分类以及离散度等方面的情况。第二,比较和分析汉语自然会话、专题话题、剧本和口头叙述四种口语语体中,词束在数量和频率、结构分类、功能分类以及离散度等方面的情况。第三,比较和分析汉语学术写作、新闻、公文和小说四种书面语语体中,词束在数量和频率、结构分类、功能分类以及离散度等方面的情况。

5.1 汉语自然会话和学术写作中的词束分析

Biber、Kim、Tracy-Ventura(2010)的研究发现,自然会话和学术写作这两类不同语体中,词束在数量、结构分类和功能分类等方面呈现了不同特征。为此,笔者在本节将重点分析汉语自然会话和学术写作中,词束在数量和频率、结构分类、功能分类以及离散度方面的情况,对数据进行挖掘,以发现汉语词束所体现的汉语语言特点以及不同语体的特点。

5.1.1　汉语自然会话与学术写作中词束的数量和频率分析

5.1.1.1　汉语自然会话中词束的数量和频率

本书自然会话的语料包括面对面谈话和电话交流,总量为 355 832 词,表现为事先不需要准备,即时产出,且互动较多。按照 Biber 和 Barbieri(2007)的词束提取方法,不小于 200 000 词的语料,可设定出现频率为 5,以及出现于 5 个不同文本,以此参数进行词束提取。

汉语自然会话中,保留和排除的词束,分别参见附录 1 和附录 2。笔者对汉语自然会话中保留的三词和四词词束,进行全面分析,对本书所有数据进行了每百万词标准化处理。

汉语自然会话中,保留的三词和四词词束的数量和频率统计参见图 5.1。

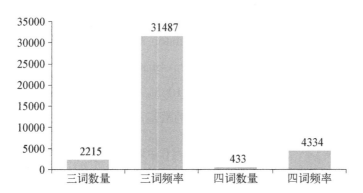

图 5.1　汉语自然会话中词束的数量和频率

从图 5.1 可知,汉语自然会话中,三词词束数量为 2 215,三词词束频率为 31 487;四词词束数量为 433,四词词束频率为 4 334。

5.1.1.2　汉语学术写作中词束的数量和频率

本书采用的学术写作的语料总量为 160 000 词。根据 Biber 和 Barbieri(2007)的词束提取方法,大于 50 000 词而小于 200 000 词的语料,可设定出现频率为 4,以及出现于 4 个不同文本,以此参数进行词束提取。

汉语学术写作中,保留和排除的词束参见附录 3 和附录 4。笔者对汉语学术写作中保留的三词和四词词束,进行全面分析。汉语学术写作中保留的三词和四词词束的数量和频率统计,参见图5.2。

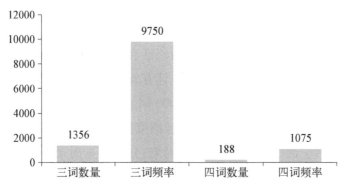

图 5.2 汉语学术写作中词束的数量和频率

从图5.2可知,汉语学术写作中,三词词束数量为1 356,三词词束频率为9 750;四词词束数量为188,四词词束频率为1 075。

5.1.1.3 汉语自然会话和学术写作中词束数量和频率的比较分析

LL值(Log-likelihood Ratio Calculator,对数似然比)是检验词项跨语料库差异显著性的方法,与卡方检验(chi-square 或 X^2)的实际操作和作用类似。利用梁茂成、李文中、许家金(2010)编写的 LL 值运算软件,笔者比较了汉语自然会话和学术写作中,词束的数量和频率,具体结果参见表5.1。

表 5.1 汉语自然会话和学术写作中词束数量和频率的比较

类　　型	自然会话	学术写作	LL 值	显著性(p 值)
三词词束数量	2 215	1 356	44.64	0.000
三词词束频率	31 487	9 750	2 493.77	0.000
四词词束数量	433	188	20.96	0.000
四词词束频率	4 334	1 075	430.83	0.000

表5.1显示,汉语自然会话和学术写作中,三词词束数量差异具有统计显著性($LL = 44.64, p = 0.000$);三词词束频率差异具有统计显著性($LL = 2 493.77, p = 0.000$);四词词束数量差异具有统计显著性($LL = 20.96, p = 0.000$);四词词束频率差异具有统计显著性($LL = 430.83, p = 0.000$)。由此

可见,汉语自然会话和学术写作中,无论是三词词束还是四词词束,数量和频率都有差异,且数据差异都呈现统计显著性。其中,自然会话中词束数量更多,出现更频繁。笔者分析,这个结果是由汉语语言特点与不同语体特点相结合引起的。

首先,"啊""呀""呢""吧""吗"等汉语语气词的使用,使得汉语自然会话中词束更多,出现更频繁。

语气词是汉语中比较特别的词类,通常位于句末,用来表达说话人的语气、态度或情感,在口语和书面语中都会出现。根据肖忠华(2012)的观点,英语中没有和汉语语气词相对应的词,英语主要依靠语音语调、助动词、情态动词以及特殊的语序等手段来表达语气。

根据朱德熙(1982/2012)的论述,汉语语气词可以分为三组。第一组表时态,包括"了""呢[1]""来着";第二组表疑问或祈使,可以体现句子的某种语法意义,如"呢[2]""吗""吧";第三组表说话人的态度或情感,如"啊""呢[3]""呕""欸""嘿""罢了"等。

Li 和 Thompson(1978)认为,语气词"呢"通常从听者角度,体现听者对说话者的一些论断、期望或者信念的反应;语气词"吧"的功能相当于"你不这样认为吗",起到希望听者同意说话者观点的作用,希望得到对方肯定的回答;语气词"啊""呀"通常可以帮助说话者减少话语生硬程度(reduced forcefulness);"吗"一般用于疑问句中,表示询问情况,需要对方给出答案。

本书采用的汉语自然会话语料中,语气词"啊"出现 19 029 次,"吧"出现 5 106 次,"呢"出现 3 842 次,"吗"出现 3 322 次,"嘛"出现 1 964 次。通过统计,汉语自然会话中,与语气词"啊""吧""呢""吗""嘛"相关的四词词束有 56 个,共出现 604 次;三词词束则有 129 个,共出现 1 776 次。

本书采用的汉语学术写作语料中,语气词"啊"出现 13 次,"吧"出现 13 次,"呢"出现 188 次,"吗"出现 88 次,没有使用"嘛"语气词。通过观察,汉语学术写作中,没有和语气词相结合的三词或四词词束。

和学术写作相比,自然会话中,语气词使用更多、更频繁,而且和语气词

---

① "呢[1]"可以表示持续的状态,如"下雨呢"。
② "呢[2]"用于汉语的特指问句、选择问句和反复问句,如"你是坐公交去呢,还是自己开车去呢?"
③ "呢[3]"表示夸张,如"要五百元呢"。

相结合的词束更多,出现更频繁,增加了汉语自然会话中词束的数量和频率。这主要和汉语语气词发挥的作用以及自然会话语体特点密切相关。

根据朱德熙(1982/2012)以及 Li 和 Thompson(1978)的观点,汉语语气词一般表示询问或提问,可以反映说话人的态度和情感。

Leech(2000)总结,自然会话活动通常需要参与者之间的互动,以促进会话顺利进行,具有即时性、互动性、回应性等特征,且会话参与者共享一个语言环境,产出的内容通常需要体现出个人情感(affective content)。自然会话具有互动性、回应性,可以表达个人感情。带有语气词的词束,可以表达说话者和听者的语气或态度,有利于听者和说话者产生更多、更直接的互动,使得听者和说话者在共享语言环境的情况下,更顺畅地进行交流、互动。

梁福军(2016)认为,学术写作与自然会话不同:学术写作主要用来记述、阐释和论证客观事物,总结客观规律,力求语言表达简洁、确切,写作者和读者并不共享语言环境。换句话说,学术写作需要用客观的语言陈述事实,论证概念要明确,语言表达要精准。写作者需要通过严密的逻辑思考和精准的表达,向读者陈述其论证过程和发现,不需要互动、回应,也不能武断地表达观点,只能借助严密的逻辑以推导和论述。因此,语气词和与语气词结合的词束在学术写作中较少出现。

综合上述,自然会话中,随着语气词的广泛使用,与语气词相结合的词束出现的频率比学术写作中更高。这种现象体现了汉语语气词的作用,也反映了自然会话和学术写作的不同语体特点。

其次,从句类词束(尤其是零句词束)使得汉语自然会话中词束数量更多,出现频率更高。

根据连淑能(1992/2003)的论述,汉语句子比较灵活,没有严格的句法要求。汉语句子注重内在意念,而不是外在形式。汉语造句少用甚至不用形式连接手段,比较注重隐性连贯,注重逻辑事理顺序。汉语不像英语那样遵循严格的句法要求,也没有英语常用的那些关系代词、关系副词、连接代词和连接副词。朱德熙(1982/2012)认为,零句是汉语的主要句型,尤其在口语中居多,如"着火了""行不行"等。吕叔湘(1979/2013:27)指出:"汉语口语里特多流水句,一个小句接一个小句,很多地方可断可连",如"他轻轻地,走进房间,把亮着的台灯关了。"

从句类词束包括可独立使用的词束和不可独立使用的词束。可独立使用的词束又被称为零句词束,不可独立使用的词束一般带有连接词。据笔者统计,本书采用的汉语学术写作语料中,只有一个原始从句类词束("这是 因为")。相比而言,汉语自然会话中从句类词束不仅数量多,而且包含很多汉语零句词束。其中,三词零句词束有 183 个,出现 2 243 次,分别占三词从句类词束总数量和总频率的 65% 和 70% 以上。四词零句词束有 70 个,出现 998 次,均占四词从句类词束总数量和总频率的 80% 多。带有连接词的三词从句类词束(如"你 要是 有")有 96 个,出现 950 次;带有连接词的四词从句类词束(如"所以 就 是 说")有 14 个,出现 132 次。

根据 Leech(2000)的研究,自然会话的产出具有即时性,会话者没有时间去思考话语之间的逻辑关系,通常采用简单明了的表达。而且,会话者有共享的上下文,汉语自然会话中即使采用简单的零句,会话者也可以明白其意。另外,汉语语言句子注重隐形的衔接,不需要采用显性的连接词也可以起到连贯作用。相反,学术写作需要有严密的逻辑和精炼的语言。一般情况下,写作者在选词和造句方面都经过了仔细思考和琢磨,倾向于选用不重复的词语和句子,且句式较正式和规范,不常采用零句。因此,学术写作中,从句类词束很少。基于汉语句子自身的特点和自然会话的语体特点,汉语自然会话中,从句类词束出现较多、较频繁,增加了自然会话中词束的数量和频率。

最后,汉语形容词的特点,使得汉语自然会话中词束更多,出现更频繁。

根据赵元任(1979/2012)的观点,汉语形容词可以直接做谓语,发挥的功能和动词相似。形容词作谓语时有以下三个特点:① 形容词后可以带宾语,如"姐姐大我三岁";② 形容词后可以带助词"了",如"这衣服贵了";③ 形容词做谓语时不加系动词"是",如"这桶水不够"。

汉语形容词做谓语时,与英语形容词有明显区别。相比而言,英语形容词不能单独作谓语,通常要和"be"动词连用,这样才符合语法规则。与"be"动词结合的词束,一般归入动词词束类别。因此,英语形容词词束非常少。根据 Biber 等人关于英语词束的研究结果,英语四词词束中,基本没有形容词词束这个类别。三词形容词词束也不多,基本为"形容词+形容词"的结构,如"beautiful and kind",与可作谓语的汉语形容词词束特征有区别。

赵元任(1979/2012)认为,汉语形容词充当谓语时,其功能与动词相似。笔者通过观察本书所提取的基于形容词词束发现,一些汉语形容词词束确实有和动词相似的作用。有些汉语形容词和动词一样,既可以与汉语语气词"啊""吧"等结合构成词束,也可以直接进行否定和提问。与语气词结合的词束,如"挺 好 的 吧",在汉语自然会话交流中,表示希望得到对方肯定的答复,以实现谈话者之间的互动。汉语形容词,可以和动词一样进行提问,形成"A 不 A"的结构,如"好 不 好""大 不 大"等词束。形容词疑问词束,在汉语自然会话中发挥询问功能,产生互动,实现从说话者到受话者的话轮转换。

本书采用的汉语自然会话语料中,四词形容词词束共有 42 个,共出现497 次。其中,和语气词相结合的以及表提问的四词形容词词束分别占总量和总频率的 40%和 30%。三词形容词词束共有 247 个,共出现 3 176 次,其中,和语气词相结合的以及表提问的三词形容词词束分别占总量和总频率的 16.5%和 17%。

与此不同,汉语学术写作中,基于形容词词束的数量较少、频率较低,没有四词形容词词束。三词词束中,共有 100 个形容词词束,共出现 794 次,且多为描述性形容词词束,如"最 大 的""更 多 的"等,起描述和修饰作用,并不充当谓语。

综合上述,汉语形容词可充当谓语,使得汉语自然会话中比学术写作中,基于形容词词束的数量和频率更多、更高,进而增加了汉语自然会话中词束的总量和总频率。

5.1.2 汉语自然会话与学术写作中词束的结构分类分析

Biber、Kim、Tracy-Ventura(2010)的研究发现,对词束进行结构分类,有助于发现语言的一些特点。参考 Biber、Conrad、Cortes(2004)的结构分类,采用词性描述方式,结合从语料库中提取的词束,笔者对 LLSCC 和 LCMC中词束的结构进行分类,分为基于动词词束、基于名词/介词词束、基于形容词词束和从句类词束四类,所分类别总结见表 5.2。

表 5.2　LLSCC 和 LCMC 中词束的结构分类

语料库	结构类别	实　例
LLSCC	基于动词词束	我 都 不 知道;我 不 敢;就 是 说;
	基于名词/介词词束	你们 两 个 人;一 个 月;一 个 人;
	从句类词束	我 跟 你 讲;我 跟 你 说;但是 就 是 说;
	基于形容词词束	都 挺 好 的;还 挺 好 的;好 不 好;
LCMC	基于动词词束	更 重要 的 是;有 一 个;并 不 是;
	基于名词/介词词束	在 此 基础 上;两 个 方面;一些 新 的;
	基于形容词词束	最 好 的;更 高 的;更 好 的;
	从句类词束	这 是 因为;但是 就 是 说;如果 这 是;

5.1.2.1　汉语自然会话中词束的结构分类

根据表 5.2 词束所分的结构类别,笔者对 LLSCC 自然会话中的词束,进行了结构分类和数据统计。汉语自然会话中,三词和四词词束结构分类参见附录 5,三词和四词词束所分结构类别的数量和频率数据统计,参看图5.3 和图 5.4。

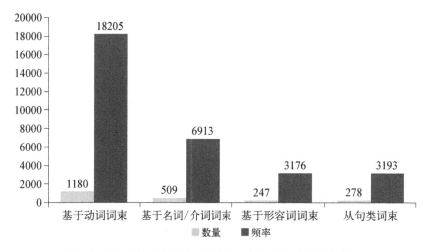

图 5.3　汉语自然会话中三词词束的结构分类数量和频率

图 5.3 显示,自然会话三词词束中,基于动词词束的数量和频率分别为 1 180 和 18 205,基于名词/介词词束的数量和频率分别为 509 和 6 913,基于形容词词束的数量和频率分别为 247 和 3 176,以及从句类词束的数量和频率分别为 278 和 3 193。因此,自然会话三词词束中,基于动词词束最多,出现最频繁,基于名词/介词词束其次。三词形容词词束和从句类词束相差不大,三词形容词词束频率略低于从句类词束频率,三词从句类词束数量略多于形容词词束数量。

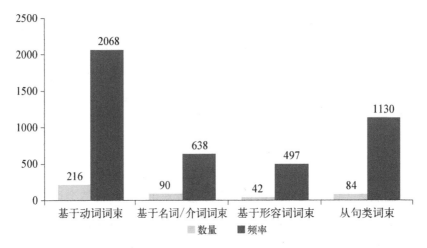

图 5.4 汉语自然会话中四词词束的结构分类数量和频率

图 5.4 显示,自然会话四词词束中,基于动词词束的数量和频率分别为 216 和 2 068,基于名词/介词词束的数量和频率分别为 90 和 638,基于形容词词束的数量和频率分别为 42 和 497,以及从句类词束的数量和频率分别为 84 和 1 130。汉语自然会话中,四词词束数量方面,基于动词词束最多,基于名词/介词词束位列第二,从句类词束第三,基于形容词词束最少。四词词束频率方面,基于动词词束出现最频繁,从句类词束第二,基于名词/介词类词束第三,形容词词束出现最不频繁。

总体上,汉语自然会话中,三词和四词词束在结构上都可以分为四类。而且,无论三词词束还是四词词束,都是基于动词词束最多。

5.1.2.2 汉语学术写作中词束的结构分类

根据表 5.2 所分的结构类别,笔者对 LCMC 学术写作中的词束,进行结构分类和数据统计。汉语学术写作中,三词和四词词束结构分类的情况,参看附录 6。三词和四词词束所分类别的数量和频率数据统计,参看图 5.5 和图 5.6。

图 5.5 显示,学术写作三词词束中,基于动词词束的数量和频率分别为619 和 4 788,基于名词/介词词束的数量和频率分别为 631 和 4 131,基于形容词词束的数量和频率分别为 100 和 794,以及从句类词束的数量和频率分别为 6 和 44。

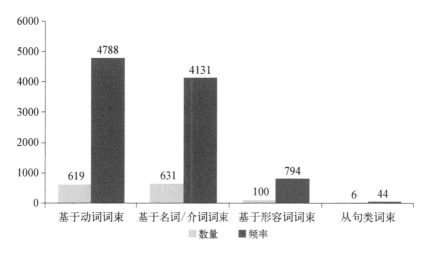

图 5.5　汉语学术写作中三词词束的结构分类数量和频率

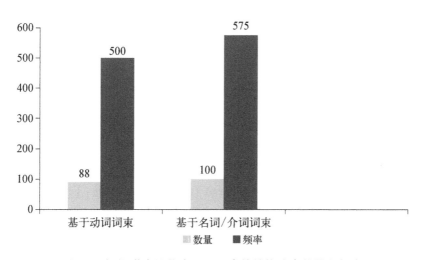

图 5.6　汉语学术写作中四词词束的结构分类数量和频率

图 5.6 显示,学术写作四词词束中,基于动词词束的数量和频率分别为 88 和 500,基于名词/介词词束的数量和频率分别为 100 和 575。

从图 5.5 和图 5.6 中可以发现,汉语学术中,三词和四词词束的主要类别为基于动词词束和基于名词/介词词束,没有四词从句类词束和四词形容词词束。而且,从原始数据来看,三词从句类词束只有一个,三词形容词词束只有 16 个,数量和出现次数都很少。

5.1.2.3 汉语自然会话和学术写作中词束结构分类的比较分析

基于自然会话和学术写作两种语体中提取的三词、四词词束的结构分类结果(如图 5.3、图 5.4、图 5.5 和图 5.6 所示),本小节重点对比两种语体中,四类不同结构的词束:基于动词词束、基于名词/介词词束、基于形容词词束和从句类词束,旨在发现两类语体中汉语词束的结构分类特点。

1) 汉语自然会话和学术写作中基于动词词束的比较分析

利用梁茂成、李文中、许家金(2010)编写的 LL 值运算软件,笔者比较汉语自然会话和学术写作中,基于动词的三词和四词词束的数量和频率,具体数据见表 5.3。

表 5.3 汉语自然会话和学术写作中基于动词的三词和四词词束的比较

类　　型	自然会话	学术写作	LL 值	显著性(p 值)
三词动词词束数量	1 180	619	37.86	0.000
三词动词词束频率	18 205	4 788	1 716.38	0.000
四词动词词束数量	216	88	11.82	0.001
四词动词词束频率	2 068	500	210.41	0.000

表 5.3 显示,汉语自然会话和学术写作中,基于动词词束的数量和频率有差异,其中基于动词三词词束数量差异具有统计显著性($LL = 37.86, p = 0.000$);基于动词三词词束频率差异具有统计显著性($LL = 1\ 716.38, p = 0.000$);基于动词四词词束数量差异具有统计显著性($LL = 11.82, p = 0.001$);基于动词四词词束频率差异具有统计显著性($LL = 201.41, p = 0.000$)。由此可见,汉语自然会话和学术写作中,无论三词还是四词词束,基于动词词束数量和频率都有差异,且自然会话中基于动词词束数量更多,

频率更高,三词和四词动词词束的数量和频率数据差异,都具有统计显著性。

自然会话和学术写作中,除了基于动词词束数据统计具有显著差异外,基于动词词束在构成成分方面也有差异。在汉语自然会话中,三词"第一、第二人称动词词束"(如"是 给 你")的数量和频率分别为 247 和 3 580,四词"第一、第二人称动词词束"(如"你 不 是 说")的数量和频率分别为 67 和 680;三词"动词疑问词束"(如"是 不 是")的数量和频率分别为 73 和 1 644,四词"动词疑问词束"(如"你 有 没 有")的数量和频率分别为 37 和 304。

汉语学术写作中,没有三词或四词"第一、第二人称动词词束",也没有三词或四词"动词疑问词束"。

汉语自然会话中,与第一、第二人称结合的动词词束和动词疑问词束,使得汉语自然会话中基于动词词束更多,频率更高。同时,这两类动词词束还反映出自然会话和学术写作的不同语体特点。

Leech(2000)认为,自然会话要实现互动,需要频繁地体现对话特征,包括提问、祈使以及频繁使用第一和第二人称代词等手段。因为在自然会话中,交际双方共处于同一语言环境中,用语言交流时需要互动,"第一、第二人称动词词束"和"动词疑问词束"可以帮助会话者实现交流的目的。这主要体现为以下两个方面:① 使用第一、第二人称通常意味着交流的双方处于一个共享语言场景,用第一、第二人称代词完全可以理解其所指的对象,且指代明确;② 通过使用第一、第二人称,直接指向话语交流的参与者,既可以实现互动,也可以起到顺利转换话轮的作用。

汉语自然会话中,与第一、第二人称结合的动词词束,体现了汉语自然会话中互动的交际特点。另外,自然会话中的疑问词束,也同样可以起到互动作用。

汉语中,由动词的肯定加上否定词,构成"V 不 V"的结构,是汉语一般疑问的常用提问方式。

根据李咸菊(2009)的观点,"V 不 V"结构在口语中居多,表示希望得到对方的回答,是互动交流的一种方式。同时,"V 不 V"中的"是 不 是"结构,可以看成口语中的一个话语标记,通常是在共享语言环境的情况下,说话者用来吸引听者注意力的一种手段。而且,"是 不 是"可以反映出说话者关心受话者,是说话者表达或商量其观点的一种礼貌手段,体现交际中对对方的尊重、在意和礼貌。

根据 Leech(2000)的观点,自然会话具有即时性、互动性、回应性等特征,且会话参与者共享一个语言环境。汉语自然会话中,动词"V 不 V"词束较多。通过提问,说话者和受话者可以参与到会话交流中,以实现汉语自然会话交流的回应性、互动性,体现共享语言环境下的礼貌。同理,疑问结构也多用于共享语言环境中的交流场合。说话者通过提问,希望对方可以回答,以体现自然会话中的回应性,实现话语互动或者话轮转换的功能。

与此不同,学术写作不需要共享语言环境,也不需要互动和回应,没有汉语"V 不 V"的三词或四词词束。学术写作中,写作者一般采用简洁明了和客观的语言,以陈述事实或进行严密的逻辑论证,不需要频繁提及写作者或读者,也不需要互动或者实现话轮转换。

除了差异性,汉语自然会话和学术写作中,基于动词词束也体现了相似性,主要表现为以下两方面:① 基于动词词束占词束总量和总频率的大比例;② 基于动词词束没有被动结构。

汉语自然会话中,基于动词三词词束的数量和频率,均占三词词束总数量和总频率的50%多;基于动词四词词束的数量和频率,分别占四词词束总数量和总频率的50%和47.7%。

汉语学术写作中,基于动词三词词束的数量和频率,分别占三词词束总数量和总频率的45.6%和49%;基于动词四词词束的数量和频率,分别占四词词束总数量和总频率的46.7%和46.5%。

根据陈德彰(2011)的观点,汉语经常使用动词,使语言显得更加动态。

连淑能(1993/2004)主张,汉语注重主体思维。这主要表现为从自我出发来描述客观事物,倾向于描述人的行为或状态。因而汉语中,"什么人做什么事"的结构比较常见。这种"人称+动词"的结构,带来了汉语动词使用的频繁性,继而带来汉语动词词束的高频率。汉语动词词束占很大比例,体现了汉语词束的特点,也体现了汉语语言的特点。

另外,汉语自然会话和学术写作动词词束中,没有被动结构的动词词束,这是两种语体中动词词束的共性,反映了汉语语言的特点。

根据 Xiao 和 McEnery（2010）的论述，汉语的被动结构主要由"被""让""叫""给""为…所""挨""受"和"遭"等词构成。

Chao（1968：703）认为，汉语的被动结构，通常带有不幸的意思，如"被罢免"。汉语的被动结构，也可反映出负面的语义韵（Xiao & McEnery，2006；Xiao & McEnery，2010），如"被批评"。正因为汉语被动结构隐含不幸、负面等意义，所以汉语语言中，不常采用这类结构。

2）汉语自然会话和学术写作中基于名词/介词词束的比较分析

利用梁茂成、李文中、许家金（2010）编写的 LL 值运算软件，笔者比较了汉语自然会话和学术写作中，基于名词/介词的三词和四词词束的数量和频率，具体结果参见表 5.4。

表 5.4　汉语自然会话和学术写作中基于名词/介词的三词和四词词束的比较

类　　型	自然会话	学术写作	LL 值	显著性（p 值）
三词名词/介词词束数量	509	631	2.96	0.086
三词名词/介词词束频率	6 913	4 131	151.58	0.000
四词名词/介词词束数量	90	100	0.12	0.730
四词名词/介词词束频率	638	575	0.72	0.397

表 5.4 显示，汉语自然会话和学术写作中，基于名词/介词三词词束频率数据差异，具有统计显著性（LL = 151.58，p = 0.000）；基于名词/介词三词词束数量数据差异，不具有统计显著性（LL = 2.96，p = 0.086）；基于名词/介词四词词束数量数据差异，不具有统计显著性（LL = 0.12，p = 0.730）；基于名词/介词四词词束频率数据差异，不具有统计显著性（LL = 0.72，p = 0.397）。

因为汉语自然会话和学术写作中，基于名词/介词词束的总数量不多，出现也不频繁，所以，两类语体中，基于名词/介词的四词词束的数量和频率，在进行标准化后相差不大，数据差异不具有统计显著性。

基于名词/介词词束又可细分为名词词束和介词词束。汉语自然会话和学术写作中，除了基于名词/介词四词词束的数据差异不具有统计显著性外，基于名词/介词词束还表现为以下两方面相似：① 名词词束总体数量多于介词词束;② 带量词的名词词束占有较大比例。

使用量词,是汉语的一大特点。名词与量词结合的词束,是汉语名词词束的一个显著特点。郭宪珍(1987)统计,现代汉语常用量词就有五六百个。肖忠华(2012)认为,现代汉语中,除了少数特殊例外(如"九牛二虎之力""三头六臂"),在对名词进行计量时,量词的使用带有强制性。汉语中,所有名词都必须带量词,汉语是公认的量词语言。英语与汉语不同,英语中没有量词。可数名词直接加后缀表复数。不可数名词计量时,一般用概述和单位词表示,如 some 和 a … of。

汉语大量、频繁地使用量词,使得汉语名词词束有自己的特点,体现了汉语频繁使用量词的语言特点。汉语自然会话和学术写作提取的结果,体现了量词使用的广泛性和频繁性。自然会话三词名词词束中,带有量词的名词词束数量和频率较大,均占名词词束总量和总频率的60%以上;自然会话四词名词词束中,几乎都带有量词。学术写作三词名词词束中,带有量词的名词词束占名词词束总量和总频率的60%以上;学术写作四词名词词束中,只有一个词束没带量词。通过统计发现,带有量词的词束在汉语名词词束中占很大的比例。

虽然基于名词/介词四词词束的数量和频率数据差异,不具有统计显著性,但是基于名词/介词词束的构成成分,仍然体现了自然会话和学术写作的语体特点。根据从语料库中提取的结果,汉语自然会话三词基于名词/介词词束中,有 104 个词束含有第一、第二人称(如"你们 两 个"),出现 1 740 次;汉语自然会话四词基于名词/介词词束中,有 34 个词束含有第一、第二人称(如"给 你 打 电话"),出现 242 次。而且,汉语自然会话中,有很多介词词束由"给""跟"等介词与动词相结合构成,如"给 你 写 信""跟 他 联系了"等,形成连谓结构。

相反,汉语学术写作中,没有与第一、第二人称结合的名词/介词三词或四词词束。学术写作中,介词词束都与名词相结合,如"在 此 基础 上""从这个 意义 上"。

朱德熙(1982/2012)认为,汉语不像英语那样,广泛使用介词和名词。相反,汉语介词的数量比较少,大约只有 30 个。而且,汉语介词大多数从动词中借来,使用较少。汉语的一些介词,如"在""向""进""到""沿""过"

"从""为""给""用""拿""依"等原均为动词。王力(1984：474)指出，"汉语所谓欧化的介词当中，其实有大部分不是真的介词，只是靠着西文的反映，就显得他们有介词性罢了。"

汉语自然会话中，与第一、第二人称相结合的基于名词/介词词束，体现了语体特点。因为在自然会话中，交际双方共处于同一语境，通过使用第一、第二人称，直接指向话语参与者，容易产生共鸣和互动，可以促进口头交流互动。

相反，学术写作中，写作者和阅读者一般不共享语言环境，写作者需要准确反映客观事物、现象及其内在规律，对概念、事理进行准确表达，不能带形象色彩或感情色彩。

3）汉语自然会话和学术写作中基于形容词词束的比较分析

利用梁茂成、李文中、许家金(2010)编写的 LL 值运算软件，笔者比较了汉语自然会话和学术写作中，基于形容词的三词和四词词束的数量和频率，具体结果参见表 5.5。

表 5.5　汉语自然会话和学术写作中基于形容词的三词和四词词束的比较

类　　型	自然会话	学术写作	LL 值	显著性(p 值)
三词形容词词束数量	247	100	13.51	0.000
三词形容词词束频率	3 176	794	313.57	0.000
四词形容词词束数量	42	0		
四词形容词词束频率	497	0		

表 5.5 显示，汉语学术写作中，没有四词形容词词束。汉语自然会话和学术写作中，基于形容词词束数据有差异。其中，三词形容词词束数量差异具有统计显著性(LL = 13.51, p = 0.000)，三词形容词词束频率差异具有统计显著性(LL = 313.57, p = 0.000)。由此可见，汉语自然会话和学术写作中，基于形容词词束数量和频率有差异，且自然会话中，基于形容词词束数量更多，频率更高。

基于形容词词束，除了数据差异具有统计显著性外，基于形容词词束的构成成分也有差异。汉语学术写作中，无论三词词束还是四词词束，均没有形容词疑问词束或与语气词结合的形容词词束。只有一类形容词词束，即三词形容词陈述词束,如"较 高 的""更 多 的"。

与此不同的是,汉语自然会话中,三词形容词词束和四词形容词词束中均有疑问词束,如"忙 不 忙""累 不 累"等,以及和语气词相结合的词束,如"挺 好 的 啊""对 不 啦"。其中,基于形容词三词词束中,有 28 个疑问词束,出现 669 次;有 42 个和语气词结合的词束,出现 534 次。基于形容词四词词束中,有 8 个疑问词束,出现 73 次;有 17 个和语气词结合的词束,出现 155 次。

汉语自然会话中,形容词疑问词束和与语气词结合的形容词词束,使得汉语自然会话中形容词词束更多,出现频率更高,也反映了与学术写作不同的语体特点。

根据赵元任(1979/2012)的看法,汉语中,一些形容词和动词用法相似,可以采用"A 不 A"结构进行提问,希望得到另一方回答,起到互动作用。汉语形容词也可以和助词"了"或者语气词"吧""啊"等相结合,在自然会话中表达态度和情感,如"太 少 了""太 贵 了""不 好 吧"等,促进互动和交流。汉语自然会话中表达态度和情感的形容词词束,使得该语体中的形容词词束更多,出现频率更高。

汉语学术写作中只有描述性形容词词束,如"很 高 的""最 好 的",没有"A 不 A"结构的词束,所以该语体中形容词词束更少,出现也不频繁。这与学术写作语体的特点密切相关。学术写作要求写作者客观描述事物或过程,写作者和读者并不共享语言环境,不能采用体现互动的形容词词束,而需要采用描述性形容词词束,向读者传递信息。

形容词词束的特点,是汉语词束的一个重要特点,也体现了汉语形容词的特点。汉语中,不需要加系动词"是"时,一些形容词可以直接作谓语,也可以直接进行提问,或加上助词"了"。形容词的这些用法相当于汉语动词。而在英语中,形容词用法不同,不能单独作谓语,作谓语时通常都要和"be"动词连用,因而英语形容词词束比较少。因为形容词和系动词"be"结合后,词束一般都归入动词词束类别。

4)汉语自然会话和学术写作中从句类词束的比较分析

利用梁茂成、李文中、许家金(2010)编写的 LL 值运算软件,笔者比较了汉语自然会话和学术写作中,从句类三词和四词词束的数量和频率,具体结果参见表 5.6。

表 5.6　汉语自然会话和学术写作中三词和四词从句类词束的比较

类　　型	自然会话	学术写作	LL 值	显著性(p 值)
三词从句类词束数量	278	6	64.66	0.000
三词从句类词束频率	3 193	44	774.74	0.000
四词从句类词束数量	84	0		
四词从句类词束频率	1 130	0		

表 5.6 显示,汉语学术写作中,没有四词从句类词束。汉语自然会话和学术写作中,从句类词束有差异,其中三词从句类词束的数量差异具有统计显著性($LL=64.66,p=0.000$),三词从句类词束频率差异具有统计显著性($LL=774.74,p=0.000$)。由此可见,汉语自然会话和学术写作中,无论三词还是四词词束,从句类词束均有差异,且自然会话中从句类词束数量更多,频率更高,数据差异具有统计显著性。

汉语自然会话和学术写作中,除了从句类词束数据的差异,从句类词束的差异还体现在词束的构成成分方面。汉语学术写作中,只保留一个原始从句类词束"这 是 因为"。相比而言,汉语自然会话中,从句类词束不仅数量多,且多为可独立使用的零句词束。

零句词束是汉语词束的一大特点,可以独立成句,也可以追加其他词语变成更长的句子。如"怎么回事儿",可以单独直接使用,用于疑问,表示发生了什么事情,也可以追加词语,组成更长的句子,"你 告诉 我 怎么 回 事儿 吧"。其中,汉语自然会话中,三词零句词束有 183 个,出现 2 243 次,分别占三词从句类词束总数量和总频率的 65% 和 70% 以上。四词词零句词束有 70 个,出现 998 次,均占四词从句类词束总数量和总频率的 80% 多。

另外,从句类词束差异还体现在与第一、第二人称相结合的词束上。汉语自然会话中,与第一、第二人称相结合的从句类三词词束有 81 个,出现1 192次,分别占三词从句类词束总数量和总频率的 29.3% 和 37.3%。与第一、第二人称相结合的从句类四词词束有 48 个,出现 708 次,分别占从句类四词词束总数量和总频率的 56.7% 和 81.3%。

汉语学术写作中,没有和第一、第二人称相结合的从句类词束。

与第一、第二人称相结合的从句类词束,体现了汉语自然会话时交流双方共享的语境。第一、第二人称代词,可以明确指代交流双方,促进交流双方的互动,也可以顺利进行话轮转换,使得交流者能积极参与到会话交流中。

5.1.3　汉语自然会话与学术写作中词束的功能分类分析

Biber、Kim、Tracy-Ventura(2010)的研究发现,对词束进行功能分类,有助于发现词束在具体语言使用中发挥的功能。参考 Biber、Conrad、Cortes(2004)的词束功能分类,结合从语料库中提取的实际情况,笔者对 LLSCC 和 LCMC 中的词束进行了功能分类,分为情态词束、话语组织词束、指称词束、特殊会话功能和多功能词束五类。具体分类总结见表 5.7。

表 5.7　LLSCC 和 LCMC 中词束的功能分类

语料库	功能类别	实　例
LLSCC	情态词束	我 都 不 知道;我 很 想;挺 好 的;
	话语组织词束	我 跟 你 讲;跟 你 说 啊;我 告诉 你;
	指称词束	你们 两 个 人;前 几 天;三 个 月;
	特殊会话功能词束	怎么 回 事;是 什么 意思;有 没 有;
	多功能词束	那 就 是 说(既可以表情态,也可以起话语组织作用)
LCMC	情态词束	最 重要 的 是;注意 的 是;是 复杂 的;
	话语组织词束	就 形成 了;而 产生 的;就 有 了;
	指称词束	一 个 月;任何 一 个;每 个 人;
	特殊会话功能词束	是 怎么 回 事
	多功能词束	这 是 因为(既可以表情态,也可以起话语组织作用)

5.1.3.1　汉语自然会话中词束的功能分类

根据表 5.7 中词束的功能分类类别,笔者对汉语自然会话中的词束,进行了功能分类。汉语自然会话中,三词和四词词束功能分类的情况,参看附录 7。三词和四词词束所分类别的数量和频率,参看图 5.7 和图 5.8。

图 5.7 显示,汉语自然会话三词词束中,情态词束数量和频率分别为 956 和 12 725,话语组织词束数量和频率分别为 410 和 5 132,指称词束数量和频率分别为 593 和 7 318,特殊会话功能词束数量和频率分别为 169 和 3 235,多功能词束数量和频率分别为 87 和 3 077。

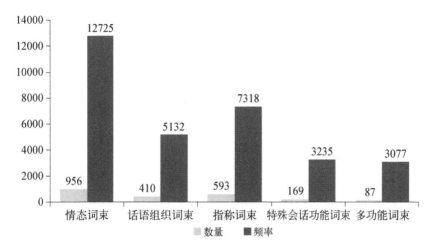

图 5.7　汉语自然会话中三词词束的功能分类数量和频率

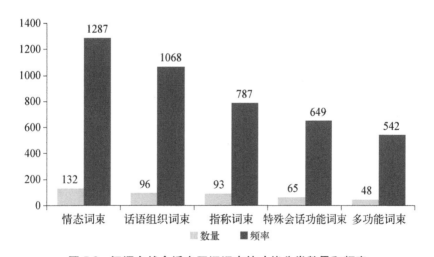

图 5.8　汉语自然会话中四词词束的功能分类数量和频率

图 5.8 显示,汉语自然会话四词词束中,情态词束的数量和频率分别为 132 和 1 287,话语组织词束的数量和频率分别为 96 和 1 068,指称词束的数量和频率分别为 93 和 787,特殊会话功能词束的数量和频率分别为 65 和

649,多功能词束的数量和频率分别为 48 和 542。

从图 5.7 和图 5.8 可知,汉语自然会话中,三词和四词词束,在功能上都可以分为五类。而且,无论三词词束还是四词词束,都是情态词束最多,特殊会话功能词束和多功能词束排最后两位,话语组织词束和指称词束居中。

汉语自然会话中,情态词束最多,这与自然会话的语体特点密切相关。Leech(2000)研究认为,自然会话中需要情感内容,因为说话者需要通过向听者表达态度和情态,以促进自然会话顺利进行。

根据 Biber、Conrad、Cortes(2004)的观点,情态词束可以起到帮助说话者表达观点、表达态度、建立人际关系和构建话语等作用。因此,情态词束在自然会话中出现最频繁,符合其语体特点。

5.1.3.2　汉语学术写作中词束的功能分类

根据表 5.7 中词束的功能分类类别,笔者对学术写作中的词束进行了功能分类。汉语学术写作中,三词和四词词束的功能分类参看附录 8。三词和四词词束功能分类的数量和频率,参看图 5.9 和图 5.10。

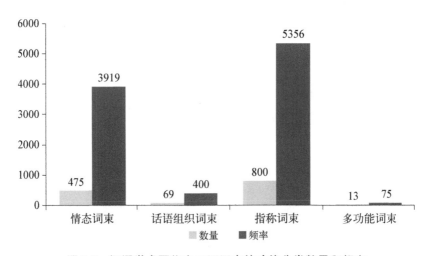

图 5.9　汉语学术写作中三词词束的功能分类数量和频率

图 5.9 显示,汉语学术写作三词词束中,情态词束的数量和频率分别为 475 和 3 919,话语组织词束的数量和频率分别为 69 和 400,指称词束的数量和频率分别为 800 和 5 356,多功能词束的数量和频率为 13 和 75,没有特殊会话功能词束。

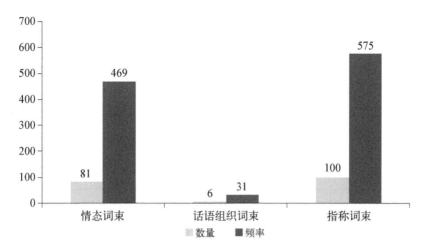

图 5.10　汉语学术写作中四词词束的功能分类数量和频率

图 5.10 显示,汉语学术写作四词词束中,情态词束的数量和频率分别为 81 和 469,话语组织词束的数量和频率分别为 6 和 31,指称词束的数量和频率分别为 100 和 575,没有特殊会话功能词束和多功能词束。

根据图 5.9 和图 5.10 可知,汉语学术写作中,三词和四词词束在功能分类方面,指称词束最多,情态词束其次,话语组织词束再次,没有特殊会话功能词束,没有四词多功能词束。

汉语学术写作中,指称词束出现最多、最频繁,这与学术写作的语体特点密切相关。Biber、Conrad、Cortes(2004)发现,指称词束通常和物体的数量、形状以及特征相关。

根据梁福军(2016)的看法,学术写作一般需要交代研究目的、研究方法和研究结果,也就是为什么要做、怎样做、得到了什么结果,整个过程基本为"以事告人"的形式。整个过程中,写作者需要大量使用修饰语,主要起描绘和修饰作用。汉语学术写作中,写作者通过使用数词、量词、形容词和介词等手段,对某一事物或某一过程进行描述,形成大量的修饰语,使得概念表述得更加明确和具体,语义表达也更加严密和细致。学术写作中较多的指称词束,是为了让读者在无法与写作者共享语境的情况下,明白其中的意义,帮助写作者实现交流目的。

5.1.3.3　汉语自然会话和学术写作中词束的功能分类的比较分析

根据自然会话和学术写作中提取的三词、四词词束功能分类结果(如

图 5.7、图 5.8、图 5.9 和图 5.10 所示),本小节重点对比两类语体的五类词束:情态词束、话语组织词束、指称词束、特殊会话功能词束和多功能词束。

5.1.3.3.1 汉语自然会话和学术写作中情态词束的比较分析

利用梁茂成、李文中、许家金(2010)编写的 LL 值运算软件,笔者比较了汉语自然会话和学术写作中三词和四词情态词束的数量和频率,具体数据参见表 5.8。

表 5.8 汉语自然会话和学术写作中三词和四词情态词束的比较

类　型	自然会话	学术写作	LL 值	显著性(p 值)
三词情态词束数量	956	475	34.86	0.000
三词情态词束频率	12 725	3 919	1 014.30	0.000
四词情态词束数量	132	81	2.62	0.105
四词情态词束频率	1 287	469	82.65	0.000

表 5.8 显示,汉语自然会话和学术写作中,情态词束有差异。其中三词情态词束数量差异具有统计显著性(LL = 34.86,p = 0.000),三词情态词束频率差异具有统计显著性(LL = 1 014.30,p = 0.000);四词情态词束频率差异具有统计显著性(LL = 82.65,p = 0.000),四词情态词束数量差异不具有统计显著性(LL = 2.62,p = 0.105)。总体来看,汉语自然会话和学术写作中,无论三词词束还是四词词束,情态词束的数量和频率都有差异,且自然会话中情态词束数量更多,出现更频繁,大部分情态词束的数量和频率数据差异,具有统计显著性。

自然会话和学术写作中,除了情态词束的数据统计具有差异外,情态词束的构成成分也有差异。自然会话中,三词人称情态词束较多,与第一、第二人称结合的情态词束(如"我们 都是 ""我 觉得 你")的数量和频率分别为 169 和 243。四词词束中,与第一、第二人称结合的情态词束"(如"我 不 知道 你""不 是 说 你")的数量和频率分别为 39 和 357。与语气词结合的三词情态词束(如"真 的 啊""好 的 啊")的数量和频率分别为 45 和 714,与语气词结合的四词情态词束(如"就 行 了 嘛""我 不 知道 啊")的数量和频率分别为 8 和 70。然而,汉语学术写作中,都是无人称情态词束,如

"是 一 种""更 重要 的 是"等,没有与第一、第二人称结合的三词或四词情态词束,也没有与语气词结合的情态词束。

与学术写作相比,汉语自然会话中,情态词束数量更多,出现更频繁。这是因为情态词束和个人感情、态度、愿望、喜恶等相关。

Biber 等人(1999)的研究发现,情态词束可以起到帮助说话者表达观点、表达态度、建立人际关系和构建话语等作用。

Leech(2000)总结,因为自然会话需要互动,且其互动内容通常与感情和态度的表达式联系在一起,以传达情态内容。例如,通常用呼唤格(如"妈妈")、语气词(如"啊""哦"等)、形容词(如"好""美")以及和人称相关的情态标记(如"我猜")等手段,以实现自然会话中的情感表达。

可以这样理解,汉语自然会话中,情态词束最多,出现最频繁,以及与第一、第二人称相结合的情态词束更多、更常见,是由自然会话语体的内在特点所决定的。自然会话过程中,说话者通过抒发感情和表达态度等方式,容易激发听者的热情,以便积极配合和回应,使得交流更顺畅。

与此不同,学术写作的情态词束不与人称相结合,多倾向于采用物称对事实发表客观看法,如"根据××,发现是一致的",而不采用"我认为,××是一致的",使得学术写作的情态信息能够更加客观地向读者呈现。

汉语自然会话和学术写作中,情态词束有相似之处,表现为:① 大部分情态词束都由动词词束构成;② 由"是"字组成的情态词束居多;③ 少部分由形容词词束构成。

在汉语自然会话和学术写作中,"是"字出现的频率分别为 27 811 和 16 356,分别排在各自语料库中所有词的第一位和第二位。

刘宓庆(1991)认为,和英语助词"be"相比,汉语"是"更静态,主要用于表示判断、证实或存在。由此可见,由"是"构成的词束,可以发挥表达情态的认知功能。

5.1.3.3.2　汉语自然会话和学术写作中话语组织词束的比较分析

利用梁茂成、李文中、许家金(2010)编写的 LL 值运算软件,笔者比较了汉语自然会话和学术写作中,三词和四词话语组织词束的数量和频率,具体结果见表5.9。

表 5.9　汉语自然会话和学术写作中三词和四词话语组织词束的比较

类　　型	自然会话	学术写作	LL 值	显著性(p 值)
三词话语组织词束数量	410	69	54.49	0.000
三词话语组织词束频率	5 132	400	946.76	0.000
四词话语组织词束数量	96	6	18.51	0.000
四词话语组织词束频率	1 068	31	240.54	0.000

表 5.9 显示,汉语自然会话和学术写作中,三词话语组织词束数量差异具有统计显著性($LL = 54.49, p = 0.000$),三词话语组织词束频率差异具有统计显著性($LL = 946.76, p = 0.000$);四词话语组织词束数量差异具有统计显著性($LL = 18.51, p = 0.000$),四词话语组织词束频率差异具有统计显著性($LL = 240.54, p = 0.000$)。

汉语自然会话和学术写作中,除了话语组织词束数据差异具有统计显著性外,话语组织词束的构成成分也有差异。无论三词词束还是四词词束,汉语自然会话中,存在与第一、第二人称或语气词相结合的话语组织词束。其中,与第一、第二人称或语气词相关的三词话语组织词束的数量和频率分别为 167 和 2 667,如"我 告诉 你""你 说 啊"等。与第一、第二人称或语气词相关的四词话语组织词束的数量和频率分别为 76 和 925,如"我 跟 你 说""跟 你 说 啊"。

Biber、Conrad、Cortes(2004)主张,话语组织词束的作用可以细分为引起话题和构建话语。通过观察语料库结果,笔者发现汉语自然会话中,很多话语组织词束可以单独使用,用于引起话题,如"我 跟 你 讲"。

然而,汉语学术写作中,话语组织词束主要由无人称的动词构成,如"而 产生 的""就 形成 了"等等,只能构建话语。

如前面陈述,自然会话中,与第一、第二人称相结合的词束,有助实现互动,起到顺利转换话轮的作用。语气词主要用来表达说话者和听者的语气或态度,有利于听者和说话者在共享语境的情况下,更顺畅地进行交流。可以单独使用的话语组织词束,通常用于引起听话者的注意,表示说话者要开启新的话题。这符合自然会话的情景特征。

与此不同,学术写作中引起话题的话语组织词束很少。这是因为学术写作需要通过严密的逻辑,对某事物进行论证,选词和造句需要经得起推敲,并不是通过新的话题以吸引读者注意。

5.1.3.3.3　汉语自然会话和学术写作中指称词束的比较分析

利用梁茂成、李文中、许家金(2010)编写的 LL 值运算软件,笔者比较了汉语自然会话和学术写作中三词和四词指称词束的数量和频率,具体结果见表 5.10。

表 5.10　汉语自然会话和学术写作中三词和四词指称词束的比较

类　　型	自然会话	学术写作	LL 值	显著性(p 值)
三词指称词束数量	593	800	6.95	0.008
三词指称词束频率	7 318	5 356	66.02	0.000
四词指称词束数量	93	100	0.06	0.805
四词指称词束频率	787	575	7.17	0.007

表 5.10 显示,汉语自然会话和学术写作中,指称词束数据有差异,其中三词指称词束数量差异具有统计显著性($LL = 6.95, p = 0.008$),四词指称词束数量差异不具有统计显著性($LL = 0.06, p = 0.805$),且学术写作中数量更多。三词指称词束频率差异具有统计显著性($LL = 66.02, p = 0.000$),四词指称词束频率差异具有统计显著性($LL = 7.17, p = 0.007$),且自然会话中更频繁。

总体来看,虽然自然会话中指称词束更少,但频率更高。除了数量和频率的差异,指称词束的构成成分也有差异。汉语自然会话中,有与第一、第二人称相结合的指称词束。与第一、第二人称或语气词相关的三词指称词束的数量和频率分别为 70 和 686,如"你们 两 个""一 次 啊"等。与第一、第二人称或语气词相关的四词指称词束的数量和频率分别为 11 和 59,如"你 说 两 句""十五 分 钟 啊"。而学术写作中,指称词束都与数词、名词、介词和动词相结合,如"这 一 阶段""一 大 批""为 中心 的""所说 的"等。

自然会话中,与第一、第二人称和与语气词结合的指称词束,体现了自然会话需要明确指代,体现互动和情态的语境特点。学术写作中,指称词束更多体现了描述性和文本指称,符合学术写作的客观陈述。

Biber、Conrad、Cortes(2004)总结,指称词束主要包括以下类型:有关注点(identification/focus)的指称词束(如 those of you)、有具体特征的指称词束(如 a little bit of)、不精确的指称词束(如 something like that)以及时间/地点/文本指称词束(如 as shown in the figure, the end of the)。

结合本书的提取结果,无论汉语自然会话还是学术写作中,有具体特征的指称词束(如"每一个人")和不精确的指称词束(如"一个多月")较多,这是由汉语大量和频繁使用量词而引起的。

总体而言,自然会话和学术写作中,指称词束体现了汉语语言的特点和各自的语体特点。

5.1.3.3.4 汉语自然会话和学术写作中特殊会话功能词束的比较分析

从前文图 5.7 和图 5.8 可知,汉语自然会话中,特殊会话功能三词词束的数量和频率分别为 167 和 3 235,特殊会话功能四词词束的数量和频率分别为 65 和 649。从前文图 5.9 和图 5.10 可知,汉语学术写作中,没有三词和四词特殊会话功能词束。

Biber、Conrad、Cortes(2004)认为,特殊会话功能词束主要起到以下三个作用:礼貌(如 Thank you very much)、询问(如 what are you doing)和转述(如 I said to him)。询问词束可以进一步起两方面的作用:吸引注意力和从受话者处获得信息。

汉语自然会话中,特殊会话功能词束都发挥询问作用。在构成成分上,表现为与第一、第二人称结合,或者与语气词结合,用于询问。询问词束可以体现个人的关心,有助于帮助交际双方建立人际关系。由于询问词束发挥的作用,所以自然会话中特殊会话功能词束更普遍。

5.1.3.3.5 汉语自然会话和学术写作中多功能词束的比较分析

利用梁茂成、李文中、许家金(2010)编写的 LL 值运算软件,笔者比较了汉语自然会话和学术写作中,三词和四词多功能词束的数量和频率,具体结果见表 5.11。

表 5.11 显示,汉语自然会话和学术写作中,多功能词束数据有差异,三词多功能词束数量差异具有统计显著性($LL = 12.61, p = 0.000$),三词多功能词束频率差异具有统计显著性($LL = 708.83, p = 0.000$)。

表 5.11　汉语自然会话和学术写作中三词和四词多功能词束的比较

类　　型	自然会话	学术写作	LL 值	显著性(p 值)
三词多功能词束数量	87	13	12.61	0.000
三词多功能词束频率	3 077	75	708.83	0.000
四词多功能词束数量	48			
四词多功能词束频率	542			

　　总体来看,学术写作中,可发挥多种功能的词束数量更少,出现频率更低。除了数量和频率的差异,发挥的多种功能也有差异。

　　汉语自然会话中,多功能词束既可以是情态词束,也可以是话语组织词束,体现了自然会话互动和表达情态的特点,如"那 就是 说""放心 好 了",且有与第一、第二人称相结合的多功能词束,如"我 就是 说""但是 我 想"。其中,与第一、第二人称相关的三词多功能词束的数量和频率分别为 28 和 270,与第一、第二人称相关的四词多功能词束的数量和频率分别为 11 和 180。而学术写作中,原始多功能词束只有两个,为"这 是 因为"和"同时 也 是"。

　　汉语自然会话和学术写作中,多功能词束主要与汉语动词"是"、动词"说"、连词(如"因为")相结合。汉语动词"是"可以表认知情态;汉语动词"说"可以引出说话的内容,起话题引导作用;汉语连词可以表示前后话语的关系。因此,与汉语动词"是"和"说"以及连词相组合的词束,既可以表示情态,又可以组织话语。

5.1.4　汉语自然会话和学术写作中词束结构和功能的关系

　　Biber、Conrad、Cortes(2004)的研究发现,英语词束的结构分类和功能分类之间有联系。其中,基于动词词束和从句类词束主要发挥情态功能,基于名词/介词词束主要发挥指称功能。这一研究发现,证实了词束的形式和功能之间有着密切的联系。

　　笔者对汉语自然会话和学术写作中,词束结构和功能之间的关系也进行了调查,具体表现在下文中陈述。

5.1.4.1　汉语自然会话中词束结构和功能的关系

　　通过统计发现,汉语自然会话中,词束结构和功能之间,有着密切的联系。具体详情见图 5.11 和图 5.12。

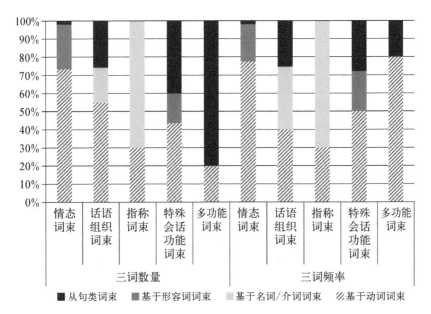

图 **5.11**　汉语自然会话中三词词束结构和功能之间的关系

从图 5.11 可知,汉语自然会话中,三词情态词束主要由基于动词词束构成,其次是基于形容词词束。其中,基于动词词束的数量和频率均占 70% 多,基于形容词词束的数量和频率均占 25% 左右,剩下的为从句类词束。

汉语自然会话中,三词话语组织词束主要由基于动词词束构成,其次为基于名词/介词词束,从句类词束与基于名词/介词词束相差不大。其中,基于动词词束的数量和频率分别占 50% 多和约 40%,基于名词/介词词束的数量和频率分别占约 20% 和 35%,从句类词束的数量和频率均占 25% 左右。

汉语自然会话中,三词指称词束主要由基于名词/介词词束构成,其次是动词词束。其中,基于名词/介词词束的数量和频率均占 70% 左右,基于动词词束的数量和频率均占约 30%。

汉语自然会话中,三词特殊会话功能词束主要由基于动词词束和从句类词束构成。其中,基于动词词束的数量和频率分别占约 40% 和 50%,从句类词束数量和频率分别占约 40% 和 30%,剩下的为基于形容词词束,数量和频率均占约 20%。

汉语自然会话中,三词多功能词束由基于动词词束和从句类词束构成。

其中,基于动词词束的数量和频率分别占 20% 和 80%,从句类词束数量和频率分别占 80% 和 20%。

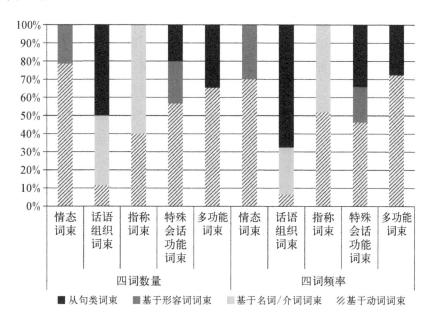

图 5.12　汉语自然会话中四词词束结构和功能之间的关系

从图 5.12 可知,汉语自然会话中,四词情态词束主要由基于动词词束构成,其次是基于形容词词束。其中,基于动词词束数量和频率分别占约80% 和约 70%,基于形容词词束数量和频率分别占约 20% 和 30%。

汉语自然会话中,四词话语组织词束主要由从句类词束构成,其次是基于名词/介词词束。其中,从句类词束数量和频率分别占 50% 和约 70%,基于名词/介词词束数量和频率分别占 35% 多和 20% 多,剩下的为基于动词词束。

汉语自然会话中,四词指称词束主要由基于名词/介词词束构成,其次是基于动词词束。其中,基于名词/介词词束数量和频率分别占约 60% 和约50%,基于动词词束的数量和频率占约 40% 和 50%。

汉语自然会话中,四词特殊会话功能词束主要由基于动词词束和从句类词束构成。其中,基于动词词束数量和频率分别占约 60% 和约 45%,从句类词束词束数量和频率分别占 20% 和 35%,基于形容词词束数量和频率分别占 20% 和 20%。

汉语自然会话中,四词多功能词束主要由基于动词词束和从句类词束构成。其中,基于动词词束数量和频率分别占约65%和70%,从句类词束数量和频率分别占约35%和30%。

结合图5.11和图5.12,汉语自然会话中三词和四词词束结构和功能之间的关系可以总结如下:第一,基于动词词束和基于形容词词束,主要发挥表达情态功能;第二,话语组织词束由基于动词词束、从句类词束和基于名词/介词词束构成;第三,基于名词/介词词束主要发挥指称功能;四,特殊会话功能和多功能词束,主要由基于动词和从句类词束构成。

5.1.4.2　汉语学术写作中词束结构和功能的关系

通过统计发现,汉语学术写作中词束结构和功能之间有着密切的联系。具体详情见图5.13和图5.14。

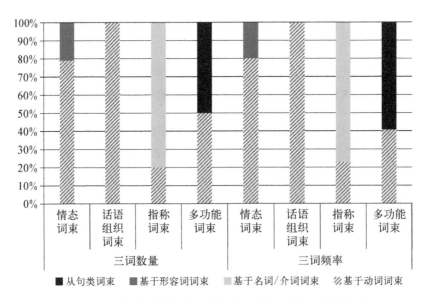

图5.13　汉语学术写作中三词词束结构和功能之间的关系

从图5.13可知,汉语学术写作中,三词情态词束由基于动词词束和基于形容词词束构成。其中,基于动词词束数量和频率均占约80%,基于形容词词束数量和频率均占约20%。三词话语组织词束全部由基于动词词束构成。三词指称词束主要由基于名词/介词词束构成,其次为基于动词词束。其中,基于名词/介词词束数量和频率均占约80%,基于动词词束数量和频率约占 20%。三词多功能词束由从句类词束和基于动词词束构成,原始数据均为一个,各占 50%。二者在频率上稍微有点差异,从句类词束占约 60%,基于动词词束占约 40%。汉语学术写作中,没有三词特殊会话功能词束。

从图 5.14 可知,汉语学术写作中,四词情态词束全部由基于动词词束构成,四词话语组织词束由动词词束构成(原始为 1 个),四词指称词束全部由基于名词/介词词束构成,没有四词特殊会话功能词束和四词多功能词束。

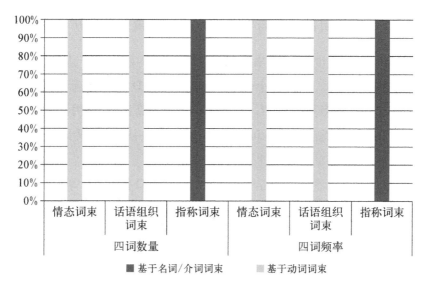

图 5.14　汉语学术写作中四词词束结构和功能之间的关系

结合图 5.13 和图 5.14,汉语学术写作中,三词和四词词束结构和功能之间的关系可以总结如下:第一,情态词束主要由基于动词词束构成,少部分由基于形容词词束构成;第二,话语组织词束由基于动词词束构成;第三,基于名词/介词词束主要发挥指称功能;第四,多功能词束较少,原始三词多功能词束由一个基于动词词束和一个从句类词束构成,四词词束中没有词束发挥多个功能;第五,没有特殊会话功能词束。

5.1.4.3　汉语自然会话和学术写作中词束结构和功能关系的比较分析

通过本书 5.1.4.1 和 5.1.4.2 的讨论可以发现,汉语自然会话和学术写作中,词束结构和功能之间的关系既有相似,也有差异。

其中,相似性主要表现为两方面:① 情态词束主要由基于动词词束构成;② 指称词束主要由基于名词/介词词束构成。

差异性主要表现为三方面:① 学术写作中的形容词词束只发挥情态功能,而自然会话中的形容词词束除了发挥情态功能,还可以发挥特殊会话功能;② 学术写作中,原始从句类词束只有一个,既发挥情态功能,也发挥话语组织功能,而自然会话中,从句类词束既发挥话语组织功能,也发挥特殊会话功能;③ 学术写作中,没有词束发挥特殊会话功能。

5.1.5　汉语自然会话与学术写作中词束离散度分析

本书采用离散度(D值)来判断某词束是否离散出现于语料库中,而不只出现于某类语体。D值大小介于0至1之间。D值越靠近1,说明某词分布越离散,分布于多类语料中;如果某词D值越靠近0,说明某词分布不平衡,主要分布于某类语料中。Juilland等人(1970)认为,若某词的D值大于等于0.3,可认为该词分布较平衡,离散度较广。

笔者对汉语自然会话与学术写作中离散度(D值)大于等于0.3的词束进行了统计,具体结果参看图5.15和图5.16(其中横轴为词束数量,纵轴为D值)。

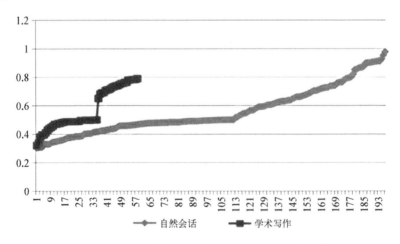

图5.15　汉语自然会话与学术写作中三词离散度情况

图5.15显示,自然会话中,D值大于等于0.3的三词词束更多,且有一部分词束的D值超过0.8。与此不同的是,学术写作中,D值等于大于0.3

的三词词束较少,且基本在 0.8 以下。

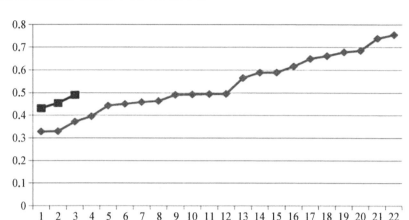

图 5.16　汉语自然会话与学术写作中四词离散度情况

根据图 5.16 可知,自然会话和学术写作中,分布较离散的四词词束总体都不多。相比而言,自然会话中,D 值大于等于 0.3 的四词词束更多,且 D 值较大的词束更多。

结合图 5.15 和图 5.16 可发现,汉语自然会话与学术写作中,词束的离散度有差异:① 自然会话中,分布较均衡的词束更多,离散度广;② 自然会话中,D 值高的词束更多。这一情况可能与自然会话的语体特点相关。通常,自然会话内容涉及广泛,话题多样,相关词束可能出现于多种语料中,分布比较均衡,离散度广。而学术写作则不同,有固定的格式和内容,比较局限于写作要求和目的,多为与其内容密切相关的词束,比较集中于自身语体,并不离散分布于其他语体中。

本节研究发现,汉语自然会话和学术写作中,词束在数量和频率、结构分类、功能分类和离散度方面体现了汉语语言的特点以及不同语体的特点。

(1)汉语自然会话比学术写作中,词束数量更多,出现频率更高。这一结果是由汉语语言特点与自然会话语体特点相结合引起的。语气词是汉语特有的词类,可以反映说话者的情态,符合自然会话的交际目的和需求。零句词束可以单独使用,可反映汉语逻辑关系隐含意义中的语言特点,以及在共享语境中,反映会话者不需要连接词也能明白其中逻辑关系的特点。汉语自然会话中,一些形容词可以直接进行提问或否定,体现了汉语形容词具有与动词用法相似的特点。

（2）汉语自然会话和学术写作中,词束的结构分类体现了汉语语言特点和不同语体的特点。词束的结构分类方面,以下几点体现了汉语语言特点:① 基于动词词束占词束总量和总频率的很大比例,约50%。这体现了汉语动词使用的频繁性。② 没有被动动词词束。汉语动词不常采用被动语态,因为汉语动词的被动形式常与不幸的意思相关。③ 带量词的名词词束较多,体现了汉语量词的丰富性。④ 可以直接提问或否定的形容词词束,体现了汉语形容词有与动词相似用法的特点。⑤ 零句类词束体现了汉语重意念而非形式的特点,不需要连接词凸显逻辑关系。词束构成成分的差异,体现了不同语体的交际目的和需求。其中,汉语自然会话中,有较多与第一、第二人称结合,与疑问词结合以及与语气词结合的词束。这些词束体现了自然会话中互动和表达情态的特点。而学术写作中,没有这些类别的词束,这符合学术写作客观陈述的特点。

（3）汉语自然会话和学术写作中,词束的功能分类体现了汉语语言特点和不同语体的特点。词束功能分类在以下几个方面体现了汉语语言特点:① 大部分情态词束由动词"是"构成,因为汉语"是"可以用来表示判断和情态。② 大部分指称词束由量词构成,因为汉语量词比较丰富,而且其使用具有强制性。词束功能分类在以下两个方面,体现了不同语体的交际目的和需求:① 词束的突出功能有差异。汉语自然会话中,情态词束更多;学术写作中,指称词束更多。② 词束的构成成分有不同。汉语自然会话中,有较多与第一、第二人称结合以及与语气词结合的词束和疑问词束,体现了自然会话表达互动和情态的特点;而学术写作中,没有这些类别的词束,这符合学术写作客观陈述的特点。

（4）汉语自然会话和学术写作中,词束结构和功能的关系既有相似,又有差异。相似性主要表现为两方面,体现了汉语语言的特点:① 情态词束主要由基于动词词束构成;② 指称词束主要由基于名词/介词词束构成。差异性主要表现在三方面,体现了各自语体的特点:① 学术写作中,形容词词束只发挥情态功能。而自然会话中,形容词词束除了发挥情态功能外,还可以发挥特殊会话功能。② 学术写作中,原始从句类词束只有一个,既发挥情态功能,也发挥话语组织功能。而自然会话中,从句类词束既发挥话语组织功能,也发挥特殊会话功能。③ 学术写作中,没有词束发挥特殊会话功能。

(5) 汉语自然会话与学术写作中,词束的离散度有差异。差异性体现在两方面: ① 汉语自然会话中,分布较离散的词束更多,离散度广,且自然会话中 D 值高的词束更多。② 学术写作中,分布均衡的词束不多,且 D 值不太高。这与自然会话和学术写作的语体特点密切相关。因为自然会话内容涉及广泛,话题多样,所以相关词束也离散分布于其他语体的语料中,分布比较均衡,离散度广。而学术写作有其固定的格式和内容,比较局限,多为与其内容密切相关的词束,并不离散分布于其他语体。

5.2 汉语口语多种语体中词束的分析

本书中的汉语口语语料库采用 LLSCC,笔者结合准备性和互动性特征,将七类语料归为四大类: 自然会话(面对面谈话和电话交流),特点为事先不准备、即时产出、互动较多;电视/电影剧本,特点为完全准备、有互动;专题话题(电视访谈和辩论),特点为部分准备、部分即时产出、有互动;口头叙述(北京居民的口头叙述和编辑过的口头叙述),特点为事先准备、没互动。本节将重点分析汉语口语的四种不同语体中,词束在数量和频率、结构分类、功能分类以及离散度等方面的情况。

5.2.1 汉语口语多种语体中词束的数量和频率分析

5.2.1.1 汉语口语多种语体中词束的数量和频率

汉语口语的多种语体中,语料大小不一。参照 Biber 和 Barbieri(2007)的词束提取方法,自然会话语体的语料为 355 832 词,口头叙述语体的语料为369 376 词,针对这两种语体的词束提取参数均可设置为: 至少出现 5 次,在 5 个不同文本中出现。电视/电影剧本语体的语料为 80 446 词,专题话题语体的语料为 196 497 词,针对这两种语体的词束提取参数均设置为: 至少出现 4 次,在 4 个不同文本中出现。

笔者通过设定频率和文本数,提取了汉语词束,排除一些不利于进行深入研究的多词单位的同时,也保留了很多词束。其中,自然会话中保留和排除的词束,分别参见本书附录 1 和附录 2。电视/电影剧本中保留和排除的词束,分别参见本书附录 9 和附录 10。专题话题中保留和排除的词束,分别参见本书的附录 11 和附录 12。口头叙述中保留和排除的词束,分别参见本书附录 13 和附录 14。

汉语自然会话、专题话题、剧本和口头叙述四种口语语体中,保留下来的三词和四词词束详情,参见图 5.17 和图 5.18。

图 5.17 显示,自然会话中,三词词束的数量和频率分别为 2 215 和31 487。剧本中,三词词束的数量和频率分别为 3 941 和 20 548。口头叙述中,三词词束的数量和频率分别为 1 565 和 16 271。专题话题中,三词词束的数量和频率分别为 3 496 和 31 675。

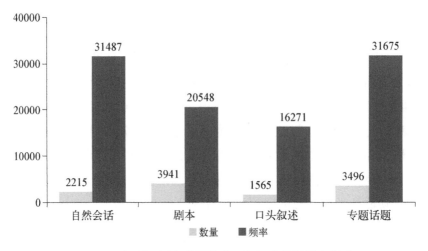

图 5.17　汉语口语多种语体中三词词束的数量和频率

根据图 5.17,汉语口语四种语体中,三词词束表现为:剧本中数量最多,频率排第三;专题话题中频率最高,数量排第二;口头叙述中数量最少,出现最不频繁;自然会话中数量和频率分别位列第三和第二。

图 5.18 显示,自然会话中,四词词束数量和频率分别为 433 和 4 334。剧本中,四词词束数量和频率分别为 746 和 2 747。口头叙述中,四词词束

数量和频率分别为 111 和 855。专题话题中,四词词束数量和频率分别为
870 和 5 674。

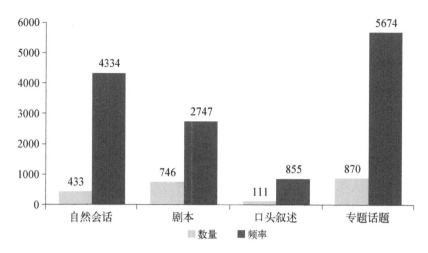

图 5.18　汉语口语多种语体中四词词束的数量和频率

根据图 5.18,汉语口语四种语体中,四词词束表现为:专题话题中数量
最多,频率最高;口头叙述中数量最少,出现最不频繁;自然会话中数量和频
率分别排第三和第二;剧本中数量和频率分别排第二和第三。

5.2.1.2　汉语口语多种语体中词束的数量和频率讨论

通过统计汉语口语多种语体中词束的数量和频率,可以发现专题话题
中词束数量比较多,出现最为频繁;口头叙述中词束数量最少,出现最不频
繁;自然会话中词束出现频率较高;剧本中词束数量较多。

根据梁福军(2016)的观点,专题话题的场合一般较为正式,表现为:有
主持人、话题集中、语言相对规范。通常情况下,辩论和访谈前,专题话题参
与者可以进行准备和酝酿,有部分内容可按事先准备的言辞直接说,有部分
内容需要即兴发挥。因此,专题话题兼有口语和书面语特征。

通过统计发现,汉语专题话题中,基于动词词束和基于名词/介词词束
的数量和频率非常突出,比自然会话、剧本和口头叙述中基于动词词束和基
于名词/介词词束更多,出现更频繁,这增加了词束的总数量和总频率,也体
现了汉语频繁使用动词和量词的特点。

根据 Labov 和 Waletzky(1967)的研究,口头叙述是一种重述过去经历

的手段,通常利用一系列句子对实际发生的事件进行描述和重现。Labov 和 Waletzky(ibid)认为,口头叙述内容需要包括六个方面:发生了什么事;事件发生的时间、地点、主要人物;事件发生的经过;事件的高潮;事件的结尾;事件可以向人们说明什么等。整个口头叙述过程为个人陈述,没有互动。

通过统计发现,口头叙述中,词束数量最少,出现频率最低,这可能和口头叙述的语体特点相关。因为口头叙述的内容,通常集中于某个特定事件,且一直由单人独自叙述,并没有互动。在没有他人参与或互动的情况下,由于叙述的内容有范围,加上单人叙述时所采用的词汇、句子等比较局限,汉语口头叙述中的词束较少,出现也不频繁。另外,汉语口头叙述中与语气词结合的词束、从句类词束都较少,这也是词束不多,出现不频繁的重要原因。

田俊武(2001)认为,剧本语言包括对白、独白和旁白,其中对白内容占85%左右,独白和旁白内容共占15%左右。虽然剧本有很多对话,但一般是由写作者事先思考而模拟创作产生的,演员经过反复练习再表达。换句话说,剧本对话以书面形式出现,属于完全准备型对话,只是演员通过口语将其表现出来。

结合本书数据,剧本中三词和四词词束的数量较多,但频率并不高。这可能是因为剧本写作者在写作时,可以进行充分思考和修改。写作者为了体现语言的多样化,尽量采用不重复的语言。

Leech(2000)发现,自然会话具有限制性和重复性的词汇。Biber 等人的词束研究也证实,自然会话比较局限于某些常用的句型和词汇。可以理解为,汉语自然会话中,词束数量较少,出现频率较高,是因为其词汇较局限,且频繁被使用。

5.2.2 汉语口语多种语体中词束的结构分类分析

5.2.2.1 汉语口语多种语体中词束的结构分类情况

参考 Biber、Conrad、Cortes(2004)的词束分类,采用词性描述的方式,结合从语料库中提取的实际情况,笔者对自然会话、剧本、专题话题和口头叙述四种语体中的词束进行结构分类,分为基于动词词束(如"不 是 我的")、基于名词/介词词束(如"前 几 年")、基于形容词词束(如"比较 好的")和从句类词束(如"你 听 我 说")。四种语体中,词束结构分类的情

况,参看附录 5、15、16 和 17。词束结构分类的具体数据,参看图 5.19、
图 5.20、图 5.21 和图 5.22。

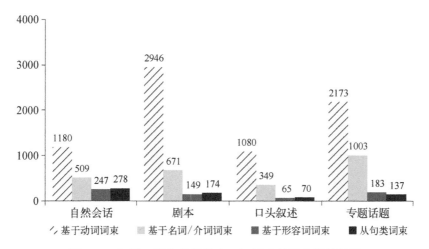

图 5.19　汉语口语多种语体中三词词束结构分类的数量

图 5.19 显示,自然会话、剧本、口头叙述和专题话题四种语体中,三词
词束结构都可以分为四类,都表现为基于动词词束最多,基于名词/介词词
束其次,从句类词束和基于形容词词束排序略有不同。其中,自然会话、剧
本和口头叙述中,都为从句类词束多于基于形容词词束,专题话题中基于形
容词词束多于从句类词束。

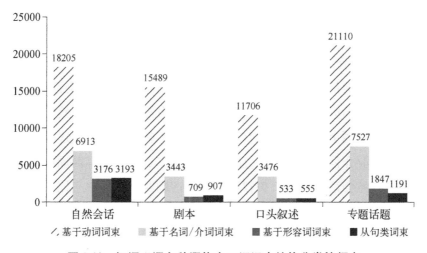

图 5.20　汉语口语多种语体中三词词束结构分类的频率

从图 5.20 中可知,自然会话、剧本、口头叙述和专题话题四种语体中,三词词束的结构分类,都表现为基于动词词束出现最频繁,基于名词/介词词束其次,从句类词束和基于形容词词束排序略有不同。其中,自然会话、剧本和口头叙述中表现为从句类词束比基于形容词词束出现更频繁,专题话题中表现为基于形容词词束比从句类词束出现更频繁。

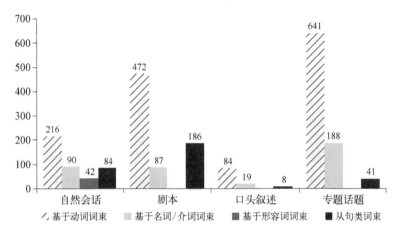

图 5.21　汉语口语多种语体中四词词束结构分类的数量

图 5.21 显示,汉语自然会话中,四词词束结构可分为四类,其余语体都只有三类。自然会话、剧本、口头叙述和专题话题四种语体中,都为基于动词词束最多。另外,自然会话、口头叙述和专题话题中,均表现为基于名词/介词词束第二,从句类词束第三,基于形容词词束最少。只有剧本不同,表现为从句类词束多于基于名词/介词词词束。

图 5.22 显示,自然会话、剧本、口头叙述和专题话题四种语体中,四词词束的结构分类都表现为基于动词词束最频繁。其中,自然会话和剧本中,都表现为从句类词束第二,基于名词/介词词束第三。只有自然会话中有基于形容词四词词束,与其他类别相比,出现最不频繁。口头叙述和专题话题中,基于名词/介词词束排第二,从句类词束第三,没有形容词词束。

综合自然会话、剧本、口头叙述和专题话题四种语体中三词和四词词束的结构分类情况来看,虽然词束的结构分类的数量和频率有差异,但在以下两方面体现了相似:第一,基于动词词束出现最多、最频繁;第二,基于名词/介词词束为另一种主要类别。

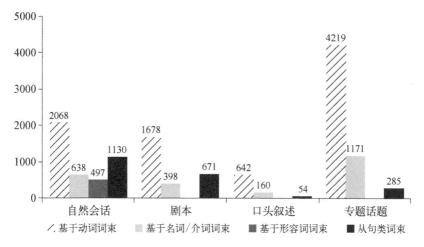

图 5.22　汉语口语多种语体中四词词束结构分类的频率

汉语口语的多种语体中,基于动词词束出现最多、最频繁,体现了汉语语言的主体思维特点。因为汉语倾向于采用"什么人做什么事"这类结构,这种"人称+动词"的结构带来汉语动词使用的频繁性,继而带来汉语动词词束的高频率(如"我 就 不 信""我 感觉 到")。此外,汉语丰富的量词以及量词使用的强制性,使得汉语口语多种语体中基于名词/介词词束(如"一 个 孩子""一 个 方面")比较多,出现比较频繁,这也是汉语语言的另一大特点。

5.2.2.2　汉语口语多种语体中词束结构分类的比较分析

结合汉语自然会话、剧本、口头叙述和专题话题四种语体中三词和四词词束结构分类的结果(如图 5.19~图 5.22 显示),本小节将重点比较这四种语体中,基于动词词束、基于名词/介词词束、基于形容词词束和从句类词束的详细情况。

5.2.2.2.1　汉语口语多种语体中基于动词词束的比较分析

笔者统计了汉语自然会话、剧本、口头叙述和专题话题中动词词束的总数量和总频率,以及与第一和第二人称结合的动词词束(如"我 的 意思是")、动词疑问词束(如"你 是 不 是 ")、与语气词结合的动词词束(如"是什么 呢")的数量和频率。如本书 5.1.2.3.1 所述,这些动词词束可以体现汉语语言特点和不同语体特点。具体统计结果,见图 5.23~图 5.26。

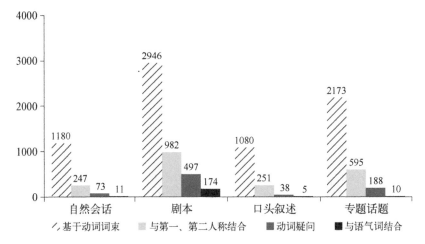

图 5.23 汉语口语多种语体中三词基于动词词束的数量

图 5.23 显示,自然会话、剧本、口头叙述和专题话题中,三词基于动词词束数量、与第一和第二人称结合的三词动词词束数量、三词动词疑问词束数量,都表现为剧本中最多,专题话题中其次。口头叙述中与第一、第二人称结合的三词动词词束,略多于自然会话中,分别位列第三和第四。与语气词结合的三词动词词束数量表现为:剧本中最多,自然会话中其次,专题话题中再次,口头叙述中最少。

四种不同的口语语体中,都有与第一和第二人称相结合的动词词束、动词疑问词束以及与语气词结合的动词词束。这些三类动词词束可以在口语中体现说话者情态。本书采用的语料中,各语体中这三类动词词束的数量总和,分别占自然会话三词基于动词词束数量近 28%[①],占剧本三词基于动词词束数量 32%,占口头叙述三词基于动词词束数量 27%,占专题话题三词基于动词词束数量 35%。

图 5.24 显示,自然会话、剧本、口头叙述和专题话题中,三词动词词束频率排序为:专题话题中最频繁,自然会话中其次,剧本中再次,口头叙述中最不频繁。与第一、第二人称结合的三词动词词束频率排序为:专题话题中最频繁,剧本中其次,自然会话中再次,口头叙述中最不频繁。三词动词疑问词束频率排序为:剧本中最频繁,专题话题中其次,自然会话中再

---

① 本书中所占百分比为除去重复计算的比例。因为有些词束,如"是 不 是 我",既和第一、第二人称结合,也是动词疑问词束,分类时虽统计了数量和频率,但统计所占比例时没有重复计算。

次,口头叙述中最不频繁。与语气词结合的三词动词词束频率排序为:剧本中最频繁,自然会话中其次,专题话题中再次,口头叙述中最不频繁。

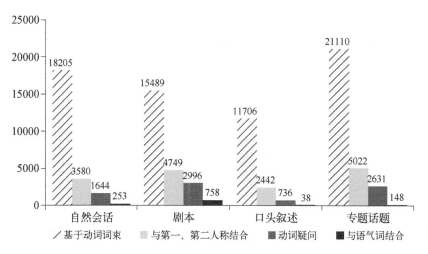

图 5.24　汉语口语多种语体中三词基于动词词束的频率

各语体中与第一和第二人称相结合的动词词束、动词疑问词束以及与语气词结合的动词词束的频率总和,占自然会话三词基于动词词束频率30%,占剧本三词基于动词词束频率49%,占口头叙述三词基于动词词束频率27%,占专题话题三词基于动词词束频率35%。

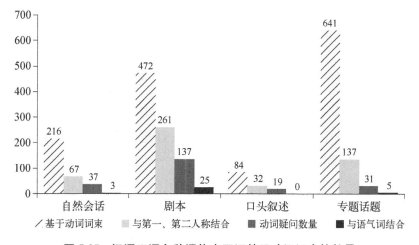

图 5.25　汉语口语多种语体中四词基于动词词束的数量

图 5.25 显示,汉语自然会话、剧本、口头叙述和专题话题中,四词动词

词束数量排序为：专题话题中最多，剧本中其次，自然会话中再次，口头叙述中最少。与第一、第二人称结合的四词动词词束数量排序为：剧本中最多，其次为专题话题，再次为自然会话，口头叙述中最少。四词动词疑问词束的数量排序：剧本中最多，自然会话中其次，专题话题中再次，口头叙述中最少。与语气词结合的四词动词词束数量排序为：剧本中最多，其次为专题话题，再次为自然会话，口头叙述中没有此类词束。

各语体中与第一和第二人称相结合的动词词束、动词疑问词束以及与语气词结合的动词词束的数量总和，占自然会话四词基于动词词束数量43%，占剧本四词基于动词词束数量68%，占口头叙述四词基于动词词束数量58%，占专题话题四词基于动词词束数量21%。

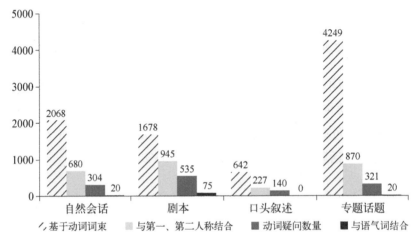

图5.26 汉语口语多种语体中四词基于动词词束的频率

图5.26显示，汉语自然会话、剧本、口头叙述和专题话题中，四词基于动词词束频率排序为：专题话题中最频繁，自然会话中其次，剧本中再次，口头叙述中最不频繁。与第一、第二人称结合的四词动词词束频率排序为：剧本中最频繁，专题话题中其次，自然会话中再次，口头叙述中最不频繁。四词动词疑问词束频率排序为：剧本中最频繁，专题话题中其次，自然会话中再次，口头叙述中最不频繁。与语气词结合的四词动词词束频率排序为：剧本中最频繁，自然会话和专题话题中相同，并列第二，口头叙述语体中没有此类词束。

各语体中与第一和第二人称相结合的动词词束、动词疑问词束以及与语气词结合的动词词束的频率总和,占自然会话四词基于动词词束频率43%,占剧本四词基于动词词束频率70%,占口头叙述四词基于动词词束频率54%,占专题话题四词基于动词词束频率23%。

虽然汉语口语多种语体中,三词和四词动词词束的数据比较复杂,但可以总结出共性。通过统计三类汉语动词词束,即与第一和第二人称相结合的动词词束、动词疑问词束以及与语气词相结合的动词词束发现,这几类词束在动词词束中都占有相当一部分比例。这体现了汉语语言的特点与汉语口语的语体特点。

汉语口语的多种语体中,动词词束的差异表现为:① 无论三词动词词束还是四词动词词束,剧本中与第一和第二人称相结合的动词词束、动词疑问词束以及与语气词相结合的动词词束的总和所占比重相对较大。因为剧本对话是由创作者事先经过思考而模拟创作的,与第一和第二人称、疑问词和语气词相结合的动词词束可以体现会话者之间的互动性和逻辑性,体现会话合作原则。② 和敬称"您"相结合的词束只出现于剧本和专题话题两类语体中。剧本中出现了和敬称"您"相结合的动词词束,如"您 瞧 瞧""您 这 不 是"。剧本中与"您"结合的三词动词词束的数量和频率分别为137和510,四词动词词束的数量和频率分别为 50 和 162。根据 Culpeper(1998)的观点,剧本对话可以反映人物的形象,研究者可以借助礼貌原则来分析。汉语剧本中,与"您"结合的动词词束,可以反映剧本人物的礼貌。汉语专题话题中,也出现了和敬称"您"相结合的动词词束,如"您 刚才说"。专题话题的场合较为正式,一般有主持人和观众,因此所用语言需要相对规范,使用敬称可以体现礼貌。

5.2.2.2.2　汉语口语多种语体中基于名词/介词词束的比较分析

笔者统计了汉语自然会话、剧本、口头叙述和专题话题中基于名词/介词词束的总数量和总频率,以及与第一和第二人称结合的名词/介词词束(如"我 一 个 人")、名词/介词疑问词束(如"哪 一 个")、与语气词结合的名词/介词词束、与量词结合的名词/介词词束(如"一 次 啊")的数量与频率。这些名词/介词词束可以体现汉语语言特点和不同语体特点。具体统计结果见图 5.27~图 5.30。

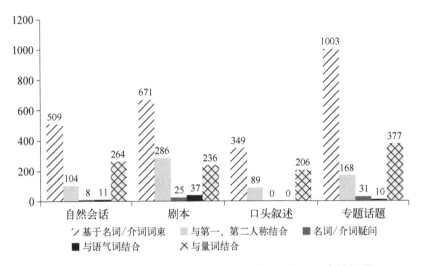

图5.27 汉语口语多种语体中三词基于名词/介词词束的数量

图5.27显示,汉语口语三词名词/介词词束中,基于名词/介词词束数量和名词/介词疑问词束数量都表现为:专题话题中最多,剧本中其次,自然会话中再次,口头叙述中最少。与第一、第二人称结合的三词名词/介词词束的数量表现为:剧本中最多,专题话题中其次,自然会话中再次,口头叙述中最少。与语气词结合的三词名词/介词词束数量表现为:剧本中最多,自然会话中其次,专题话题中再次,口头叙述中没有此类词束。

各语体中与第一和第二人称相结合的名词/介词词束、名词/介词疑问词束以及与语气词结合的名词/介词词束数量总和,占自然会话三词名词/介词词束数量24%,占剧本三词名词/介词词束数量48%,占口头叙述三词名词/介词词束数量26%,占专题话题三词名词/介词词束数量20%。这几类名词/介词词束可以反映汉语口语的语言特点。

根据图5.27,汉语三词基于名词/介词词束中,与量词结合的名词/介词词束特别突出。这类三词词束的数量排序为:专题话题中最多,自然会话中其次,剧本中再次,口头叙述中最少。与量词结合的三词名词/介词词束,分别占自然会话三词名词/介词词束总量52%,占剧本三词名词/介词词束总量35%,占口头叙述三词名词/介词词束总量59%,占专题话题三词名词/介词词束总量38%。这体现了汉语量词使用的频繁性。

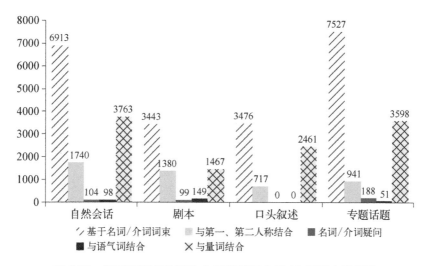

图 5.28　汉语口语多种语体中三词基于名词/介词词束的频率

从图 5.28 中可知,汉语口语三词名词/介词词束中,基于名词/介词词束频率在专题话题中最频繁,自然会话中其次,口头叙述中再次,剧本中最不频繁。与第一、第二人称结合的三词名词/介词词束频率表现为:自然会话中最频繁,剧本中其次,专题话题中再次,口头叙述中最不频繁。三词名词/介词疑问词束的频率表现为:专题话题中最频繁,自然会话中其次,剧本中再次,口头叙述中没有此类词束。与语气词结合的三词名词/介词词束频率表现为:剧本中最频繁,自然会话中其次,专题话题中再次,口头叙述中没有此类词束。

各语体中与第一和第二人称相结合的三词名词/介词词束、三词名词/介词疑问词束以及与语气词结合的三词名词/介词词束频率总和,占自然会话三词名词/介词词束频率28%,占剧本三词名词/介词词束频率44%,占口头叙述三词名词/介词词束频率 21%,占专题话题三词名词/介词词束频率15%。

本书中,与量词结合的三词名词/介词词束的频率排序为:自然会话中最频繁,专题话题中其次,口头叙述中再次,剧本中最不频繁。与量词结合的三词名词/介词词束的频率占自然会话三词名词/介词词束总频率54%,占剧本三词名词/介词词束频率43%,占口头叙述三词名词/介词词束频率71%,占专题话题三词名词/介词词束频率48%。

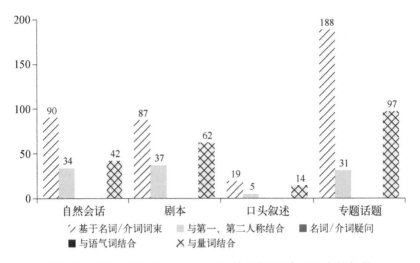

图 5.29　汉语口语多种语体中四词基于名词/介词词束的数量

图 5.29 显示,汉语自然会话、剧本、口头叙述和专题话题中,四词基于名词/介词词束数量表现为:专题话题中最多,自然会话中其次,剧本中再次,口头叙述中最少。与第一、第二人称结合的四词名词/介词词束数量表现为:剧本中最多,自然会话中其次,专题话题中再次,口头叙述中最少。四类语体中都没有与疑问词或语气词结合的四词名词/介词词束。其中,与第一、第二人称相结合的四词名词/介词词束数量,分别占自然会话四词名词/介词词束数量 37%,占剧本四词名词/介词词束数量 43%,占口头叙述四词名词/介词词束数量 29%,占专题话题四词名词/介词词束数量 16%。

本书中,与量词结合的四词名词/介词词束数量排序为:专题话题中最多,剧本中其次,自然会话中再次,口头叙述中最少。与量词结合的四词名词/介词词束数量,分别占自然会话四词名词/介词词束总量 47%,占剧本四词名词/介词词束总量 71%,占口头叙述四词名词/介词词束总量 74%,占专题话题四词名词/介词词束总量 52%。

图 5.30 显示,汉语自然会话、剧本、口头叙述和专题话题中,四词基于名词/介词词束频率表现为:专题话题中最频繁,自然会话中其次,剧本中再次,口头叙述中最不频繁。与第一、第二人称结合的四词名词/介词词束频率表现为:剧本中最频繁,自然会话中其次,专题话题中再次,口头叙述中最不频繁。汉语口语四种语体中没有与疑问词或语气词结合的四词名

词/介词词束。其中,与第一、第二人称相结合的四词名词/介词词束频率,分别占自然会话四词名词/介词词束频率 38%,占剧本四词名词/介词词束频率 53%,占口头叙述四词名词/介词词束频率 41%,占专题话题四词名词/介词词束频率 12%。

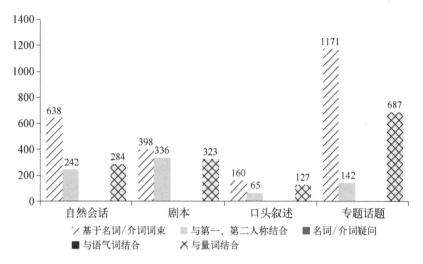

图 5.30　汉语口语多种语体中四词基于名词/介词词束的频率

本书中,与量词结合的名词/介词四词词束的频率排序为:专题话题中最频繁,剧本中其次,自然会话中再次,口头叙述中最不频繁。与量词结合的四词名词/介词词束频率,分别占自然会话四词名词/介词词束总频率 45%,占剧本四词名词/介词词束总频率 81%,占口头叙述四词名词/介词词束总频率 79%,占专题话题四词名词/介词词束总频率 59%。

虽然汉语三词和四词名词/介词词束数据比较复杂,但可以总结出三方面的共性:① 汉语三词和四词名词/介词词束,体现了汉语口语的特点。通过统计汉语名词/介词词束中与第一和第二人称相结合的名词/介词词束、名词/介词疑问词束以及与语气词相结合的名词/介词词束发现,这几类词束在名词/介词词束中都占相当一部分的比例。② 无论三词还是四词名词/介词词束,四类语体中与量词结合的名词/介词词束占名词/介词词束总数量和总频率很大比例,体现了汉语量词使用的频繁性,如"这 件 事情""这么 多 年了"。③ 由"给""跟"等介词与动词相结合的介词词束,如"到 家里 来""跟 我们 说"等,形成连谓结构。这类介词词束,无论是三词还是四词介词词束,均占介词词束一定比例。

根据朱德熙(1982/2012)的观点,汉语介词大多数是从动词中借来的,如"在""向""进""到""沿""过""从""为""给""用""拿""依"等原均为动词。王力(1943/1944)也认为,汉语介词中,其实大部分不是真的介词,只是显得有介词性罢了。可以理解为,汉语口语中,介词和动词相结合的词束,既可以体现汉语动词的特点,也可以反映汉语介词的特点。

汉语口语四种语体中,基于名词/介词词束的差异体现为:剧本中出现了和敬称"您"相结合的名词/介词词束,如"跟 您 这么 说",而其他语体中则没有。剧本中,与"您"结合的三词名词/介词词束数量和频率分别为50和224,四词名词/介词词束数量和频率分别为 12 和 37。剧本中出现和敬称"您"相结合的词束,符合礼貌原则,利于塑造人物形象。

5.2.2.2.3 汉语口语多种语体中基于形容词词束的比较分析

笔者统计了汉语自然会话、剧本、口头叙述和专题话题中,基于形容词词束的总数量和总频率,以及形容词疑问词束(如"对 不 对")、与语气词结合的形容词词束(如"挺 好 的 啊")的数量与频率。形容词疑问词束和与语气词结合的形容词词束,可以体现汉语语言的特点和不同语体的特点。本书提取结果中没有与第一、第二人称结合的形容词词束。具体统计结果见图 5.31 和图 5.32。

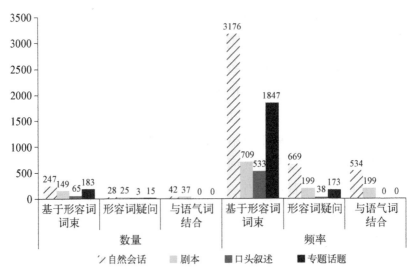

图5.31 汉语口语多种语体中三词基于形容词词束的数量和频率

　　从图 5.31 可知,汉语口语四种语体中的三词形容词词束数量和频率的排序相同,都是自然会话排第一,专题话题位列第二,剧本位列第三,口头叙述排最后。汉语口语四种语体中,没有与第一、第二人称结合的三词形容词词束。三词形容词疑问词束数量和频率排序相同,都表现为自然会话排第一,专题话题位列第二,剧本位列第三,口头叙述排最后。与语气词结合的三词形容词词束,只有自然会话和剧本中有,数量和频率都为自然会话中第一,剧本中第二。

　　与汉语动词词束和名词/介词词束相比,汉语形容词词束比较少。各语体中与语气词和疑问词结合的三词形容词词束数量的总和,占自然会话三词形容词词束总量 23%,占剧本三词形容词词束总量 33%,占口头叙述三词形容词词束总量 5%,占专题话题三词形容词词束总量 8%。各语体中与语气词和疑问词结合的三词形容词词束频率总和,占自然会话三词形容词词束总频率 33%,占剧本三词形容词词束总频率 47%,占口头叙述三词形容词词束总频率 7%,占专题话题三词形容词词束总频率 9%。

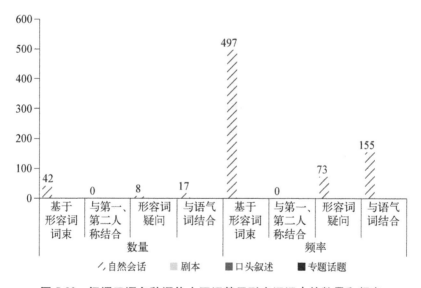

图 5.32　汉语口语多种语体中四词基于形容词词束的数量和频率

　　从图 5.32 可知,汉语口语四种语体中,只有自然会话中有四词形容词词束,其他语体中没有四词形容词词束。汉语自然会话中,没有与第一、第二人称结合的形容词词束。与语气词和疑问词结合的四词形容词词束数量的总和,占自然会话四词形容词词束总量40%。与语气词和疑问词结合的四词形容词词束频率的总和,占自然会话四词形容词词束总频率31%。

汉语口语中,基于形容词词束不多,出现也不频繁,但是形容词词束数据体现了语体差异。自然会话和剧本中,与疑问词和语气词结合的形容词词束(如"忙 不 忙""挺 好 的 吧")所占比重较大。然而,口头叙述和专题话题中,形容词词束主要为描述性词束,如"最 大 的""更 多 的"。

汉语中一些形容词和动词的用法相似,可以直接作谓语,也可以直接进行否定或提问,采用"A 不 A"结构进行提问。根据赵元任(1979/2012)的看法,汉语形容词可以直接提问,希望得到交流的另一方的回答,起到互动作用。汉语形容词也可以和语气词"吧""啊"等相结合,在自然会话中表达态度和情感,促进交流顺利进行。

根据田俊武(2001)的研究,剧本中,对话占85%。剧本对话和自然会话都需要体现互动,需要表达态度和情感,以促进顺利交流。换句话说,形容词疑问词束和与语气词结合的形容词词束,符合剧本对话和自然会话的特点和需求。相比而言,口头叙述中没有互动,只是单人把事情陈述清楚,所以描述性形容词较多。专题话题因为场合比较正式,用词相对标准,句子相对完整,话题相对集中,所以说话者也需采用描述性形容词,以便让听者和观众明白,不宜多采用与语气词或疑问词结合的形容词词束。

5.2.2.2.4 汉语口语多种语体中从句类词束的比较分析

笔者统计了汉语口语四种语体中,从句类词束的总数量和总频率,以及零句词束(如"不 瞒 您 说")、与第一和第二人称结合的从句类词束(如"我 告诉 你")、从句疑问词束(如"怎么 回 事儿 啊")、与语气词结合的从句类词束(如"这么 定 了 啊")的数量和频率。这些从句类词束可以体现汉语语言特点和不同语体特点。具体统计结果见图5.33~图5.36。

图5.33显示,汉语三词从句类词束数量表现为:自然会话中最多,剧本中其次,专题话题中再次,口头叙述中最少。与第一、第二人称结合的从句类词束数量表现为:剧本中最多,自然会话中其次,专题话题中再次,口头叙述中最少。从句疑问词束数量表现为:自然会话中最多,剧本中其次,口头叙述中再次,专题话题中最少。与语气词结合的从句类词束数量表现为:自然会话中最多,剧本中其次,专题话题中再次,口头叙述中最少。

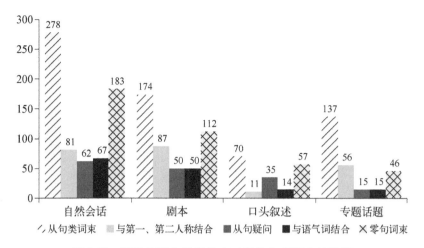

图 5.33　汉语口语多种语体中三词从句类词束的数量

各语体中与第一和第二人称相结合的从句类词束、从句疑问词束以及与语气词结合的从句类词束数量总和,占自然会话三词从句类词束数量 55%,占剧本三词从句类词束数量 86%,占口头叙述三词从句类词束数量 62%,占专题话题三词从句类词束数量 52%。这几种从句类词束可以反映汉语语言特点和口语语体特点。

图 5.33 显示,汉语三词从句类词束中有零句词束。这类三词词束的数量排序为:自然会话中最多,剧本中其次,口头叙述中再次,专题话题中最少。三词零句词束数量,分别占自然会话三词从句类词束总量 66%,占剧本三词从句类词束总量 64%,占口头叙述三词从句类词束总量 81%,占专题话题三词从句类词束总量 34%。这体现了汉语重意义,逻辑关系隐藏于意义中的特点,与口语中上下文可以帮助理解语义这一特点。

图 5.34 显示,汉语自然会话、剧本、口头叙述和专题话题中,三词从句类词束频率表现为:自然会话中最频繁,专题话题中其次,剧本中再次,口头叙述中最不频繁。与第一、第二人称结合的三词从句类词束的频率表现为:自然会话中最频繁,专题话题中其次,剧本中再次,口头叙述中最不频繁。三词从句疑问词束频率表现为:自然会话中最频繁,口头叙述中其次,剧本中再次,专题话题中最不频繁。与语气词结合的三词从句类词束频率表现为:自然会话中最频繁,剧本中其次,专题话题中再次,口头叙述中最

不频繁。各语体中与第一和第二人称相结合的从句类词束、从句疑问词束以及与语气词结合的从句类词束的数量总和,占自然会话三词从句类词束频率60%,占剧本三词从句类词束频率90%,占口头叙述三词从句类词束频率61%,占专题话题三词从句类词束频率61%。

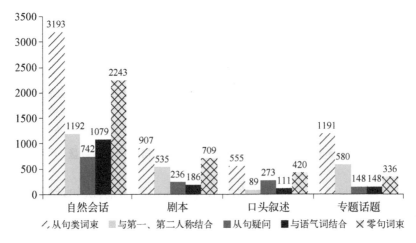

图5.34 汉语口语多种语体中三词从句类词束的频率

汉语三词零句词束的频率表现为:自然会话中最频繁,剧本中其次,口头叙述中再次,专题话题中最不频繁。三词零句词束频率分别占自然会话三词从句类词束频率70%,占剧本三词从句类词束频率78%,占口头叙述三词从句类词束频率76%,占专题话题三词从句类词束频率28%。

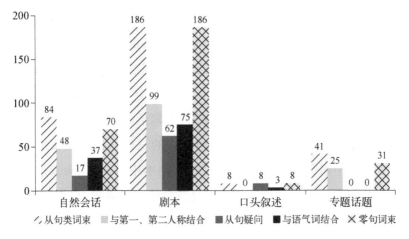

图5.35 汉语口语多种语体中四词从句类词束的数量

图 5.35 显示,汉语自然会话、剧本、口头叙述和专题话题中,四词从句类词束数量表现为:剧本中最多,自然会话中其次,专题话题中再次,口头叙述中最少。与第一、第二人称结合的四词从句类词束数量为:剧本中最多,自然会话中其次,专题话题中再次,口头叙述中没有此类词束。四词从句疑问词束数量和与语气词结合的四词从句类词束数量,都表现为:剧本中最多,自然会话中其次,口头叙述中再次,专题话题中没有这两类词束。

各语体中与第一和第二人称相结合的从句类词束、从句疑问词束以及与语气词结合的从句类词束数量总和,占自然会话四词从句类词束数量 88%,占剧本四词从句类词束数量 80%,占专题话题四词从句类词束数量 63%。口头叙述中原始四词从句类词束只有三个,全部为疑问词束。

汉语四词零句词束数量表现为:剧本中最多,自然会话中其次,专题话题中再次,口头叙述中最少。四词零句词束数量分别占自然会话四词从句类词束总量 83%,占专题话题四词从句类词束总量 76%。剧本和口头叙述中所有的四词从句类词束均为零句词束。

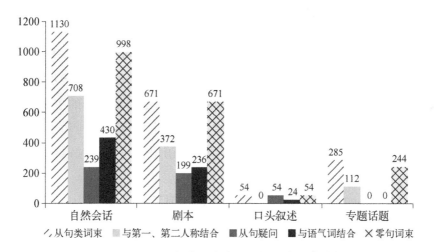

图 5.36　汉语口语多种语体中四词从句类词束的频率

从图 5.36 中可知,汉语自然会话、剧本、口头叙述和专题话题中,四词从句类词束频率表现为:自然会话中最频繁,剧本中其次,专题话题中再次,口头叙述中最不频繁。与第一、第二人称结合的从句类词束频率表现为:自然会话中最频繁,剧本中其次,专题话题中再次,口头叙述中没有此类词束。从句疑问词束和与语气词结合的从句类词束频率均表现为：自然会话中最频繁，剧本中其次，口头叙述中再次，专题话题中没有这两类词束。

各语体中与第一和第二人称相结合的从句类词束、从句疑问词束以及与语气词结合的从句类词束频率总和，占自然会话四词从句类词束频率83%，占剧本四词从句类词束频率80%，占专题话题四词从句类词束频率39%。口头叙述中原始四词从句类词束只有三个，全部为疑问词束。

汉语四词零句词束频率表现为：自然会话中最频繁，剧本中其次，专题话题中再次，口头叙述中最不频繁。四词零句词束频率分别占自然会话四词从句类词束总频率88%多，占专题话题四词从句类词束总频率84%多。剧本和口头叙述中所有的四词从句类词束均为零句词束。

汉语三词和四词从句类词束的数据虽然有点复杂，但仍然可以总结出两个共性：① 汉语三词和四词从句类词束体现了汉语口语的特点。通过统计汉语从句类词束中与第一和第二人称相结合的从句类词束、从句疑问词束以及与语气词相结合的从句类词束，发现这几类词束在从句词束中都占有相当一部分的比例。这体现了汉语口语中多种语体的共同特点。② 无论三词还是四词从句类词束，汉语口语的四种语体中，零句词束占从句类词束总数量和总频率很大比例，如"我 跟 你 说""我 问 你 啊"等等。

根据连淑能（1992/2003）、朱德熙（1982/2012）、吕叔湘（1979）的观点，汉语句子注重内在意念，没有严格的句法要求，零句是汉语的主要句型，尤其在口语中居多。汉语的零句可以独立成句，也可以和其他句子组合形成长句。由此可见，汉语的零句词束体现了汉语语言特点与汉语口语的语体特点。

汉语口语四种语体中，从句类词束也体现了差异，表现为：① 剧本中有与敬称"您"相结合的从句类词束，原始数据中有四个敬称四词从句类词束，即"不 瞒 您 说""瞧 您 说 的""您 说 得 对"和"您 这么 说 吧"，有三个敬称三词从句类词束，即"您 坐 这儿""谢谢 您 了"和"我 告诉 您"。专题话题中，只有一个原始从句类词束和敬称"您"相结合，即"您 怎么 看"。自然会话和口头叙述中，没有和敬称相结合的从句类词束。如前文所述，剧本中出现和敬称"您"相结合的词束符合礼貌原则，有利于塑造人物形象。专题话题的场合较为正式，使用敬称有利于体现礼貌。② 专题话题中，零句词束数量相对较少。因为辩论和访谈的场合比较正式,参与者需要采用尽量规范的句子,零句使用不多。相比而言,自然会话、剧本对话和口头叙述中,话题都较为轻松,场合比较随意,参与者可以事先约定话题,语句比较单一和简练,只要能被理解就可以。因此,自然会话、剧本和口头叙述中,零句词束所占比例较大。

5.2.3　汉语口语多种语体中词束的功能分类分析

5.2.3.1　汉语口语多种语体中词束的功能分类情况

参考 Biber、Conrad、Cortes(2004)的词束分类,结合从语料库中提取的实际词束和词束出现的具体语境,笔者对自然会话、剧本、专题话题和口头叙述四种语体中的词束进行了功能分类,分为情态词束(如"我 不 知道")、话语组织词束(如"我 告 诉 你")、指称词束(如"我 一 个 人")、特殊会话词束(如"谢谢 您 了")和多功能词束(如"就 是 说"既可以表情态,也可以发挥话语组织功能)五类。四类语体中,词束所分的功能类别,参看本书附录 7、18、19 和 20,不同类别的数量和频率统计参看图 5.37~图 5.40。

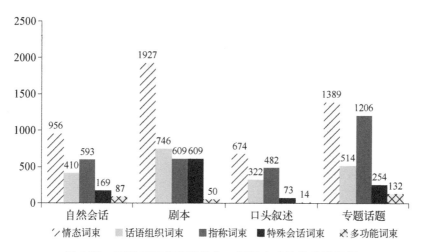

图 5.37　汉语口语多种语体中三词词束功能分类的数量

从图 5.37 中可知,汉语自然会话、剧本、口头叙述和专题话题中,三词词束都可分为五类,且四种语体中都表现为情态词束最多。自然会话、口头叙述和专题话题中,指称词束和话语组织词束分别位列第二和第三。只有剧本不同,话语组织词束排第二,指称词束和特殊会话词束并列第三。四种口语语体中,多功能词束的数量都位列第五。

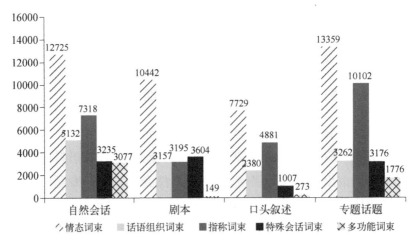

图 5.38　汉语口语多种语体中三词词束功能分类的频率

从图 5.38 中可知,汉语自然会话、剧本、口头叙述和专题话题四种语体中,情态词束出现最频繁。其他几类词束的频率高低排序在自然会话、口头叙述和专题话题三种语体中表现一致,依次为指称词束、话语组织、特殊会话词束和多功能词束。只有剧本不同。剧本中,情态词束出现最频繁,其他词束按频率高低排序依次为:特殊会话功能词束、指称词束、话语组织词束和多功能词束。

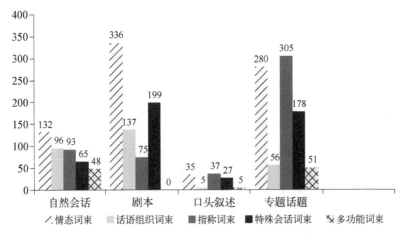

图 5.39　汉语口语多种语体中四词词束功能分类的数量

根据图 5.39 可知,汉语自然会话、口头叙述和专题话题三种语体中,四词词束可以分为五类。剧本中,词束只发挥四种功能。具体来看,自然会话和剧本中,情态词束最多;专题话题和口头叙述中,指称词束最多。四种语体中,词束数量均表现为多功能词束最少。其他类别的词束数量排序有差异。自然会话中,其他词束按数量由多到少排序依次为:话语组织词束、指称词束和特殊会话功能词束。剧本中,其他词束按数量由多到少排序依次为:特殊会话功能词束、话语组织词束和指称词束。专题话题中,其他类别词束按数量由多到少排序依次为:情态词束、特殊会话功能词束和话语组织词束。口头叙述中,其他词束按数量由多到少排序依次为:情态词束、特殊会话功能词束、话语组织词束。

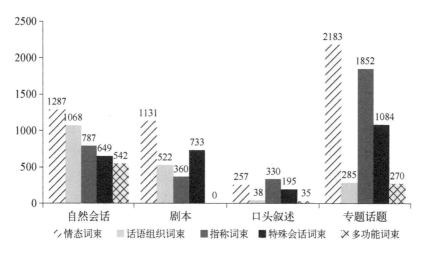

图 5.40 汉语口语多种语体中四词词束功能分类的频率

图 5.40 显示,汉语自然会话、口头叙述和专题话题三种语体中,四词词束可以分为五类。剧本中,四词词束只发挥四种功能。其中,自然会话、剧本和专题话题中,情态词束出现最频繁。只有口头叙述中,指称词束出现最频繁。四种语体中多功能词束出现最不频繁。其他词束类别的频率排序有差异。自然会话中,其他词束按频率由高到低排序依次为:话语组织词束、指称词束和特殊会话功能词束。剧本中,其他词束按频率由高到低排序依次为:特殊会话功能词束、话语组织词束和指称词束。专题话题中,其他类别词束按频率由高到低排序依次为:指称词束、特殊会话功能词束和话语

组织词束。口头叙述中,其他类别词束频率由高到低的顺序与其他语体中差异较大,依次为:情态词束、特殊会话功能词束、话语组织词束。

综合汉语自然会话、剧本、口头叙述和专题话题四种语体中三词和四词词束的功能分类情况,笔者总结出如下相似点:第一,情态词束很多,出现很频繁;第二,多功能词束很少,出现不太频繁。

情态词束通常与个人感情、态度、愿望、喜恶等相关。Biber 等人(1999)认为,情态词束可以帮助说话者表达观点、表达态度、建立人际关系和构建话语等。自然会话、剧本和专题话题中都有直接交谈对象,内容上需要互动,且其互动内容通常和感情、态度的表达式联系在一起,以传达说话者的态度,实现交流中的情感表达。虽然口头叙述中没有互动,但叙述者需要陈述事件发生时人物的心理、思想和态度,以及事件向人们说明了什么。这些内容可以表达情态,因而口头叙述中也有不少情态词束。

总体来看,汉语口语四种语体中,较少词束可以发挥多种功能。据笔者观察,汉语口语四种语体中,多功能词束主要和汉语动词"是"、汉语动词"说"以及连词(如"因为")等相关,如"我 说 我 是""就 是 因为"。汉语动词"是"可以表认知情态,汉语动词"说"可以引出说话的内容,起话题引导作用,汉语连词可以表示前后话语的关系。因此,与汉语"是"和汉语"说"以及连词相关的词束既可以表示情态,也可以表示话语组织关系。

5.2.3.2　汉语口语多种语体中词束功能分类的比较分析

根据 LLSCC 汉语口语四种语体中提取的三词、四词词束的功能分类结果(如图 5.37~图 5.40 显示),本小节重点比较汉语自然会话、剧本、口头叙述和专题话题中,功能分类的类别和不同功能类别词束的使用情况。

5.2.3.2.1　汉语口语多种语体中情态词束的比较分析

笔者统计了汉语自然会话、剧本、口头叙述和专题话题中,情态词束的总数量和总频率,以及与第一、第二人称结合的情态词束(如"我 的 意思 是")和与语气词结合的情态词束(如"不 懂 啊")的数量和频率。这些情态词束可以体现汉语语言的特点和不同语体的特点。具体统计结果见图 5.41~图 5.44。

如图 5.41 所示,汉语自然会话、剧本、口头叙述和专题话题中,三词情态词束数量和与第一、第二人称相结合的三词情态词束数量,都表现为:剧本中最多,专题话题中其次,自然会话中再次,口头叙述中最少。与语气词结合的三词情态词束数量表现为：剧本中最多，自然会话中其次，口头叙述中再次，专题话题中最少。各语体中与第一、第二人称结合，以及与语气词结合的情态词束数量总和，占自然会话中三词情态词束数量 22%，占剧本中三词情态词束数量 33%，占口头叙述中三词情态词束数量 23%，占专题话题中三词情态词束数量 23%。

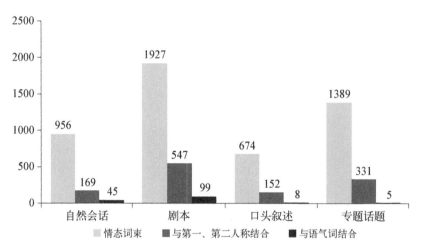

图 5.41　汉语口语多种语体中三词情态词束数量

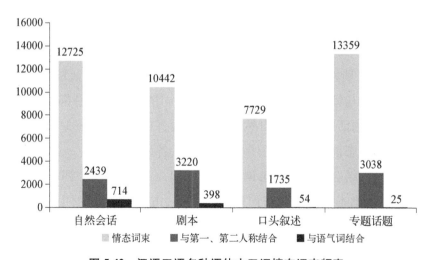

图 5.42　汉语口语多种语体中三词情态词束频率

如图 5.42 所示，汉语自然会话、剧本、口头叙述和专题话题中，三词情态词束频率表现为：专题话题中最频繁，自然会话中其次，剧本中再次，口头叙述中最不频繁。与第一、第二人称相结合的三词情态词束频率表现为：剧本中最频繁，专题话题中其次，自然会话中再次，口头叙述中最不频繁。与语气词结合的情态词束频率表现为：自然会话中最频繁，剧本中其次，口头叙述中再次，专题话题中最不频繁。各语体中与第一、第二人称结合和与语气词结合的三词情态词束频率总和，占自然会话中三词情态词束频率24%，占剧本中三词情态词束频率34%，占口头叙述中三词情态词束频率23%，占专题话题中三词情态词束频率23%。

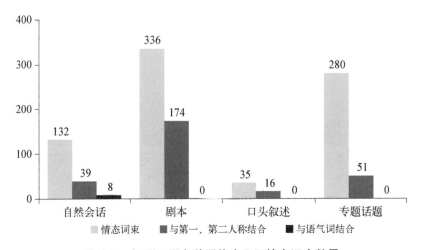

图5.43 汉语口语多种语体中四词情态词束数量

如图5.43所示，汉语自然会话、剧本、口头叙述和专题话题中，四词情态词束数量和与第一、第二人称相结合的四词情态词束数量都表现为：剧本中最多，专题话题中其次，自然会话中再次，口头叙述中最少。与语气词结合的四词情态词束只存在于自然会话中。各语体中与第一、第二人称结合和与语气词结合的四词情态词束数量总和，占自然会话中四词情态词束数量34%，占剧本中四词情态词束数量52%，占口头叙述中四词情态词束数量46%，占专题话题中四词情态词束数量18%。

如图5.44所示，汉语口语的四种语体中，情态词束频率表现为：专题话题中最频繁，自然会话中其次，剧本中再次，口头叙述中最不频繁。与第一、第二人称相结合的情态词束频率表现为：剧本中最频繁，自然会话中其次，专题话题中再次，口头叙述中最不频繁。只有自然会话中有与语气词结合

的四词情态词束。各语体中与第一、第二人称结合和与语气词结合的情态
词束频率总和,占自然会话中四词情态词束频率33%,占剧本中四词情态词
束频率53%,占口头叙述中四词情态词束频率48%,占专题话题中四词情
态词束频率16%。

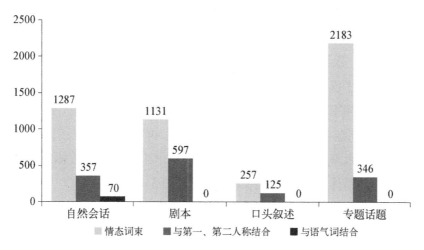

图 5.44　汉语口语多种语体中四词情态词束频率

　　汉语口语四种语体中,情态词束的数据比较复杂,但仍可以总结出以下
共性:① 与第一、第二人称相结合的情态词束和与语气词结合的情态词束,
占情态词束总量一定比例;② 汉语口语多种语体中,大部分情态词束由汉
语"是"字组成。

　　情态词束在汉语口语中出现较多、较频繁,因为情态词束可以帮助说话
者表达观点、表达态度、建立人际关系和构建话语等。在口语中,说话者通
过第一人称、第二人称以及语气词,抒发个人感情和表达态度,同时也可以
激发听者的热情,以便积极配合和回应,使得交流更顺畅。

　　汉语口语中,大部分情态词束都由动词词束构成,且由"是"字组成的
情态词束居多,少部分由形容词词束构成。根据刘宓庆(1991)的观点,汉
语"是"字主要用于表示判断、证实或存在。由此可见,由"是"构成的词束
可以发挥表达情态的认知功能。

　　汉语口语四种语体中,情态词束的差异主要体现在两方面:① 口头叙
述中,情态词束较少,出现不太频繁;② 剧本和专题话题中有与敬称"您"相

结合的词束,如"您 这 不 是"。

虽然口头叙述也需要表达情态,但与自然会话、专题话题和剧本相比,口头叙述更注重陈述事件发生的时间、地点、经过和结果等方面。因此,相比而言,口头叙述中,情态词束出现较少、不太频繁。和敬称"您"相结合的词束,在剧本和专题话题中出现,有助于塑造人物的礼貌形象,体现话语场合的正式。

5.2.3.2.2　汉语口语多种语体中话语组织词束的比较分析

笔者统计了汉语自然会话、剧本、口头叙述和专题话题中,话语组织词束的总数量和总频率,与第一和第二人称结合的话语组织词束(如"我 跟 你说")、与语气词结合的话语组织词束(如"以后 再 说 吧")以及引起话题的词束(如"我 问 你 啊")的数量和频率。这些话语组织词束可以体现汉语语言的特点和不同语体的特点。具体统计结果见图5.45~图5.48。

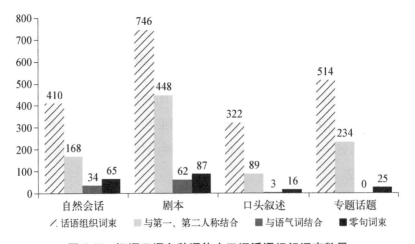

图5.45　汉语口语多种语体中三词话语组织词束数量

如图5.45所示,汉语口语四种语体中,三词话语组织词束数量和与第一、第二人称相结合的三词话语组织词束数量都表现为:剧本中最多,专题话题中其次,自然会话中再次,口头叙述中最少。与语气词结合的三词话语组织词束数量表现为:剧本中最多,自然会话中其次,口头叙述中再次,专题话题中没有这类词束。各语体中与第一、第二人称结合和与语气词结合的话语组织词束数量总和,占自然会话三词话语组织词束数量46%,占剧本三词话语组织词束数量65%,占口头叙述三词话语组织词束数量29%,占专题话题三词话语组织词束数量 23%。

汉语零句体现了汉语句子的特点,是汉语口语中比较常见的一种句型,可断可连。图 5.45 显示,汉语口语四种语体中,三词零句词束数量表现为:剧本中最多,自然会话中其次,专题话题中再次,口头叙述中最少。汉语口语四种语体中,三词零句词束数量,分别占自然会话三词话语组织词束数量 16%,占剧本三词话语组织词束数量 12%,占口头叙述三词话语组织词束数量 5%,占专题话题三词话语组织词束数量 5%。

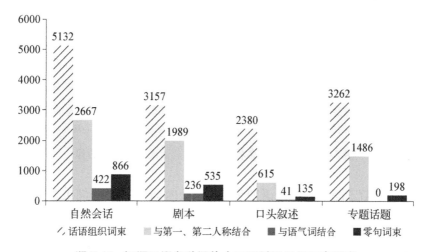

图 5.46　汉语口语多种语体中三词话语组织词束频率

如图 5.46 所示,汉语口语四种语体中,三词话语组织词束频率表现为:自然会话中最频繁,专题话题中其次,剧本中再次,口头叙述中最不频繁。三词话语组织词束中,与第一、第二人称相结合的话语组织词束频率表现为:自然会话中最频繁,剧本中其次,专题话题中再次,口头叙述中最不频繁。与语气词结合的话语组织词束频率表现为:自然会话中最频繁,剧本中其次,口头叙述中再次,专题话题中没有这类词束。各语体中与第一、第二人称结合和与语气词结合的三词话语组织词束频率总和,占自然会话三词话语组织词束频率 39%,占剧本三词话语组织词束频率 67%,占口头叙述三词话语组织词束频率 28%,占专题话题三词话语组织词束频率 46%。

根据图 5.46,汉语口语四种语体中,三词零句词束频率表现为:自然会话中最频繁,剧本中其次,专题话题中再次,口头叙述中最不频繁。汉语口语中,三词零句词束频率,分别占自然会话三词话语组织词束频率17%,占剧本三词话语组织词束频率17%,占口头叙述三词话语组织词束频率6%,占专题话题三词话语组织词束频率6%。

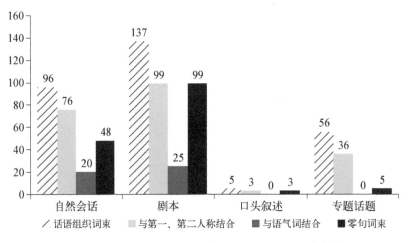

图 5.47　汉语口语多种语体中四词话语组织词束数量

如图 5.47 所示,汉语口语四种语体中,四词话语组织词束数量和与第一、第二人称相结合的四词话语组织词束数量都表现为:剧本中最多,自然会话中其次,专题话题中再次,口头叙述中最少。与语气词结合的四词话语组织词束数量表现为:剧本中最多,自然会话中其次,口头叙述和专题话题中没有这类词束。各语体中与第一、第二人称结合和与语气词结合的话语组织词束数量总和,占自然会话四词话语组织词束数量76%,占剧本四词话语组织词束数量82%,占口头叙述四词话语组织词束数量50%,占专题话题四词话语组织词束数量64%。

根据图 5.47,汉语口语四种语体中,四词零句词束数量表现为:剧本中最多,自然会话中其次,专题话题中再次,口头叙述中最少。汉语口语四种语体中,四词零句词束数量,分别占自然会话中四词话语组织词束数量50%,占剧本中四词话语组织词束数量72%,占口头叙述中四词话语组织词束数量60%,占专题话题中四词话语组织词束数量9%。

如图 5.48 所示,汉语口语四种语体中,四词话语组织词束频率,与第一、第二人称结合的四词话语组织词束频率,以及与语气词结合的四词话语组织词束频率都表现为：自然会话中最频繁，剧本中其次，专题话题中再次，口头叙述中最不频繁。口头叙述和专题话题中，没有与语气词结合的话语组织词束。各语体中与第一、第二人称结合和与语气词结合的四词话语组织词束频率总和，占自然会话中四词话语组织词束频率 84%，占剧本中四词话语组织词束频率 81%，占口头叙述中四词话语组织词束频率 43%，占专题话题中四词话语组织词束频率 60%。

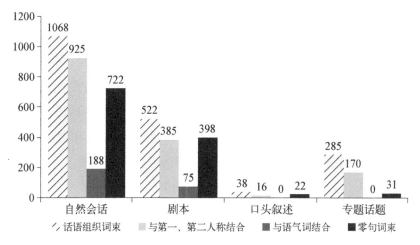

图 5.48　汉语口语多种语体中四词话语组织词束频率

根据图 5.48，汉语口语四种语体中，四词零句词束频率表现为：自然会话中最频繁，剧本中其次，专题话题中再次，口头叙述中最不频繁。汉语口语四种语体中，四词零句词束频率，分别占自然会话中四词话语组织词束频率 68%，占剧本中四词话语组织词束频率 76%，占口头叙述中四词话语组织词束频率 58%，占专题话题中四词话语组织词束频率 11%。

汉语口语四种语体中，话语组织词束可以体现以下共性：① 与第一、第二人称相结合的话语组织词束和与语气词结合的话语组织词束，在话语组织词束中占一定比例；② 汉语口语四种语体中，大部分零句词束起引起话题的作用。

使用第一、第二人称，有助于在口语中实现明确指代，以及转换话轮的作用。语气词主要用来表达说话者和听者的语气或态度，在话语组织时，可以减少语气的生硬程度，有助于顺畅交流。根据 Biber、Conrad、Cortes（2004）的观点，话语组织词束的作用还可细分为引起话题和构建话语。汉语口语中,零句词束基本发挥引起话题的作用,如"我 问 你 啊"。这类词束通常可以引起听话者的注意,表示说话者要开启新的话题。这符合汉语口语的情景特征。

汉语口语四种语体中,话语组织词束的差异体现在两方面:① 话语组织词束在口头叙述和专题话题中比在自然会话和剧本中出现更少、更不频繁;② 剧本和专题话题中有与敬称"您"相结合的话语组织词束,如"跟 您 这么 说"。

自然会话和剧本中,话语组织词束多由从句类词束构成。自然会话和剧本中,对话比较日常,说话者多用零句或不完整的句子,听话者可以通过上下文进行理解。与此不同的是,口头叙述需要把时间陈述清楚,需要更复杂的句子。专题话题中,场合比较正式,说话者在选词和造句方面比较规范。因此,较短或不完整的从句类词束,使得自然会话和剧本中的话语组织词束比口头叙述和专题话题中更多、更常见。剧本和专题话题中,和敬称"您"相结合的词束,有助于塑造人物的礼貌形象,体现话语场合的正式。

5.2.3.2.3　汉语口语多种语体中指称词束的比较分析

笔者统计了汉语自然会话、剧本、口头叙述和专题话题中,指称词束的总数量和频率,以及与第一和第二人称结合的指称词束(如"就 我 一个")、与语气词结合的指称词束(如"十五 分 钟 啊")、由量词构成的指称词束(如"一 篇 文章")的数量和频率。这些指称词束可以体现汉语语言特点和不同语体特点。具体统计结果见图5.49~图5.52。

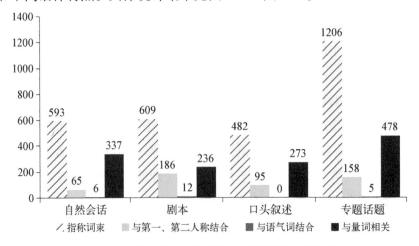

图 5.49　汉语口语多种语体中三词指称词束数量

如图 5.49 所示,汉语口语四种语体中,三词指称词束数量表现为:专题话题中最多,剧本中其次,自然会话中再次,口头叙述中最少。与第一、第二人称结合的三词指称词束数量表现为:剧本中最多,专题话题中其次,口头叙述中再次,自然会话中最少。与语气词结合的三词指称词束数量表现为:剧本中最多,自然会话中其次,专题话题中再次,口头叙述中没有这类词束。各语体中与第一、第二人称结合和与语气词结合的三词指称词束数量总和,占自然会话中三词指称词束数量 12%,占剧本中三词指称词束数量 33%,占口头叙述中三词指称词束数量 20%,占专题话题中三词指称词束数量 14%。

根据图 5.49 显示,汉语口语四种语体中,与量词结合的三词指称词束数量表现为:专题话题中最多,自然会话中其次,口头叙述中再次,剧本中最少。汉语口语四种语体中,与量词结合的三词指称词束数量,分别占自然会话三词指称词束数量 57%,占剧本三词指称词束数量 39%,占口头叙述三词指称词束数量 57%,占专题话题三词指称词束数量 40%。

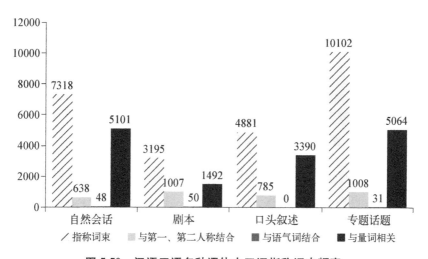

图 5.50　汉语口语多种语体中三词指称词束频率

如图 5.50 所示,汉语口语四种语体中,三词指称词束频率表现为:专题话题中最频繁,自然会话中其次,口头叙述中再次,剧本中最不频繁。与第一、第二人称结合的三词指称词束频率表现为:专题话题中最频繁,剧本中其次,口头叙述中再次,自然会话中最不频繁。与语气词结合的三词指称词束频率表现为：剧本中最频繁，自然会话中其次，专题话题中再次，口头叙述中没有此类词束。各语体中与第一、第二人称结合和与语气词结合的三词指称词束频率总和，占自然会话三词指称词束频率9%，占剧本三词指称词束频率33%，占口头叙述三词指称词束频率16%，占专题话题三词指称词束频率10%。

根据图5.50，汉语口语四种语体中，与量词结合的三词指称词束频率表现为：自然会话中最频繁，专题话题中其次，口头叙述中再次，剧本中最不频繁。汉语口语四种语体中，与量词结合的三词指称词束频率，分别占自然会话三词指称词束频率70%，占剧本三词指称词束频率47%，占口头叙述三词指称词束频率69%，占专题话题三词指称词束频率50%。

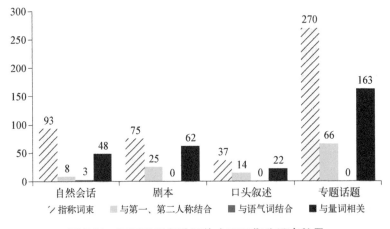

图5.51　汉语口语多种语体中四词指称词束数量

如图5.51所示，汉语口语四种语体中，四词指称词束数量表现为：专题话题中最多，自然会话中其次，剧本中再次，口头叙述中最少。与第一、第二人称结合的四词指称词束数量表现为：专题话题中最多，剧本中其次，口头叙述中再次，自然会话中最少。只有自然会话中有与语气词结合的四词指称词束，剧本、口头叙述和专题话题中都没有此类词束。各语体中与第一、第二人称结合和与语气词结合的四词指称词束数量总和，占自然会话四词指称词束数量12%，占剧本四词指称词束数量33%，占口头叙述四词指称词束数量36%，占专题话题四词指称词束数量22%。

根据图5.51，汉语口语四种语体中，与量词结合的四词指称词束数量表现为：专题话题中最多，剧本中其次，自然会话中再次，口头叙述中最少。汉语口语四种语体中，与量词结合的四词指称词束数量，分别占自然会话四词指称词束数量 52%，占剧本四词指称词束数量 83%，占口头叙述四词指称词束数量 57%，占专题话题四词指称词束数量 53%。

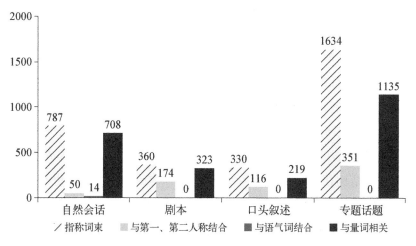

图 5.52　汉语口语多种语体中四词指称词束频率

如图 5.52 所示，汉语口语四种语体中，四词指称词束频率表现为：专题话题中最频繁，自然会话中其次，剧本中再次，口头叙述中最不频繁。与第一、第二人称结合的四词指称词束频率表现为：专题话题中最频繁，剧本中其次，口头叙述中再次，自然会话中最不频繁。只有自然会话中有与语气词结合的四词指称词束，剧本、口头叙述和专题话题中没有这类词束。各语体中与第一、第二人称结合和与语气词结合的四词指称词束频率总和，占自然会话四词指称词束频率 8%，占剧本四词指称词束频率 48%，占口头叙述四词指称词束频率 35%，占专题话题四词指称词束频率 20%。

根据图 5.52，汉语口语四种语体中，与量词结合的四词指称词束频率表现为：专题话题中最频繁，自然会话中其次，剧本中再次，口头叙述中最不频繁。汉语口语四种语体中，与量词结合的四词指称词束频率，分别占自然会话四词指称词束频率 90%，占剧本四词指称词束频率 90%，占口头叙述四词指称词束频率 66%，占专题话题四词指称词束频率 61%。

汉语口语四种语体中，指称词束可以体现以下共性：① 与第一、第二人称相结合和与语气词结合的指称词束,在指称词束中所占比例不大;② 汉语口语四种语体中,与量词结合的指称词束所占比例较大。

Biber、Conrad、Cortes(2004)把英语指称词束分为四类: 有关注点的指称词束(如 thoses of you)、有具体特征的指称词束(如 a little bit of)、不精确的指称词束(如 something like that)以及时间/地点/文本指称词束(如 as shown in the figure、the end of the)。

根据本书提取结果,汉语自然会话、剧本、口头叙述和专题话题四种语体中,有具体特征的指称词束(如“这样 的一 个”)和不精确的指称词束(如“几 句 话”)较多,这是汉语大量和频繁地使用量词而出现的结果。

汉语注重主体思维,喜欢用“人称+动词”的结构,“人称+名词”的结构较少。据观察,汉语口语四种语体中,很多指称词束由名词词束构成。因为“人称+名词”的结构在汉语中并不多,所以由人称构成的指称词束也不多。

汉语口语四种语体中,指称词束差异主要体现为,专题话题中的指称词束相对较多,出现较频繁。本书专题话题语料包括辩论和访谈,有一部分内容可以事先准备好,有一部分内容需要说话者自由发挥。辩论和访谈的场合比较正式,在交谈过程中,说话者需要借助明确的指称词束和文本指称词束以体现上下文的逻辑。

5.2.3.2.4 汉语口语多种语体中特殊会话功能词束的比较分析

笔者统计了汉语自然会话、剧本、口头叙述和专题话题中,特殊会话功能词束的总数量和总频率,与第一和第二人称结合的特殊会话功能词束(如“你能 不 能”)、与语气词结合的特殊会话功能词束(如“怎么 办 啊”)的数量和频率。其中,本书大部分特殊会话功能词束为疑问词束。这些词束可以体现汉语语言特点和不同语体特点。具体统计结果见图 5.53~图 5.56。

如图 5.53 所示,汉语自然会话、剧本、口头叙述和专题话题四种语体中,三词特殊会话功能词束数量和与第一、第二人称结合的三词特殊会话功能词束数量均表现为:剧本中最多,专题话题中其次,自然会话中再次,口头叙述中最少。与语气词结合的三词特殊会话功能词束数量表现为:剧本中最多,自然会话中其次,专题话题中再次,口头叙述中最少。各语体中与第一、第二人称结合和与语气词结合的三词特殊会话功能词束数量总和,占自然会话三词特殊会话功能词束数量 33%,占剧本三词特殊会话功能词束数量 37%,占口头叙述三词特殊会话功能词束数量 19%,占专题话题三词特殊会话功能词束数量 22%。

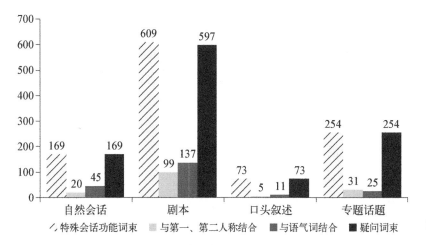

图 5.53　汉语口语多种语体中三词特殊会话词束数量

根据图 5.53,汉语自然会话、剧本、口头叙述和专题话题四种语体中,大部分三词特殊会话功能词束由疑问词束构成,数量表现为:剧本中最多,专题话题中其次,自然会话中再次,口头叙述中最少。汉语自然会话、口头叙述和专题话题中,所有三词特殊会话功能词束均为疑问词束。剧本则不同,其中有一个三词非疑问词束,即"谢谢 您 了"。

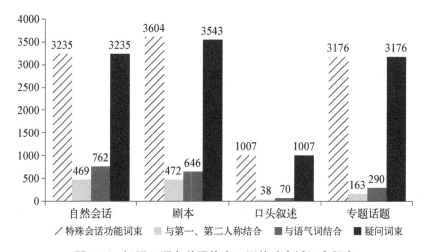

图 5.54　汉语口语多种语体中三词特殊会话词束频率

如图 5.54 所示,汉语自然会话、剧本、口头叙述和专题话题四种语体中,三词特殊会话功能词束频率和与第一、第二人称结合的三词特殊会话功能词束频率表现为:剧本中最频繁,自然会话中其次,专题话题中再次,口头叙述中最不频繁。与语气词结合的三词特殊会话功能词束频率表现为:自然会话中最频繁,剧本中其次,专题话题中再次,口头叙述中最不频繁。各语体中与第一、第二人称结合和与语气词结合的三词特殊会话功能词束频率总和,占自然会话三词特殊会话功能词束频率26%,占剧本三词特殊会话功能词束频率30%,占口头叙述三词特殊会话功能词束频率9%,占专题话题三词特殊会话功能词束频率14%。

根据图 5.54,汉语口语四种语体中,大部分三词特殊会话功能词束由疑问词束构成,频率表现为剧本中最频繁,自然会话中其次,专题话题中再次,口头叙述中最不频繁。汉语自然会话、口头叙述和专题话题中,三词特殊会话功能词束均为疑问词束。剧本中有一个原始三词非疑问词束。

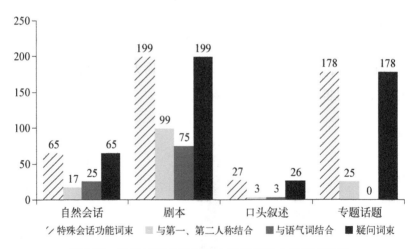

图 5.55 汉语口语多种语体中四词特殊会话词束数量

如图 5.55 所示,汉语口语四种语体中,四词特殊会话功能词束数量和与第一、第二人称结合的四词特殊会话功能词束数量表现为:剧本中最多,专题话题中其次,自然会话中再次,口头叙述中最少。与语气词结合的四词特殊会话功能词束数量表现为:剧本中最多,自然会话中其次,口头叙述中再次,专题话题中没有此类词束。各语体中与第一、第二人称结合和与语气词结合的四词特殊会话功能词束数量总和,占自然会话四词特殊会话功能词束数量65%,占剧本四词特殊会话功能词束数量75%,占口头叙述四词特殊会话功能词束数量20%,占专题话题四词特殊会话功能词束数量14%。

根据图5.55,汉语自然会话、剧本、口头叙述和专题话题四种语体中,四词特殊会话功能词束均由疑问词束构成,数量表现为剧本中最多,专题话题中其次,自然会话中再次,口头叙述中最少。

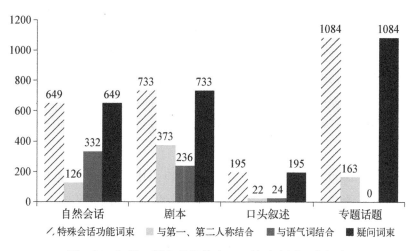

图5.56   汉语口语多种语体中四词特殊会话词束频率

如图5.56所示,汉语口语四种语体中,四词特殊会话功能词束频率表现为:专题话题中最频繁,剧本中其次,自然会话中再次,口头叙述中最不频繁。与第一、第二人称结合的四词特殊会话功能词束频率表现为:剧本中最频繁,专题话题中其次,自然会话中再次,口头叙述中最不频繁。与语气词结合的四词特殊会话功能词束频率表现为:自然会话中最频繁,剧本中其次,口头叙述中再次,专题话题中没有此类词束。各语体中与第一、第二人称结合和与语气词结合的四词特殊会话功能词束频率总和,占自然会话四词特殊会话功能词束频率71%,占剧本四词特殊会话功能词束频率73%,占口头叙述四词特殊会话功能词束频率24%,占专题话题四词特殊会话功能词束频率18%。

根据图 5.56，汉语自然会话、剧本、口头叙述和专题话题四种语体中，四词特殊会话功能词束均由疑问词束构成，频率表现为专题话题中最频繁，剧本中其次，自然会话中再次，口头叙述中最不频繁。

　　汉语口语四种语体中，特殊会话功能词束可以体现以下共性：汉语口语中，疑问词束较多，可以发挥询问功能。

　　Biber、Conrad、Cortes（2004）认为，特殊会话功能词束主要起三个作用：礼貌、询问和转述。询问词束主要可以发挥以下两个作用：吸引注意力和从受话者处获得信息。汉语自然会话中，所有特殊会话功能词束都发挥询问作用，在构成成分上表现为与第一和第二人称结合或与语气词结合，形成基于动词或形容词的询问词束。询问词束有助于交际双方建立人际关系。

　　由动词的肯定加上否定词，构成"V 不 V"的结构；与语气词结合进行提问；与疑问词结合进行提问，是汉语中的三种提问方式。本书特殊会话功能词束中，这三种结构都有，如"你 有 没 有""你 好 吗""怎么 回 事 儿"。

　　李咸菊（2009）认为，"V 不 V"结构在口语中居多，表示希望得到对方的回答，是互动交流的一种方式。这类结构可以反映出说话者关心受话者，是说话者表达或商量其观点的一个礼貌手段，可以体现交际中对对方的尊重、在意和礼貌。与语气词结合的询问词束，可以体现说话者对听话者的关心，能缓解语气的生硬程度。带有疑问词的询问词束，可以帮助交流者获得一些新信息，有助于促进交流继续进行。

　　汉语自然会话和剧本中的对话多为日常对话，比较随意，说话者和受话者之间的话轮转换比较频繁。Leech（2000）认为，使用第一、第二人称和询问手段，可以帮助会话者实现互动和话轮转换。相比而言，专题话题中的辩论互动为多人参与，不宜采用"你""我"单独指代，而应采用"对方辩 友""我方"等指代词。但这类词束被看成是只出现于某种语体中的专有词束，被排除在本书研究范围之外。另外，专题话题中的访谈，多采用主持人提问，受访对象进行回答的形式。虽然形式为对话，但通常表现为主持人话语较少，受访者话语较多，询问互动没有自然会话中频繁。因此，专题话题中，与第一、第二人称以及与语气词结合的询问词束，所占比例并不高。

　　口头叙述主要为个人陈述,通常向听众讲述某个事件的起因、发展和结尾,其中没有互动。如果要提问,叙述者也一般采用自问自答的方式,以让听众获得一些新信息。因此,口头叙述中的询问词束总体不多,与第一、第二人称结合或与语气词结合的询问词束所占比例也不大。

5.2.3.2.5　汉语口语多种语体中多功能词束的比较分析

　　笔者统计了汉语自然会话、剧本、口头叙述和专题话题中的多功能词束,本书中的有些多功能词束既可以表情态,又可以发挥话语组织功能,如"你 不 是 说",也有一些词束既可以表情态,又可以发挥指示功能,如"我左手 边 是"。具体统计结果见图 5.57 和图 5.58。

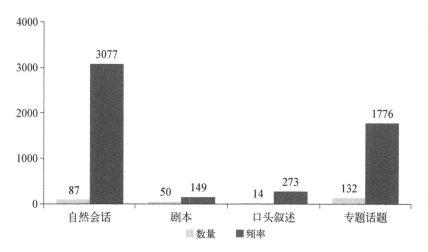

图 5.57　汉语口语多种语体中三词多功能词束数量和频率

　　如图 5.57 所示,汉语口语多种语体中,三词多功能词束数量表现为:专题话题中最多,自然会话中其次,剧本中再次,口头叙述中最少。汉语口语多种语体中,三词多功能词束频率表现为:自然会话中最频繁,专题话题中其次,口头叙述中再次,剧本中最不频繁。

　　如图 5.58 所示,汉语口语多种语体中,四词多功能词束数量表现为:专题话题中最多,自然会话中其次,口头叙述中再次,剧本中没有此类四词词束。汉语口语多种语体中,四词多功能词束频率表现为:自然会话中最频繁,专题话题中其次,口头叙述中再次,剧本中没有此类四词词束。

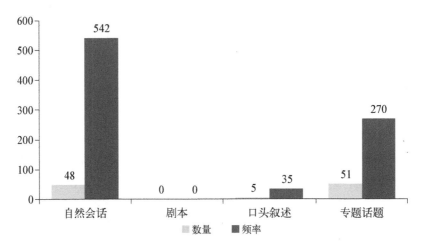

图 5.58　汉语口语多种语体中四词多功能词束数量和频率

结合图 5.57 和图 5.58 来看,剧本和口头叙述中,多功能词束相对较少,出现较不频繁。自然会话和专题话题中,多功能词束相对较多、较常见。汉语自然会话和专题话题中,多功能词束主要为和动词"是"、"说"结合的词束,以及与连词结合的词束。汉语动词"是"可以表认知情态,动词"说"可以引出说话的内容,起话题引导作用。汉语连词,如"因为""所以",可以表示前后话语的逻辑关系。因此,与汉语动词"是"和"说"以及连词相关的词束,可以既表示情态,也可以表示话语组织关系。

5.2.4　汉语口语多种语体中词束结构和功能关系的讨论

5.2.4.1　汉语口语多种语体中词束结构和功能的关系

通过统计发现,汉语口语四种语体中,词束的结构和功能之间有着密切的联系。其中,自然会话语体中,三词和四词词束的结构和功能之间的关系详情参见本书图 5.11 和图 5.12,笔者在本书 5.1.4.1 中已作说明,此处不再赘述。

汉语剧本、口头叙述和专题话题中,词束的结构和功能之间的关系在下面小节中详细讨论。

5.2.4.1.1　汉语剧本中词束结构和功能的关系

汉语剧本中,词束结构和功能之间的关系,详情可参见图 5.59 和图 5.60。

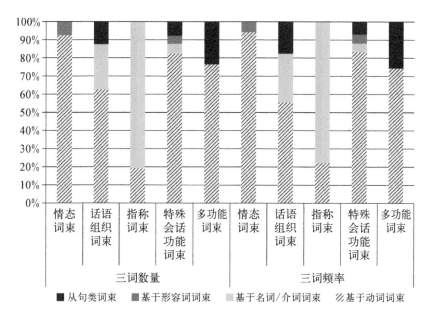

图 5.59 汉语剧本中三词词束结构和功能之间的关系

从图 5.59 可知,汉语剧本中,三词情态词束主要由基于动词词束构成,其次由基于形容词词束构成。其中,基于动词词束的数量和频率均占情态词束 90% 多。

汉语剧本中,三词话语组织词束主要由基于动词词束构成,基于名词词束所占比例略高于从句类词束的比例。其中,基于动词词束数量和频率分别占三词话语组织词束 60% 多和约 60%,基于名词/介词词束数量和频率均占 20% 多,从句类词束数量和频率均占 10% 多。

汉语剧本中,三词指称词束主要由基于名词/介词词束构成,其次由基于动词词束构成。其中,基于名词/介词词束数量和频率均占 80% 左右,基于动词词束数量和频率均占约 20%。

汉语剧本中,三词特殊会话功能词束主要由基于动词词束构成。其中,基于动词词束数量和频率均占 80% 多,基于名词/介词词束、形容词词束和从句类词束三种词束数量和频率共占约 20%。

汉语剧本中,三词多功能词束由基于动词词束和从句类词束构成。其中,基于动词词束数量和频率均占 75% 左右,从句类词束数量和频率均占约 25%。

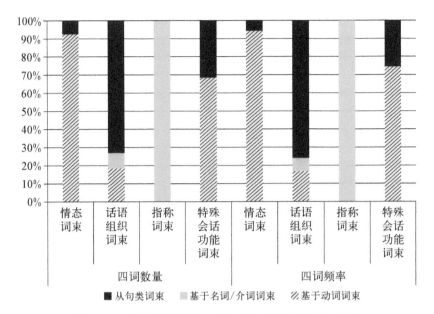

图 5.60　汉语剧本中四词词束结构和功能之间的关系

从图 5.60 可知,汉语剧本中没有四词基于形容词词束。汉语剧本中,四词情态词束主要由基于动词词束构成,其次由从句类词束构成。其中,基于动词词束数量和频率均占 90% 多;从句类词束数量和频率均占约 10%。

汉语剧本中,四词话语组织词束主要由从句类词束构成,基于动词词束所占比例略高于基于名词/介词词束的比例。其中,从句类词束数量和频率均占四词话语组织词束 70% 多,基于动词词束和基于名词/介词词束数量和频率总和约占 25% 左右。

汉语剧本中,四词指称词束全部由基于名词/介词词束构成。

汉语剧本中,四词特殊会话功能词束由基于动词词束和从句类词束构成。其中,基于动词词束数量和频率均占约 70%,从句类词束数量和频率均占约 30%。

汉语剧本中没有四词多功能词束。结合图 5.59 和图 5.60,汉语剧本中,三词和四词词束结构和功能之间的关系,可以总结如下:① 基于动词词束主要发挥情态功能;② 话语组织词束主要由基于动词词束和从句类词束构成;③ 基于名词/介词词束主要发挥指称功能;④ 特殊会话功能词束和多功能词束,主要由基于动词词束和从句类词束构成。

5.2.4.1.2　汉语口头叙述中词束结构和功能的关系

汉语口头叙述中,词束结构和功能之间的关系,详情可参见图 5.61 和图 5.62。

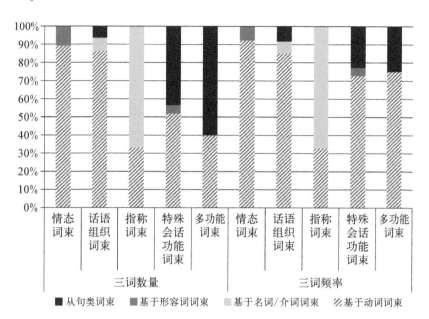

图 5.61　汉语口头叙述中三词词束结构和功能之间的关系

从图 5.61 可知,汉语口头叙述中,三词情态词束主要由基于动词词束构成。其中,基于动词词束数量和频率均占约 90%,基于形容词词束数量和频率所占比例约为 10%。

汉语口头叙述中,三词话语组织词束主要由基于动词词束构成。其中,基于动词词束数量和频率分别占话语组织词束 80% 多,基于名词/介词词束和从句类词束所占比例差不多,均约为 10%。

汉语口头叙述中,三词指称词束主要由基于名词/介词词束构成,其次由动词词束构成。其中,基于名词/介词词束数量和频率均占约 70%,基于动词词束数量和频率均占约 30%。

汉语口头叙述中,三词特殊会话功能词束主要由基于动词词束和从句类词束构成。其中,基于动词类词束数量和频率分别占约 50% 和 70%,从句类词束数量和频率分别占约 45% 和 20%,基于形容词词束数量和频率分别占约 5% 和 10%。

汉语口头叙述中,三词多功能词束由基于动词词束和从句类词束构成。其中,基于动词词束数量和频率分别占40%和70%多,从句类词束数量和频率分别占60%和30%左右。

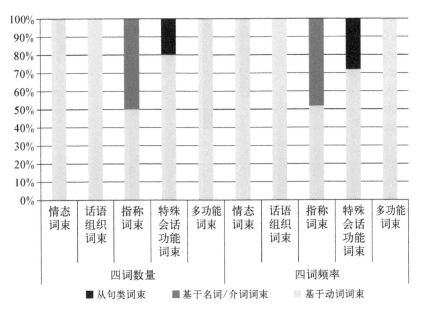

图5.62　汉语口头叙述中四词词束结构和功能之间的关系

从图5.62可知,汉语口头叙述中,没有四词形容词词束。其中的四词情态词束、四词话语组织词束、四词多功能词束全部由基于动词词束构成。

汉语口头叙述中,四词指称词束由基于动词词束和基于名词/介词词束构成,各占50%左右。

汉语口头叙述中,四词特殊会话功能词束由基于动词词束和从句类词束构成。其中,基于动词词束数量和频率分别占约80%和70%多,从句类词束数量和频率分别占约20%和约30%。

结合图5.61和图5.62来看,汉语口头叙述中,三词和四词词束结构和功能之间的关系可以总结如下:① 基于动词词束可以发挥很多功能,如情态功能、话语组织功能、指称功能、特殊会话功能等;② 话语组织词束主要由基于动词词束构成;③ 基于名词/介词词束主要发挥指称功能;④ 形容词词束数量不多,主要表情态。

5.2.4.1.3 汉语专题话题中词束结构和功能的关系

汉语专题话题中,词束结构和功能之间的关系,详情可参见图 5.63 和图 5.64。

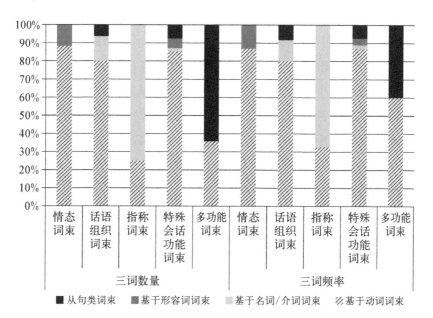

图 5.63 汉语专题话题中三词词束结构和功能之间的关系

从图 5.63 可知,汉语专题话题中,三词情态词束主要由基于动词词束构成,其次由基于形容词词束构成。其中,基于动词词束数量和频率均占80%多;基于形容词词束数量和频率均占 10% 多。

汉语专题话题中,三词话语组织词束主要由基于动词词束构成,基于动词词束数量和频率均占约 80%。基于名词/介词词束所占比例略高于从句类词束的比例,两类词束相加约占 20%。

汉语专题话题中,三词指称词束主要由基于名词/介词词束构成,其次由基于动词词束构成。其中,基于名词/介词词束数量和频率均占 70% 多,基于动词词束数量和频率均占约 30%。

汉语专题话题中,三词特殊会话功能词束主要由基于动词词束构成,基于动词词束数量和频率均占约 85%。从句类词束、基于形容词词束和基于名词/介词词束数量和频率的总和均占约 15%。从句类词束比例略高于基于形容词词束,基于名词/介词词束比例最小。

汉语专题话题中,三词多功能词束由基于动词词束和从句类词束构成。其中,基于动词词束数量和频率分别占约30%和60%,从句类词束数量和频率分别占约70%和40%。

从图5.64可知,汉语专题话题中,四词情态词束主要由基于动词词束构成,其次由基于名词/介词词束构成。其中,基于动词词束数量和频率均占90%多;基于名词/介词词束数量和频率均占约10%。

汉语专题话题中,四词话语组织词束主要由从句类词束构成,从句类词束数量和频率均占约90%。基于名词/介词词束数量和频率均占约10%。

汉语专题话题中,四词指称词束主要由基于名词/介词词束构成,其次由动词词束构成。其中,基于名词/介词词束数量和频率均占60%多,基于动词词束数量和频率均占30%多。

汉语专题话题中,四词特殊会话功能词束和四词多功能词束全部由基于动词词束构成。

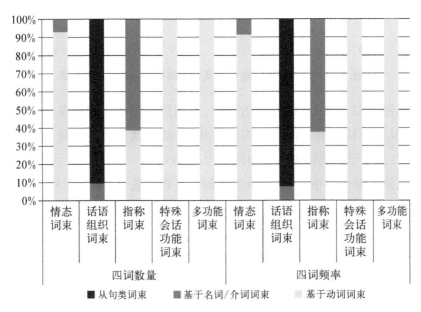

图5.64　汉语专题话题中四词词束结构和功能之间的关系

结合图5.63和图5.64来看,汉语专题话题中三词和四词词束结构和功能之间的关系可以总结如下:① 基于动词词束可以发挥多种功能,如情态功能、话语组织功能、指称功能、特殊会话功能等;② 话语组织词束主要由基于动词词束和从句类词束构成;③ 基于名词/介词词束主要发挥指称功能;④ 形容词词束不多,主要表情态。

5.2.4.2　汉语口语多种语体中词束结构和功能关系的比较分析

综合前文的讨论,汉语自然会话、剧本、口头叙述和专题话题中,词束结构和功能之间的关系可以总结为:汉语口语四种语体中,结构和功能之间的关系既有相似,也有差异。其中,相似性主要表现在三个方面:① 情态词束主要由基于动词词束构成;② 指称词束主要由基于名词/介词词束构成;③ 四词从句类词束主要发挥话语组织功能,三词从句类词束主要构成特殊会话功能词束和多功能词束。

差异性主要表现为:形容词词束发挥的功能不同。自然会话和剧本中,形容词词束除了主要发挥情态功能外,少部分可以发挥特殊会话功能。口头叙述和专题话题中,形容词词束只发挥情态功能。自然会话和剧本中,形容词词束可以直接进行提问,如"美 不 美"。而口头叙述中,形容词词束主要为描述性词束,如"最 大 的"。

5.2.5　汉语口语多种语体中词束离散度分析

离散度(D 值)大小介于 0 至 1 之间。如果 D 值越靠近 1,说明某词分布越离散,分布于多类语料中。如果 D 值越靠近 0,说明某词分布不平衡,主要分布于某类语料中。Juilland 等人(1970)认为,若某词的 D 值大于等于 0.3,可认为该词分布较平衡,离散度较广。

笔者对汉语自然会话、专题话题、口头叙述和剧本四种语体中,离散度(D 值)大于等于 0.3 的词束进行了统计,考察这四种口语语体中,离散度较广的词束的情况。具体结果参看图 5.65 和图 5.66(其中横轴为词束数量,纵轴为 D 值)。

图 5.65 显示,自然会话、专题话题以及口头叙述中,D 值大于等于 0.3 的三词词束比较多。相比而言,剧本中,D 值大于等于 0.3 的三词词束比较少。总体而言,汉语口语四种语体中有 D 值在 0.8 及以上的词束,离散度较广。

根据图 5.66,自然会话、专题话题、口头叙述和剧本中,D 值大于等于 0.3 的四词词束不多。D 值大于等于 0.3 的四词词束的数量表现为:专题话题中最多,自然会话中第二,口头叙述中第三,剧本中最少。

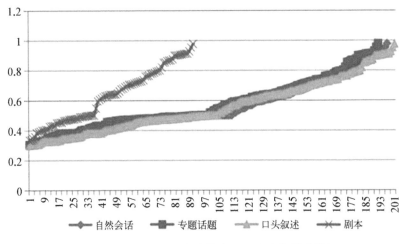

图 5.65　汉语口语多种语体中三词词束离散度情况

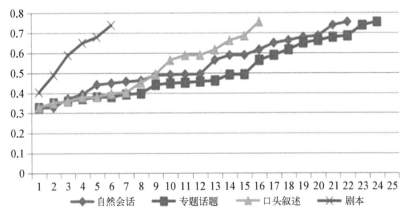

图 5.66　汉语口语多种语体中四词词束离散度情况

结合图 5.65 和图 5.66 可发现,汉语口语四种语体中,离散度较广的词束数量有差异。其中,自然会话、专题话题、口头叙述中,离散度较广的词束较多。相比而言,剧本中,离散度较广的词束不多。这可能是因为剧本是完全准备型的话语,写作者在创作剧本时,尽可能不重复使用词束,以体现语言的丰富性和多样化。因此,剧本词束,集中出现于该语体中,在其他语体中不频繁出现,离散度不广,分布不均衡。与此不同,自然会话、专题话题以及口头叙述中,有即时话语,在没有准备的情况下,会话者倾向于重复使用词束,以便会话顺利进行。因此,自然会话、专题话题以及口头叙述中,会出现相同的词束,词束分布均衡,离散度较广。

本节研究发现,汉语自然会话、剧本、专题话题和口头叙述中,词束在数量、结构分类和功能分类方面,体现了汉语语言的特点和不同语体的特点。

(1)汉语自然会话、剧本、专题话题和口头叙述中,词束在数量和频率方面表现不同,这一结果是由不同语体的特点引起的。专题话题兼有口语和书面语特征,既有互动,也有事先准备的内容。口头叙述由单人独自叙述,没有互动。剧本是完全准备好的模拟对话,创作者尽量采用不重复的语言,希望语言呈现多样性。自然会话具有限制性和重复性的词汇。

(2)汉语自然会话、剧本、专题话题和口头叙述中,词束的结构分类体现了汉语语言的特点和不同语体的特点。汉语自然会话、剧本、专题话题和口头叙述中的词束结构分类有相似之处:与第一和第二人称相结合的词束、疑问词束以及与语气词相结合的词束,都占有相当一部分的比例。这些词束符合汉语口语的互动语境和交际目的。汉语口语四类语体中,词束的结构分类还体现了不同的语体特点:和敬称"您"相结合的词束只出现于剧本和专题话题两类语体中,符合礼貌原则,有利于塑造人物形象。汉语口语四类语体中,词束的结构分类体现了汉语语言的总体特点:① 大量且使用频繁的动词词束、与量词结合的名词/介词词束和零句词束,体现了汉语频繁使用动词、量词丰富以及不太使用显性连词的特点;② 介词词束主要由"给""跟"等介词与动词相结合构成,这体现了汉语介词由动词演变而来的特点。

(3)汉语自然会话、剧本、专题话题和口头叙述中,词束的功能分类体现了汉语语言特点和不同语体的特点。汉语自然会话、剧本、专题话题和口头叙述中,词束功能分类在以下两个方面体现了汉语口语不同语体的共同交际目的和需求:① 发挥情态功能的词束较多;② 词束构成成分有相似,有较多与第一和第二人称结合、与语气词结合、与疑问词结合的词束。这些词束可以体现不同口语语体共同的交际目的和需求。词束功能分类在以下两方面体现了汉语语言特点:① 大部分情态词束由动词"是"构成;② 大量指称词束由量词构成。汉语"是"可以用来表示判断和情态,汉语量词的使用具有丰富性和强制性。

(4)汉语自然会话、剧本、口头叙述和专题话题语体中,词束结构和功能的关系既有相似,也有差异。相似性体现了汉语语言特点,主要表现为两方面:① 情态词束主要由基于动词词束构成;② 指称词束主要由基于名词/介词词束构成。差异性体现了不同语体的要求,主要体现在形容词发挥的功能不同。自然会话和剧本中,形容词除发挥情态功能外,少部分形容词可以发挥特殊会话功能。口头叙述和专题话题中,形容词词束只发挥情态功能。

(5) 汉语自然会话、剧本、口头叙述和专题话题中,词束的离散度有差异。自然会话、专题话题、口头叙述中,离散度广的词束较多。相比而言,剧本中,离散度广的词束不多。这一结果与语体特点相关。因为剧本为完全准备型的话语,写作者在创作剧本时,尽可能不重复使用词束,以体现语言的丰富性和多样化。因此,剧本中出现的词束,在其他语体中并不频繁出现,离散度不广。然而,自然会话、专题话题以及口头叙述中,有即时话语,在没有准备的情况下,会话者倾向于重复使用词束,以便会话顺利进行。因此,自然会话、专题话题以及口头叙述中,会出现相同的词束,词束分布均衡,离散度较广。

5.3　汉语书面语多种语体中词束的分析

本书中的汉语书面语语料库采用 LCMC,肖忠华(2012)把书面语语料分为四类:新闻语体(新闻报道、社论、新闻综述)、非小说语体(宗教文本、操作语体、流行读物、传记和散文、报告和公文)、学术写作语体(学术和科技论文)和小说语体(一般小说、侦探小说、科幻小说、武侠传奇小说、爱情小说、幽默)。其中,新闻语体和学术写作语体,笔者在本书中采用肖忠华(2012)的分类。另外,笔者仔细查看了源语料,发现"幽默"语料为我们俗称的"笑话",在本书采用的小说语料中,笔者把"幽默"语料排除在外。非小说语料中,笔者只选择"报告和公文"语料进行分析,因为这类语料比较常见,是官方的、正式的汉语书面语,具有一定的代表性。

本节将重点讨论汉语学术写作、新闻、公文和小说四种书面语语体中,词束在数量和频率、结构分类、功能分类和离散度等方面的详细情况。

5.3.1　汉语书面语多种语体中词束的数量和频率分析

5.3.1.1　汉语书面语多种语体中词束的数量和频率

汉语书面语的多种语体中,语料大小不一。参照 Biber 和 Barbieri (2007)的词束提取方法,新闻语体语料为 176 000 词,学术写作语料为 160 000 词,报告和公文语料为 60 000 词,词束提取参数均设置为至少出现 4 次,在 4 个不同文本中出现。小说语料为 234 000 词,词束提取参数设置为至少出现 5 次,在 5 个不同文本中出现。

笔者通过设定频率和文本,提取了汉语词束,排除一些不利于进行深入研究的词束,也保留了很多词束。其中学术写作中,保留和排除的词束分别参见本书附录 3 和附录 4。新闻中,保留和排除的词束分别参见本书附录 21 和附录 22。报告公文中,保留和排除的词束分别参见本书的附录 23 和附录 24。小说中,保留和排除的词束分别参见本书附录 25 和附录 26。

汉语书面语四种语体中,保留的三词和四词词束,详情参见图 5.67 和图 5.68。

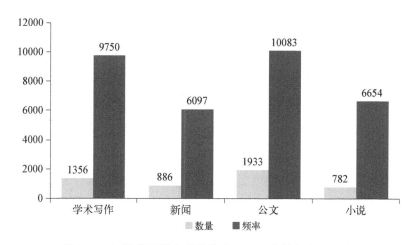

图 5.67　汉语书面语多种语体中三词词束的数量和频率

从图 5.67 可知,汉语学术写作中,三词词束数量和频率分别为 1 356 和 9 750。新闻中,三词词束数量和频率分别为 886 和 6 097。公文中,三词词束的数量和频率分别为 1 933 和 10 083。小说中,三词词束数量和频率分别为 782 和 6 654。

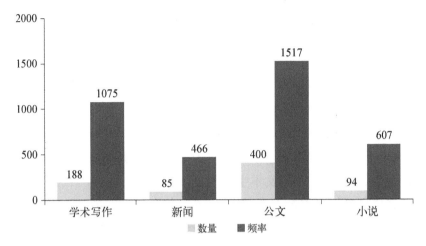

图5.68　汉语书面语多种语体中四词词束的数量和频率

从图5.68可知,汉语学术写作中,四词词束数量和频率分别为188和1 075。新闻中,四词词束的数量和频率分别为85和466。公文中,四词词束的数量和频率分别为400和1 517。小说中,四词词束的数量和频率分别为94和607。

5.3.1.2　汉语书面语多种语体中词束的数量和频率的比较分析

通过统计汉语书面语四种语体中词束的数量和频率可以发现:公文中,词束的数量和频率都比较突出,词束出现最多和最频繁。其次为学术写作,再次为小说。新闻中,词束数量最少,出现最不频繁。

学术写作和公文都为非常正式的书面语体。与新闻和小说语体相比,学术写作和公文写作都有一定的写作格式。学术写作一般需要交代研究目的、研究方法和研究结果,也就是为什么要做、怎样做、得到了什么结果,整个过程基本以"以事告人"的形式呈现。

梁福军(2016)认为,公文写作一般采用纪实性语言,客观陈述内容,通过数据和图表辅助说明,并及时发表或进行公布。综合来说,学术写作和公文有固定的陈述格式,使得词束容易重复出现。而且,本书学术写作和公文语料中出现了很多与"的"字结合的名词/介词词束,如"经济 的发展""之间 的 关系"等,进而使得学术写作和公文语体中词束的数量和频率比较突出。

　　根据梁福军(2016)的观点,新闻语体涉及很多方面的内容,包括政治、经济、军事、科技、文化、艺术、教育等等,其作用表现为向公众传递各种具有社会价值的新信息,具有社会服务、批评监督、政治宣传、促进社会经济文化发展等作用,有利于传播正确的舆论导向。

　　欧阳霞(2011)认为,新闻语体语言具有客观性、准确性、简洁性和大众性等特征,有利于读者理解并进行传播。因为新闻具有时效性,主要传播新近事件,事件一般不重复,而且新闻的语言简洁,因此重复出现的词束较少,也不频繁。

　　根据张德禄(2005)的观点,小说具有欣赏性和喻示性两个功能。张德禄、贾晓庆、雷茜(2015)认为,小说语言主要由两部分构成,即叙述者的语言和小说人物的语言。小说需要表现人物性格、叙述者对人物的态度以及主题意义等。同时,小说还带有写作者的个人写作偏好,在词汇和句法方面具有个人特征。一般情况下,为了体现语言的丰富性和变化性,写作者尽量采用不重复的语言。因此,小说中频繁出现的词束相对较少。

5.3.2　汉语书面语多种语体中词束的结构分类分析

5.3.2.1　汉语书面语多种语体中词束的结构分类情况

　　参考 Biber、Conrad、Cortes(2004)的词束分类,采用词性描述的方式,结合从语料库中提取的实际词束,笔者对 LCMC 语料库中学术写作、新闻、公文和小说四类语体中的词束进行结构分类,分为基于动词词束(如"关心 和支持")、基于名词/介词词束(如"这 一 过程")、基于形容词词束(如"更 重要 的")和从句类词束(如"在 什么 地方")。四类书面语语体中,词束所分的结构类别参看本书附录6、附录27、附录28、附录29。不同类别的数量和频率统计参看图 5.69~图 5.72。

　　从图 5.69 可知,学术写作、新闻、公文三种语体中,三词词束的结构分类数量表现为:基于名词/介词词束最多,基于动词词束第二,基于形容词词束第三,从句类词束最少,新闻和公文语体中没有从句类词束。小说语体则有所不同,基于动词词束最多,基于名词/介词词束第二,基于形容词词束第三,从句类词束最少。

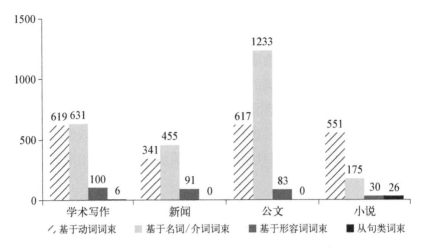

图 5.69 汉语书面语多种语体中三词词束结构分类数量

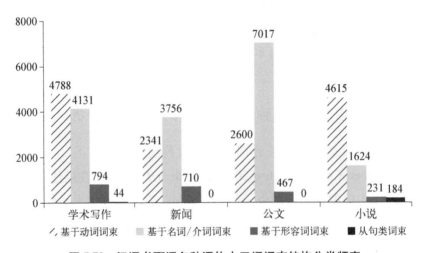

图 5.70 汉语书面语多种语体中三词词束结构分类频率

从图 5.70 可知,学术写作和小说中,三词词束的结构分类频率表现为:基于动词词束最频繁,其次为基于名词/介词词束,再次为基于形容词词束,从句类词束最不频繁。新闻和公文中,三词词束的结构分类频率表现为:基于名词/介词词束最频繁,基于动词词束第二,基于形容词词束第三,没有从句类词束。

从图 5.71 可知,学术写作和公文中,四词词束结构分类在数量方面表现为:基于名词/介词词束最多,基于动词词束第二,没有基于形容词词束。

新闻和小说中,基于动词词束最多,基于名词/介词词束第二,没有基于形容词词束。只有新闻和公文中有从句类词束,在原始语料中均为一个,分别为"人们 不禁 要 问"和"现 转发 给 你们"。

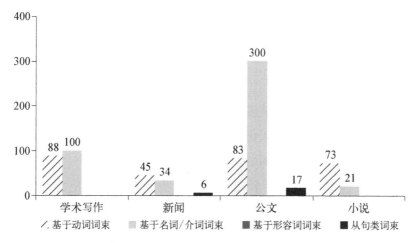

图 5.71　汉语书面语多种语体中四词词束结构分类数量

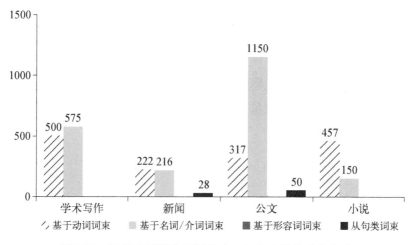

图 5.72　汉语书面语多种语体中四词词束结构分类频率

从图 5.72 可知,学术写作和公文中,四词词束结构分类在频率方面表现为:基于名词/介词词束最频繁,基于动词词束第二,没有基于形容词词束。新闻和小说语体中,基于动词词束最频繁,基于名词/介词词束第二,没有基于形容词词束。只有新闻和公文中有从句类词束。

综合汉语书面语四种语体来看,虽然三词和四词词束的结构分类在数量和频率方面有差异,但仍可以总结出相似点:基于名词/介词词束和基于动词词束为两类主要词束,这体现了汉语语言的特点。

　　量词是汉语语言的一大特点。汉语书面语四种语体中,基于名词/介词词束出现较多且频繁,是由于汉语的量词词束出现比较多,比较频繁(如"一只 手""这 一 天")。同时,与"的"字结合的词束使得汉语书面语中基于名词/介词词束在数量和频率上比较突出(如"全 国 范围 的""活动 的 重点")。

　　另外,基于动词词束数量多、频率高,体现了汉语语言的主体思维特点。因为汉语倾向于采用"什么人做什么事"的结构,这带来了汉语动词使用的频繁性,继而带来汉语动词词束的高频率。

5.3.2.2　汉语书面语多种语体中词束的结构分类的比较分析

　　根据 LCMC 汉语书面语四种语体中提取的三词、四词词束结构分类结果(如图 5.69~图 5.72 所示),本小节重点比较学术写作、新闻、公文和小说中,基于动词词束、基于名词/介词词束、基于形容词词束和从句类词束的具体情况。

5.3.2.2.1　汉语书面语多种语体中基于动词词束的比较分析

　　笔者统计了汉语学术写作、新闻、公文和小说中,基于动词词束的总数量和总频率,与第一、第二人称结合的动词词束(如"我 也 想")以及动词疑问词束(如"是 不 是")的数量和频率。具体统计结果见图 5.73~图 5.76。

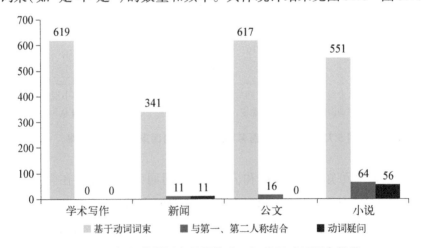

图 5.73　汉语书面语多种语体中三词基于动词词束数量

　　从图 5.73 可知,汉语学术写作、新闻、公文和小说中,三词基于动词词束数量表现为:学术写作中最多,公文中其次,小说中再次,新闻中最少。与第一、第二人称结合的三词动词词束数量表现为:小说中最多,公文中其次,新闻中再次,学术写作中没有此类词束。三词动词疑问词束的数量表现为:小说中最多,新闻中其次,学术写作和公文中没有此类词束。

　　四种不同的书面语语体中,与第一、第二人称相结合和与疑问词相结合的三词基于动词词束都不多。各语体中这两类动词词束的数量总和,占新闻三词基于动词词束数量 6%,占公文三词基于动词词束数量 3%,占小说三词基于动词词束数量 22%,学术写作中没有这两类词束。

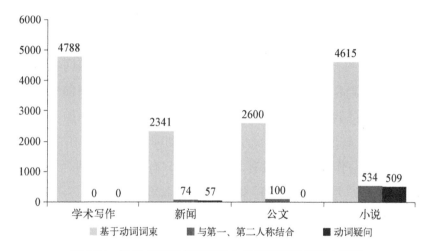

图 5.74　汉语书面语多种语体中三词基于动词词束频率

　　从图 5.74 可知,汉语学术写作、新闻、公文和小说中,三词动词词束的频率表现为:学术写作中最频繁,小说中其次,公文中再次,新闻中最不频繁。与第一、第二人称结合的三词动词词束频率表现为:小说中最频繁,公文中其次,新闻中再次,学术写作中没有此类词束。三词动词疑问词束的频率表现为:小说中最频繁,新闻中其次,学术写作和公文中都没有此类词束。

　　四种不同的书面语语体中,与第一、第二人称相结合的三词动词词束和三词动词疑问词束都不频繁。各语体中这两类动词词束的频率总和,占新闻三词基于动词词束频率 6%,占公文三词基于动词词束频率 4%,占小说三词基于动词词束频率 23%,学术写作没有这两类词束。

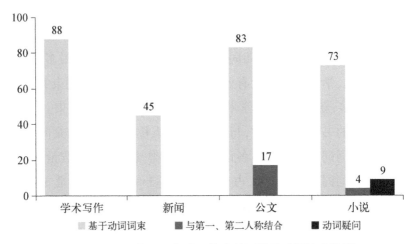

图5.75 汉语书面语多种语体中四词基于动词词束数量

从图 5.75 可知,汉语学术写作、新闻、公文和小说中,四词动词词束的数量表现为:学术写作中最多,公文中其次,小说中再次,新闻中最少。与第一、第二人称结合的四词动词词束数量表现为:公文中原始动词词束只有一个,为"现 转发 给 你们"。小说中原始动词词束也只有一个,为"这 是 我 的"。学术写作和新闻中没有此类词束。只有小说中有两个原始四词动词疑问词束,为"是 怎么 回 事"和"出 了 什么 事"。

四种不同的书面语语体中,与第一、第二人称相结合的四词动词词束和四词动词疑问词束都不多。各语体中这两类动词词束的数量总和占公文四词基于动词词束数量 20%,占小说四词基于动词词束数量 18%,学术写作和新闻没有这两类词束。

从图 5.76 可知,汉语学术写作、新闻、公文和小说中,四词基于动词词束的频率表现为:学术写作中最频繁,小说中其次,公文中再次,新闻中最不频繁。与第一、第二人称结合的四词动词词束频率表现为:公文中最频繁,小说中其次,学术写作和新闻中没有这两类词束。只有小说中有四词动词疑问词束。

四种不同的书面语语体中,与第一、第二人称相结合的四词动词词束和四词动词疑问词束均不频繁。各语体中与第一、第二人称相结合的动词词束占公文四词基于动词词束频率 16%,占小说四词基于动词词束频率 19%,学术写作和新闻中没有此类词束。

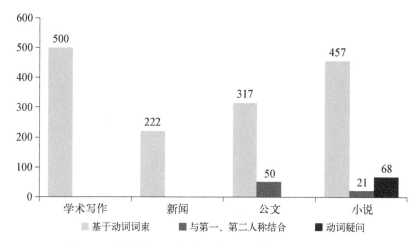

图 5.76 汉语书面语多种语体中四词基于动词词束频率

汉语四种书面语语体中,三词和四词动词词束,可以总结出以下共性:汉语三词和四词动词词束,体现了汉语书面语的情景特点。

通过统计汉语四种书面语语体中与第一、第二人称相结合的动词词束、动词疑问词束发现,这两类词束所占比例较小,而且没有与语气词结合的动词词束。这体现了汉语书面语的特点。因为书面语通常经过写作者的缜密思考、反复润色而形成,写作者和读者并不共享一个语境,所以与第一和第二人称、疑问词、语气词有关,并且表示互动的动词词束很少,这符合书面语客观陈述的特征。

汉语四种书面语语体中,基于动词词束的差异性体现了不同语体特征的差异,表现为:小说中与第一、第二人称结合的动词词束和动词疑问词束所占比例相对较高。

根据张德禄、贾晓庆、雷茜(2015)的观点,小说涉及很多人物对话,以此反映人物的性格和思想。小说中的人物对话主要采取模拟自然会话的形式,需要通过与第一、第二人称结合和疑问结构以实现互动。因此,小说中,与第一、第二人称结合的基于动词词束和动词疑问词束所占比例相对较高。

5.3.2.2.2 汉语书面语多种语体中基于名词/介词词束的比较分析

笔者统计了汉语学术写作、新闻、公文和小说中,基于名词/介词词束的总数量和总频率,与第一、第二人称结合的名词/介词词束(如"我 一 个人")、名词/介词疑问词束(如"哪 一 个")、与量词结合的名词/介词词束(如"两 个 方面")、与"的"字结合的词束(如"事业 的 发展")的数量和频率。这些名词/介词词束可以体现汉语语言特点和不同语体特点。具体详情见图 5.77~图 5.80。

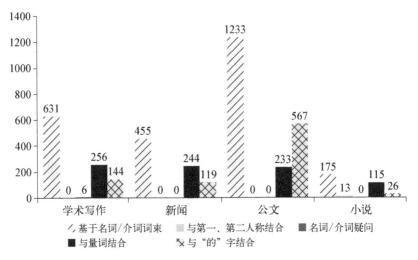

图 5.77 汉语书面语多种语体中三词基于名词/介词词束数量

从图 5.77 可知,汉语学术写作、新闻、公文和小说中,三词基于名词/介词词束的数量表现为:公文中最多,学术写作中其次,新闻中再次,小说中最少。只有小说中有与第一、第二人称相结合的名词/介词词束,只有学术写作中有名词/介词疑问词束。与量词结合的名词/介词词束数量表现为:学术写作中最多,新闻中其次,公文中再次,小说中最少。与"的"字结合的名词/介词词束数量表现为:公文中最多,学术写作中其次,新闻中再次,小说中最少。

四种不同的书面语语体中,与第一、第二人称相结合的名词/介词词束和名词/介词疑问词束都不多。各语体中这两类名词/介词词束的数量总和,占学术写作三词基于名词/介词词束数量1%,占小说三词基于名词/介词词束数量7%。新闻和公文中,没有这两类词束。

四种书面语语体中,与量词和与"的"字相结合的名词/介词词束都较多。各语体中这两类名词/介词词束的数量总和,占学术写作三词基于名

词/介词词束数量 63%,占新闻三词基于名词/介词词束数量 80%,占公文三
词基于名词/介词词束数量 65%,占小说三词基于名词/介词词束数量 81%。

图 5.78　汉语书面语多种语体中三词基于名词/介词词束频率

从图 5.78 可知,汉语学术写作、新闻、公文和小说中,三词名词/介词词
束频率表现为:公文中最频繁,学术写作中其次,新闻中再次,小说中最不
频繁。只有小说中有与第一、第二人称相结合的名词/介词词束,只有学术
写作中有名词/介词疑问词束。与量词结合的名词/介词词束频率表现为:
学术写作中最频繁,新闻中其次,公文中再次,小说中最不频繁。与"的"字
结合的名词/介词词束频率表现为:公文中最频繁,学术写作中其次,新闻
中再次,小说中最不频繁。

四种不同的书面语语体中,与第一、第二人称相结合的名词/介词词束
和名词/介词疑问词束出现都不频繁。各语体中这两类名词/介词词束的频
率总和,占学术写作三词基于名词/介词词束频率 1%,占小说中三词基于名
词/介词词束频率 7%,新闻和公文中没有这两类词束。

四种不同的书面语语体中,与量词和与"的"字相结合的名词/介词词
束出现都较频繁。各语体中这两类名词/介词词束的频率总和,占学术写作
中三词基于名词/介词词束频率 73%,占新闻中三词基于名词/介词词束频
率 66%,占公文中三词基于名词/介词词束频率 57%,占小说中三词基于名
词/介词词束频率 82%。

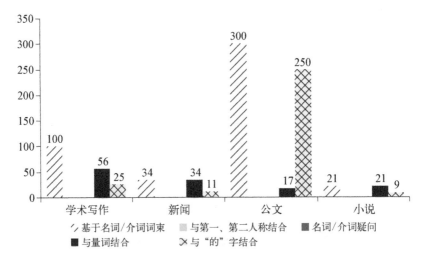

图5.79 汉语书面语多种语体中四词基于名词/介词词束数量

从图5.79可知,汉语书面语四种语体中,四词基于名词/介词词束数量表现为:公文中最多,学术写作中其次,新闻中再次,小说中最少。与量词结合的名词/介词词束数量表现为:学术写作中最多,新闻中其次,小说中再次,公文中最少。与"的"字结合的词束数量表现为:公文中最多,学术写作中其次,新闻中再次,小说中最少。四种不同的书面语语体中,都没有与第一、第二人称相结合的名词/介词词束和名词/介词疑问词束。

四种不同的书面语语体中,与量词和与"的"字相结合的四词名词/介词词束都较多。各语体中这两类名词/介词词束的数量总和,占学术写作四词基于名词/介词词束数量81%,占新闻四词基于名词/介词词束数量100%,占公文四词基于名词/介词词束数量72%,占小说四词基于名词/介词词束数量100%。

从图5.80可知,汉语学术写作、新闻、公文和小说中,四词基于名词/介词词束频率表现为:公文中最频繁,学术写作中其次,新闻中再次,小说中最不频繁。与量词结合的名词/介词词束频率表现为:学术写作中最频繁,新闻中其次,小说中再次,公文中最不频繁。与"的"字结合的名词/介词词束频率表现为:公文中最频繁,学术写作中其次,新闻中再次,小说中最不频繁。四种语体中没有与第一、第二人称相结合的名词/介词词束,以及名词/介词疑问词束。

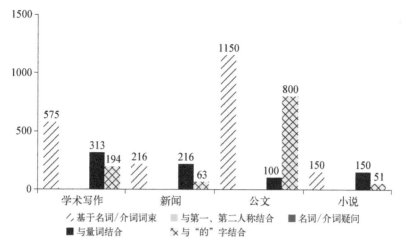

图 5.80 汉语书面语多种语体中四词基于名词/介词词束频率

四种书面语语体中,与量词和与"的"字相结合的四词名词/介词词束出现都较频繁。各语体中这两类名词/介词词束的频率总和,占学术写作四词基于名词/介词词束频率 88%,占新闻四词基于名词/介词词束频率 100%,占公文四词基于名词/介词词束频率 78%,占小说四词基于名词/介词词束频率 100%。

汉语四种书面语语体中,三词和四词基于名词/介词词束,体现了汉语书面语的情景特点。通过对与第一和第二人称相结合的名词/介词词束、名词/介词疑问词束进行统计发现,这两类词束在名词/介词词束中所占比例较小,体现了汉语书面语不互动的特点。因为写作者和读者通常并不共享语境,所以与第一和第二人称相结合、与疑问词相结合等表示互动的名词/介词词束很少,符合书面语的语体特征。

汉语大量和频繁地使用量词,以及与"的"字相结合的词束较多,使得汉语名词词束有自己的特点,也体现了汉语语言的特点。

5.3.2.2.3 汉语书面语多种语体中基于形容词词束的比较分析

笔者统计了汉语学术写作、新闻、公文和小说中,基于形容词词束的总数量和总频率。这四种语体中,没有四词形容词词束,只有三词形容词词束。其中只有三词描述性形容词词束(如"更 大 的"),没有形容词疑问词束(如"对 不 对"),也没有与语气词结合的形容词词束(如"挺 好 的 啊"),而且总体上形容词词束数量较少。具体统计结果见图 5.81。

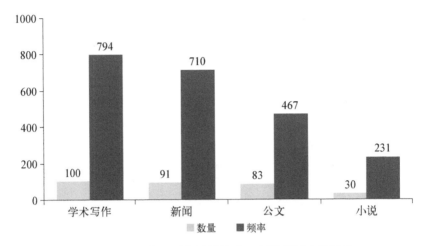

图5.81　汉语书面语多种语体中三词基于形容词词束

从图5.81可知,汉语学术写作、新闻、公文和小说中,三词形容词词束数量和频率都表现为:学术写作中第一,新闻中第二,公文中第三,小说中第四。汉语书面语四种语体中,没有与第一、第二人称结合的形容词词束,也没有形容词疑问词束。

描述性形容词词束符合汉语书面语的语体特点。梁福军(2016)认为,书面语需要对事物性质进行描述,需要把被修饰的事物特征显现出来,而描述性形容词可以起到描述和修饰作用。

5.3.2.2.4　汉语书面语多种语体中从句类词束的比较分析

笔者对汉语学术写作、新闻、公文和小说中的从句类词束进行了统计,主要涉及从句类词束的总数量和总频率。具体统计结果见图5.82。

从图5.82可知,汉语四种书面语语体中,只有学术写作和小说中有三词从句类词束,表现为小说中从句类词束的数量和频率位列第一,学术写作中第二。只有新闻和公文中有四词从句类词束,表现为公文中的四词从句类词束比新闻中出现更多、更频繁。

通过统计汉语从句类词束发现,汉语书面语中从句类词束较少,体现了汉语语言特点和汉语书面语的语体特点。

连淑能(1992/2003)认为,汉语句子注重内在意念,而不是外在形式。汉语造句少用甚至不用形式连接手段,而是注重句子间的隐性衔接。

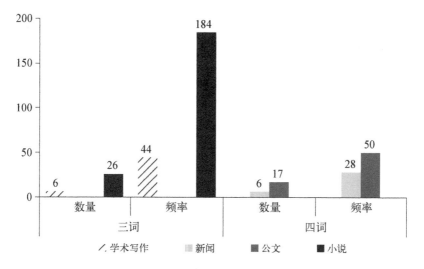

图 5.82　汉语书面语多种语体中从句类词数量和频率

　　根据梁福军（2016）的观点，汉语书面语主要使用单句，特别是完全主谓句和长单句，因为这样有利于进行简洁和清晰地描述和说明。

　　从句类词束的差异表现为：小说中从句类词束较多。这符合小说语体的特点。根据张德禄、贾晓庆、雷茜（2015）的观点，小说涉及很多人物对话，以此来反映人物的性格和思想。小说中人物对话主要采取模拟自然会话的形式，是虚构的自然会话。朱德熙（1982/2012）和吕叔湘（1979）认为，汉语自然会话中有较多的零句和流水句，这类句子既简洁，意义又清晰。小说中的模拟对话，正体现了自然会话零句和流水句的特点。因此，小说中的从句类词束稍多一些。

5.3.3　汉语书面语多种语体中词束的功能分类分析

5.3.3.1　汉语书面语多种语体中词束的功能分类

　　参考 Biber、Conrad、Cortes（2004）的词束分类，结合从语料库中提取的实际词束和词束出现的具体语境，笔者对学术写作、新闻、公文和小说四种语体中的词束，进行了功能分类，分为情态词束（如"这 是 一 种"）、话语组织词束（如"笑 着 说"）、指称词束（如"这 件 事"）、特殊会话功能词束（如"这 是 什么"）和多功能词束（如"这 是 因为"既可以表情态，也可以发挥话语组织功

能）。四类语体中,词束所分的结构类别参看本书附录 8、附录 30、附录 31 和
附录 32。不同类别的数量和频率详情,参看图 5.83~图 5.86。

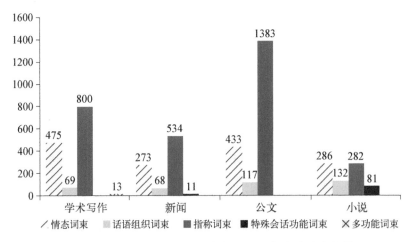

图 5.83　汉语书面语多种语体中三词词束功能分类数量

从图 5.83 可知,汉语学术写作、新闻、公文和小说中,三词词束主要可
以分为三类:情态词束、话语组织词束和指称词束。其中,学术写作、新闻
和公文三种语体中,词束数量都表现为:指称词束最多,情态词束其次,话
语组织词束再次。只有小说不同,其中情态词束第一,指称词束第二,话语
组织词束第三。学术写作中有多功能词束,其他语体中没有此类词束。新
闻和小说中有特殊会话功能词束,其他语体中没有此类词束。

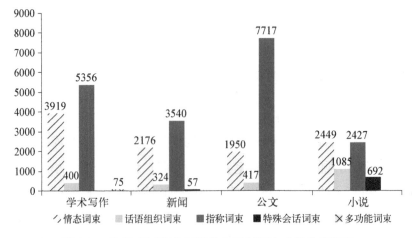

图 5.84　汉语书面语多种语体中三词词束功能分类频率

从图 5.84 可知,学术写作、新闻和公文三种语体中,都表现为指称词束出现最频繁,情态词束其次,话语组织词束再次。小说则不同,情态词束出现最频繁,指称词束第二,话语组织词束第三。

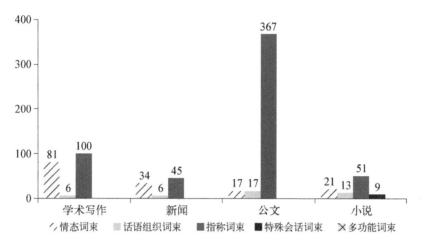

图 5.85　汉语书面语多种语体中四词词束功能分类数量

从图 5.85 可知,汉语学术写作、新闻、公文和小说中,四词词束主要可以分为三类: 情态词束、话语组织词束和指称词束。学术写作、新闻、公文和小说四种语体中,都表现为指称词束最多,情态词束其次,话语组织词束再次。小说中有特殊会话功能词束,其他语体中没有此类词束。

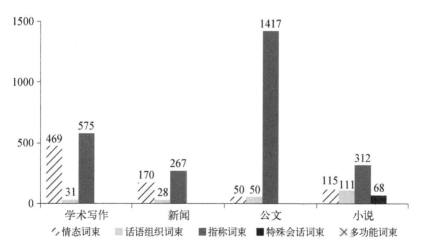

图 5.86　汉语书面语多种语体中四词词束功能分类频率

从图 5.86 可知,学术写作、新闻、公文和小说四种语体中,都表现为指称词束出现最频繁,情态词束其次,话语组织词束再次。其中,小说有特殊会话功能词束,其他语体中没有此类词束。

综合汉语书面语四种语体中三词和四词词束的功能分类情况,词束的功能分类数量和频率可以总结出如下相似点:第一,指称词束很多,频繁出现;第二,特殊会话词束和多功能词束很少,不频繁出现。

汉语书面语四种语体中,指称词束出现较多、较频繁,体现了汉语语言的特点和汉语书面语的语体特点。汉语书面语中,由于量词和与"的"字结合的词束较多,汉语书面语中有具体特征的指称词束(如"这 一 次")和有关注点的指称词束(如"他 的 目光")较多。另外,书面语主要表现为客观地向读者传达信息,需要借助大量的限制性修饰语和区别词,指称词束符合这一需求。

总体而言,汉语书面语四种语体中,只有新闻和小说中有特殊会话功能词束。特殊会话功能具体表现为询问功能。新闻中只有两个原始疑问词束,即"是 不 是"和"能 不 能"。小说中疑问词束发挥特殊会话功能的实例稍多,如"是 什么 意思""是 谁 呢"等。这是因为小说中有模拟自然会话的对话,需要借疑问词束起到互动作用。

只有学术写作中有词束可以发挥多种功能。据笔者观察,汉语学术写作中,原始多功能词束只有一个,为"这 是 因为",其中汉语动词"是"可以表认知情态,"因为"可以表示前后话语的因果关系,起话题组织作用。

5.3.3.2 汉语书面语多种语体中词束的功能分类的比较分析

根据从学术写作、新闻、公文和小说中提取的三词、四词词束功能分类结果(如图 5.83~图 5.86 显示),本小节重点比较这四类语体中,汉语词束的功能分类类别和不同功能类别词束的情况。

5.3.3.2.1 汉语书面语多种语体中情态词束的比较分析

笔者统计了汉语学术写作、新闻、公文和小说中,情态词束的总数量和总频率,以及与第一、第二人称结合的情态词束(如"我 也想")的数量与频率。汉语书面语四种语体中,没有与语气词结合的情态词束,这可以体现书面语语体的特点。具体统计结果见图 5.87~图 5.90。

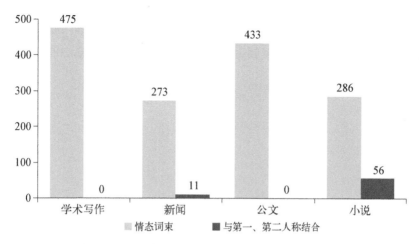

图 5.87　汉语书面语多种语体中三词情态词束数量

图 5.87 显示,汉语学术写作、新闻、公文和小说中,三词情态词束数量表现为:学术写作中最多,公文中其次,小说中再次,新闻中最少。与第一、第二人称结合的情态词束数量表现为:小说中最多,新闻中其次,学术写作和公文中没有此类词束。与第一、第二人称结合的情态词束数量,分别占新闻三词情态词束数量 4%,占小说三词情态数量 20%。

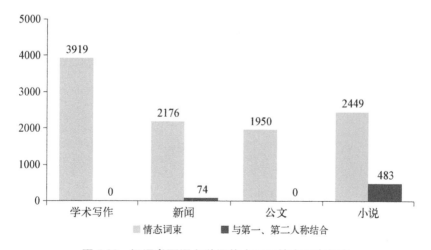

图 5.88　汉语书面语多种语体中三词情态词束频率

图 5.88 显示,汉语学术写作、新闻、公文和小说中,三词情态词束频率表现为:学术写作中最频繁,小说中其次,新闻中再次,公文中最不频繁。

与第一、第二人称结合的情态词束频率表现为：小说中最频繁,新闻中其次,学术写作和公文中没有此类词束。与第一、第二人称结合的情态词束频率,分别占新闻三词情态词束频率3%,占小说三词情态频率20%。

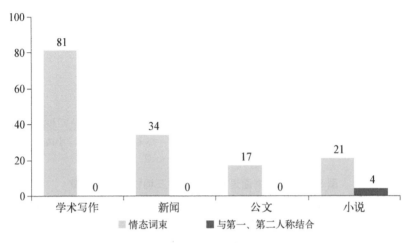

图5.89　汉语书面语多种语体中四词情态词束数量

如图5.89所示,汉语学术写作、新闻、公文和小说中,四词情态词束数量表现为：学术写作中最多,新闻中其次,小说中再次,公文中最少。只有小说中有与第一、第二人称结合的四词情态词束,学术写作、新闻和公文中没有此类词束。与第一、第二人称结合的情态词束数量占小说四词情态词束数量19%。

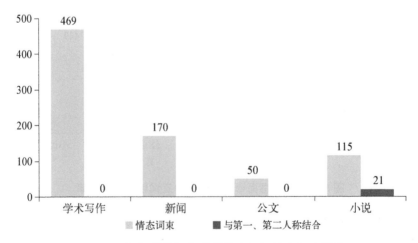

图5.90　汉语书面语多种语体中四词情态词束频率

如图 5.90 所示,汉语学术写作、新闻、公文和小说中,四词情态词束频率表现为:学术写作中最频繁,新闻中其次,小说中再次,公文中最不频繁。只有小说中有与第一、第二人称结合的四词情态词束,学术写作、新闻和公文中没有此类词束。与第一、第二人称结合的四词情态词束频率占小说四词情态词束频率 18%。

情态词束可以帮助写作者表达观点、表达态度、建立人际关系和构建话语等。本书从 LCMC 中提取的情态词束中,由动词"是"组成的情态词束居多,少部分由形容词词束构成。而且,大部分情态词束为无人称情态词束,只有小说中人称情态词束比较突出,所占比例较大。

汉语学术写作、新闻和公文三种语体中,写作者一般都通过无人称情态词束表达态度和观点的客观性。与学术写作、新闻和公文相比,小说中除了描述性话语,还有人物对话。而且,小说对话表现为:写作者采用模拟自然会话的形式,以体现会话中人物的交流方式和互动手段。因此,小说中出现较多与第一、第二人称结合的情态词束,这符合小说语体的特点。

5.3.3.2.2　汉语书面语多种语体中话语组织词束的比较分析

笔者统计了汉语学术写作、新闻、公文和小说中,话语组织词束的总数量和总频率,与第一、第二人称结合的话语组织词束(如"我 说 过")和零句词束(如"人们 不 禁 要 问")的数量和频率,其中没有与语气词结合的话语组织词束。具体统计结果见图 5.91~图 5.94。

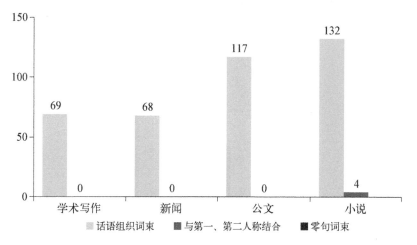

图 5.91　汉语书面语多种语体中三词话语组织词束数量

图 5.91 显示,汉语学术写作、新闻、公文和小说中,三词话语组织词束数量表现为：小说中最多,公文中其次,学术写作中再次,新闻中最少。只有小说中有与第一、第二人称结合的三词话语组织词束数量,占小说三词话语组织词束数量3%。这四类语体中都没有三词零句词束。

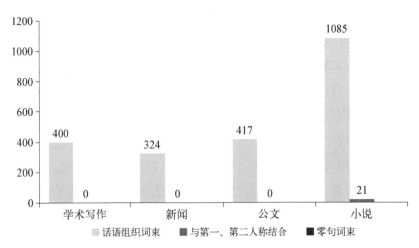

图5.92　汉语书面语多种语体中三词话语组织词束频率

　　图 5.92 显示,汉语书面语四种语体中,三词话语组织词束频率表现为：小说中最频繁,公文中其次,学术写作中再次,新闻中最不频繁。小说中与第一、第二人称结合的话语组织词束频率占小说三词话语组织词束频率2%。

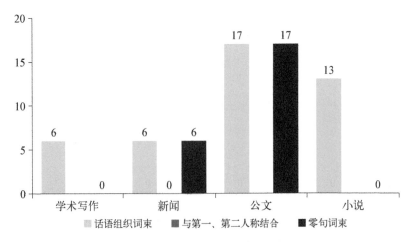

图5.93　汉语书面语多种语体中四词话语组织词束数量

如图 5.93 所示,汉语学术写作、新闻、公文和小说中,四词话语组织词束数量表现为:公文中最多,小说中其次,学术写作和新闻中一样多。四类语体中都没有与第一、第二人称结合的四词话语组织词束。只有新闻和公文中有零句词束,且原始词束都为一个,新闻中四词零句词束为"人们 不禁 要 问",公文中四词零句词束为"现 转发 给 你们"。

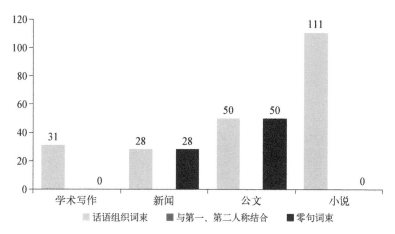

图 5.94　汉语书面语多种语体中四词话语组织词束频率

如图 5.94 所示,汉语学术写作、新闻、公文和小说中,四词话语组织词束频率表现为:小说中最频繁,公文中其次,学术写作再次,新闻中最不频繁。

汉语学术写作、新闻、公文和小说四种语体中,话语组织词束体现以下共性:与第一、第二人称相结合的话语组织词束以及零句词束都很少。

如前文所述,使用第一、第二人称有助于实现明确指代以及互动。汉语零句词束,主要发挥引起话题的作用,通常可以引起听话者的注意。汉语书面语中,这两类词束较少。因为书面写作不需要互动,符合汉语书面语语体客观陈述和表达的特点。

与学术写作、新闻和公文不同,小说中有人物对话。而且,小说人物对话模拟了自然会话的形式,需要体现会话中人物的交流方式和互动手段。因此,小说中出现了与第一、第二人称结合的话语组织词束。

5.3.3.2.3　汉语书面语多种语体中指称词束的比较分析

笔者对汉语学术写作、新闻、公文和小说中的指称词束进行了统计,主要涉及指称词束的总数量和总频率,与第一、第二人称结合的指称词束(如"我 一个 人")、与量词结合的指称词束(如"这 两 天")以及与"的"字结合的指称词束(如"研究 的 基础")的数量和频率。这些指称词束可以体现汉语语言特点和不同语体的特点。具体统计结果见图 5.95~图 5.98。

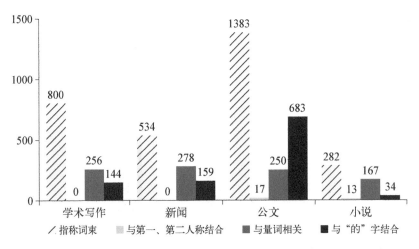

图 5.95 汉语书面语多种语体中三词指称词束数量

图 5.95 显示,汉语学术写作、新闻、公文和小说中,三词指称词束数量表现为:公文中最多,学术写作中其次,新闻中再次,小说中最少。公文中有一个原始三词指称词束与第一、第二人称结合,为"转发 给 你们"。小说有三个原始三词指称词束,为"对 我 说""跟 我 来"和"我 的 心"。学术写作和新闻没有此类词束。四类语体中都没有与语气词结合的三词指称词束。其中,与第一、第二人称结合的三词指称词束数量,分别占公文三词指称词束数量1%,占小说三词指称词束数量5%。

图 5.95 显示,汉语书面语四种语体中,与量词结合的三词指称词束数量表现为:新闻中最多,学术写作中其次,公文中再次,小说中最少。与"的"字结合的三词指称词束数量表现为:公文中最多,新闻中其次,学术写作中再次,小说中最少。各语体中与量词结合和与"的"字结合的三词指称词束数量总和,占学术写作三词指称词束数量50%,占新闻三词指称词束数量82%,占公文三词指称词束数量67%,占小说三词指称词束数量71%。

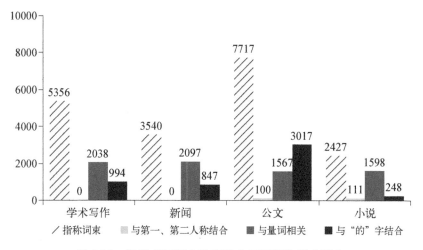

图 5.96　汉语书面语多种语体中三词指称词束频率

如图 5.96 所示,汉语学术写作、新闻、公文和小说中,三词指称词束频率表现为:公文中最频繁,学术写作中其次,新闻中再次,小说中最不频繁。其中,与第一、第二人称结合的三词指称词束频率,分别占公文三词指称词束频率 1%,占小说三词指称词束频率 5%。

图 5.96 显示,汉语书面语四种语体中,与量词结合的三词指称词束频率表现为:新闻中最频繁,学术写作中其次,小说中再次,公文中最不频繁。与"的"字结合的三词指称词束频率表现为:公文中最频繁,学术写作中其次,新闻中再次,小说中最不频繁。各语体中与量词结合和与"的"字结合的三词指称词束频率总和,占学术写作三词指称词束频率 57%,占新闻三词指称词束频率 83%,占公文三词指称词束频率 59%,占小说三词指称词束频率 76%。

图 5.97 显示,汉语学术写作、新闻、公文和小说中,四词指称词束数量表现为:公文中最多,学术写作中其次,小说中再次,新闻中最少。只有小说中有一个原始四词指称词束与第一、第二人称结合,为"我 一个 人"。学术写作、新闻和公文中都没有此类词束。四类书面语语体中都没有与语气词结合的四词指称词束。

其中,与第一、第二人称结合的四词指称词束数量占小说四词指称词束数量 8%。

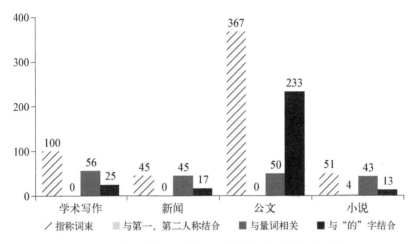

图 5.97　汉语书面语多种语体中四词指称词束数量

图 5.97 显示,汉语书面语四种语体中,与量词结合的四词指称词束数量表现为:学术写作中最多,公文中其次,新闻中再次,小说中最少。与"的"字结合的四词指称词束数量表现为:公文中最多,学术写作中其次,新闻中再次,小说中最少。各语体中与量词结合和与"的"字结合的四词指称词束数量总和,占学术写作四词指称词束数量81%,占公文四词指称词束数量77%,占小说四词指称词束数量84%,占新闻四词指称词束数量100%。

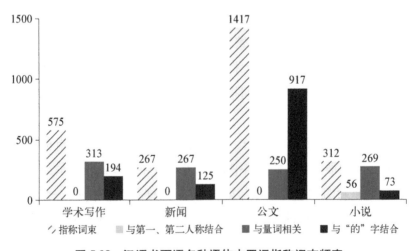

图 5.98　汉语书面语多种语体中四词指称词束频率

图 5.98 显示,汉语学术写作、新闻、公文和小说中,四词指称词束频率

表现为：公文中最频繁，学术写作中其次，小说中再次，新闻中最不频繁。其中，与第一、第二人称结合的四词指称词束频率占小说四词指称词束频率 18%。

图 5.98 显示，汉语书面语四种语体中，与量词结合的四词指称词束频率表现为：学术写作中最频繁，小说中其次，新闻中再次，公文中最不频繁。与"的"字结合的四词指称词束频率表现为：公文中最频繁，学术写作中其次，新闻中再次，小说中最不频繁。各语体中与量词结合和与"的"字结合的四词指称词束频率总和，占学术写作四词指称词束频率 88%，占公文四词指称词束频率 82%，占小说四词指称词束频率 86%，占新闻四词指称词束频率 100%。

汉语书面语四种语体中，指称词束体现出以下共性：① 与第一、第二人称相结合的指称词束所占比例不大；② 汉语书面语四种语体中，与量词和与"的"字结合的指称词束所占比例较大。

汉语注重主体思维，喜欢用"人称+动词"的结构，"人称+名词"的结构较少。据笔者观察，很多汉语指称词束由名词词束构成。因为"人称+名词"的结构不多，所以由人称构成的指称词束并不多。另外，与量词和与"的"字结合的指称词束较多，主要是由于汉语量词和"的"字的频繁使用。

汉语书面语四种语体中，指称词束差异主要体现为：小说有与第一、第二人称相结合的指称词束。因为小说中的人物对话模拟了自然会话的形式，需要体现会话中人物的交流方式和互动手段。因此，小说中出现了与第一、第二人称结合的指称词束。

5.3.3.2.4 汉语书面语多种语体中特殊会话功能词束的比较分析

笔者统计了汉语学术写作、新闻、公文和小说中，特殊会话功能词束的总数量和总频率，与第一、第二人称结合的特殊会话功能词束（如"你 说 什么"）和疑问词束（如"能 不 能"）的数量与频率。这些特殊会话功能词束可以体现汉语语言的特点和书面语语体的特点。

汉语学术写作和公文中，没有三词和四词特殊会话功能词束。只有新闻和小说有三词特殊会话词束，具体统计结果见图 5.99。汉语四类书面语语体中，只有小说有四词特殊会话功能词束，具体统计结果见图 5.100。

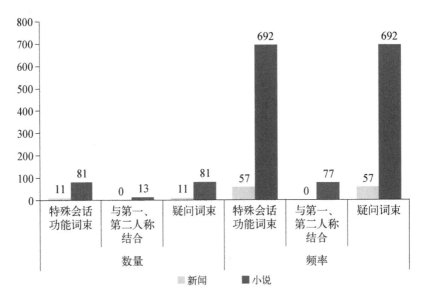

图 5.99　汉语书面语多种语体中三词特殊会话功能词束

如图 5.99 所示,只有新闻和小说有三词特殊会话功能词束。小说中三词特殊会话功能词束的数量和频率,比新闻中更多、更频繁。只有小说中有与第一、第二人称结合的三词特殊会话功能词束。无论是新闻还是小说,特殊会话词束均为疑问词束。

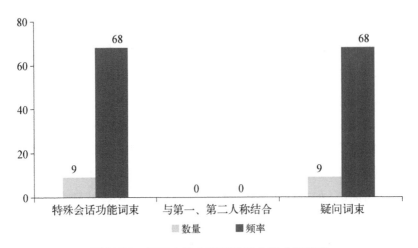

图 5.100　汉语小说中四词特殊会话功能词束

如图 5.100 所示,只有汉语小说语体中有四词词特殊会话功能词束。

小说中,四词特殊会话功能词束均为疑问词束。

汉语书面语四种语体中,特殊会话功能词束较少,这符合书面语客观陈述的特点。而且,小说中的特殊会话词束主要发挥询问功能。

Biber、Conrad、Cortes(2004)认为,询问词束主要可以起两方面的作用:吸引注意力以及从受话者处获得信息。汉语小说中特殊会话功能词束稍多,且都发挥询问作用,在构成成分上表现为,与第一、第二人称结合形成动词疑问词束。特殊会话功能词束有助于小说人物在对话中建立人际关系。

汉语中,由动词的肯定加上否定词,构成"V 不 V"的结构;与语气词结合进行提问;与疑问词结合进行提问,是汉语中的三种提问方式。本书新闻中,原始特殊会话功能词束有两个,为"能 不 能"和"会 不 会",出现于新闻报道语料中,但这两个词束并不是真正的提问,而是需要寻找答案的陈述性提问。

5.3.3.2.5　汉语书面语多种语体中多功能词束的比较分析

笔者对汉语学术写作、新闻、公文和小说中的多功能词束进行了统计,发现只有学术写作中有多功能词束。而且,学术写作中的原始多功能词束只有两个,为"这 是 因为"和"同时 也 是"。这两个多功能词束表现为,既可表情态,又可以发挥话语组织功能。其他语体中没有词束发挥多种功能。

5.3.4　汉语书面语多种语体中词束结构和功能关系的讨论

5.3.4.1　汉语书面语多种语体中词束的结构和功能的关系

通过统计发现,汉语书面语四种语体中,词束的结构和功能之间有着密切的联系。其中,学术写作中,三词和四词词束的结构和功能之间的关系详情参见本书图 5.13 和图 5.14,图文说明在 5.1.4.2 中,此处不再赘述。

汉语新闻、公文和小说中,词束结构和功能之间的关系在下面小节详细讨论。

5.3.4.1.1　汉语新闻中词束结构和功能的关系

汉语新闻中,词束结构和功能的关系,详情可参见图 5.101 和图 5.102。

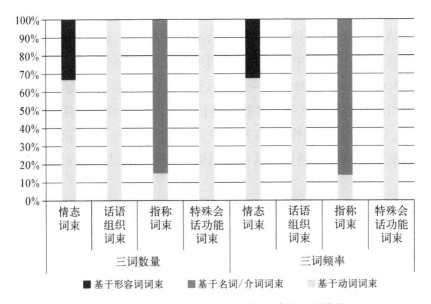

图 5.101　汉语新闻中三词词束结构和功能之间的关系

从图 5.101 可知,汉语新闻中,三词情态词束主要由基于动词词束构成,其次由基于形容词词束构成。其中,基于动词词束数量和频率均占约70%。三词话语组织词束全部由基于动词词束构成。三词指称词束主要由基于名词/介词词束构成,其次由基于动词词束构成。其中,基于名词/介词词束数量和频率均占85%左右,基于动词词束数量和频率均占约15%。三词特殊会话功能词束由基于动词词束构成。汉语新闻中没有三词多功能词束。

从图 5.102 可知,汉语新闻中,四词情态词束由基于动词词束构成。四词话语组织词束由从句类词束构成。四词指称词束主要由基于名词/介词词束构成,其次由基于动词词束构成。其中,基于名词/介词词束数量和频率均占约80%,基于动词词束数量和频率均占约20%。汉语新闻中没有四词特殊会话功能词束和多功能词束。

结合图 5.101 和图 5.102 来看,汉语新闻中,三词和四词词束结构和功能的关系可以总结如下:① 基于动词词束主要发挥表达情态功能;② 话语组织词束由基于动词词束和从句类词束构成;③ 基于名词/介词词束主要发挥指称功能;④ 有三词特殊会话功能词束;⑤ 没有多功能词束。

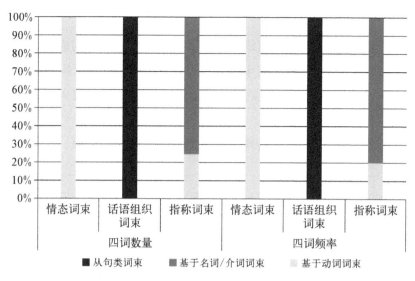

图 5.102　汉语新闻中四词词束结构和功能之间的关系

5.3.4.1.2　汉语公文中词束结构和功能的关系

汉语公文中,词束结构和功能之间的关系,详情可参见图 5.103 和图 5.104。

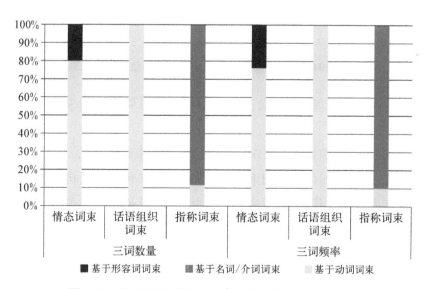

图 5.103　汉语公文中三词词束结构和功能之间的关系

从图 5.103 可知,汉语公文中,三词情态词束主要由基于动词词束构成,其次由基于形容词词束构成。其中,基于动词词束数量和频率均占 80%

左右。

汉语公文中,三词话语组织词束全部由基于动词词束构成。

汉语公文中,三词指称词束主要由基于名词/介词词束构成,其次由动词词束构成。其中,基于名词/介词词束数量和频率均占约90%,基于动词词束数量和频率均占约10%。

汉语公文中,没有三词特殊会话功能词束和多功能词束。

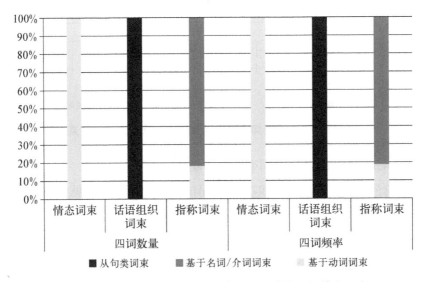

图5.104 汉语公文中四词词束结构和功能之间的关系

从图5.104可知,汉语公文中,四词情态词束全部由基于动词词束构成。

汉语公文中,四词话语组织词束由从句类词束构成。

汉语公文中,四词指称词束主要由基于名词/介词词束构成,其次由基于动词词束构成。其中,基于名词/介词词束数量和频率均占约80%,基于动词词束数量和频率均占约20%。

汉语公文中,没有四词特殊会话功能词束和多功能词束。

结合图5.103和图5.104来看,汉语公文中,三词和四词词束结构和功能之间的关系可以总结如下: ① 基于动词词束主要发挥情态功能;② 话语组织词束由基于动词词束和从句类词束构成;③ 基于名词/介词词束主要发挥指称功能;④ 没有特殊会话功能词束和多功能词束。

5.3.4.1.3　汉语小说中词束结构和功能的关系

汉语小说中,词束结构和功能之间的关系,详情可参见图 5.105 和图 5.106。

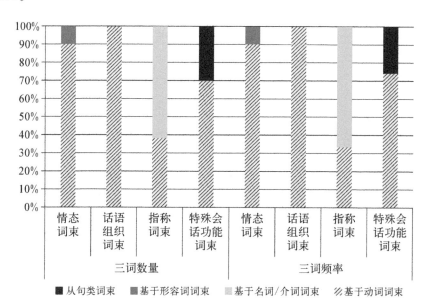

图 5.105　汉语小说中三词词束结构和功能之间的关系

从图 5.105 可知,汉语小说中,三词情态词束主要由基于动词词束构成,其次由基于形容词词束构成。其中,基于动词词束数量和频率均占 90% 左右。

汉语小说中,三词话语组织词束由基于动词词束构成。

汉语小说中,三词指称词束主要由基于名词/介词词束构成,其次由基于动词词束构成。其中,基于名词/介词词束数量和频率均占 60% 多,基于动词词束数量和频率均占约 40%。

汉语小说中,三词特殊会话功能词束主要由基于动词词束构成,其次由从句类词束构成。其中,基于动词词束数量和频率均占 70% 左右,从句类词束数量和频率均占约 30%。

汉语小说中,没有三词多功能词束。

从图 5.106 可知,汉语小说中,四词情态词束由基于动词词束构成。

汉语小说中,四词话语组织词束全部由基于动词词束构成。

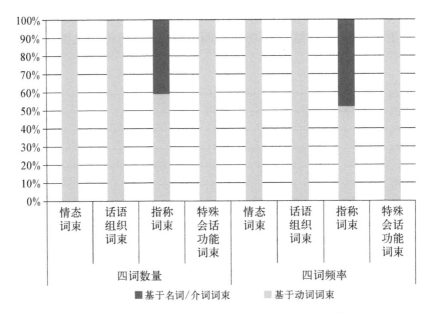

图 5.106　汉语小说中四词词束结构和功能之间的关系

汉语小说中,四词指称词束主要由基于动词词束和基于名词/介词词束构成。其中,基于动词词束数量和频率分别占约 60% 和 50%,基于名词/介词词束数量和频率分别占约 40% 和 50%。

汉语小说中,四词特殊会话功能词束全部由基于动词词束构成。

汉语小说中,没有四词多功能词束。

结合图 5.105 和图 5.106 来看,汉语小说中,三词和四词词束结构和功能之间的关系可以总结如下:① 基于动词词束可以发挥情态功能、话语组织功能、指称功能和特殊会话功能;② 基于名词/介词词束主要发挥指称功能;③ 形容词词束主要发挥情态功能;④ 从句类词束主要发挥特殊会话功能。

5.3.4.2　汉语书面语多种语体中词束的结构和功能关系的比较分析

综合上文的讨论,汉语学术写作、新闻、公文和小说中,词束结构和功能之间的关系可以总结为,汉语书面语四种语体中结构和功能之间的关系,既有相似,也有差异。其中,相似性主要表现在三个方面:① 情态词束主要由基于动词词束构成;② 指称词束主要由基于名词/介词词束构成;③ 形容词词束主要发挥情态功能。

差异性主要表现为以下两方面：① 只有新闻和小说中有特殊会话功能词束。新闻中特殊会话功能词束由基于动词词束构成，小说中特殊会话功能词束由基于动词词束和从句类词束构成。② 只有学术写作中有词束可以发挥多种功能。

5.3.5 汉语书面语多种语体中词束离散度分析

离散度（D 值）大小介于 0 至 1 之间。如果 D 值越靠近 1，说明某词分布越离散，分布于多类语料中。如果 D 值越靠近 0，说明某词分布不平衡，主要分布于某类语料中。Juilland 等人（1970）认为，若某词的 D 值大于等于 0.3，可认为该词分布较平衡，离散度较广。

笔者对汉语学术写作、新闻、公文和小说四种语体中，离散度（D 值）大于等于 0.3 的词束进行了统计，考察四种书面语语体中词束离散分布的情况。具体结果参看图 5.107 和图 5.108（其中横轴为词束数量，纵轴为 D 值）。

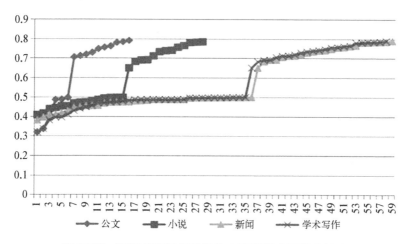

图 5.107 汉语书面语多种语体中三词词束离散度情况

图 5.107 显示，公文和小说中，D 值等于大于 0.3 的三词词束不多。相比而言，新闻和学术写作中，D 值等于大于 0.3 的三词词束较多。总体而言，四种语体中没有 D 值在 0.8 及以上的词束。

图 5.108 显示，公文中没有 D 值等于大于 0.3 的四词词束，小说、新闻和学术写作中，D 值等于大于 0.3 的四词词束不多。

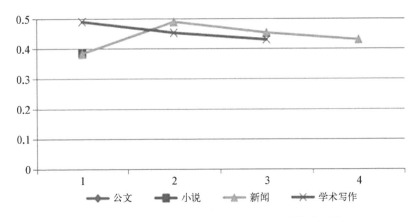

图 5.108　汉语书面语多种语体中四词词束离散度情况

结合图 5.107 和图 5.108 可发现,总体上,公文、小说、新闻和学术写作中,D 值等于大于 0.3 的词束不多。其中,公文和小说中,离散分布的词束很少,新闻和学术写作中,离散分布的词束相对较多。公文中离散分布的词束少,可能是因为公文有固定格式和内容,相关词束在其他语体中不常被采用,公文中集中使用的词束,并不广泛分布于其他语体。小说中离散分布的词束少,可能是因为小说由写作者精心创作而产生,为体现语言的丰富性和多样化,写作者尽可能不重复使用词汇,因而小说中的词束不会广泛出现于其他语体中。相比而言,新闻和学术写作的语料涉及面更广,包括政治、经济、文化、生活等多个方面,以及文、理、农、工、医等多个学科,所以这两种语体的词束分布相对离散,可能出现于其他语体中。

本节研究发现,汉语学术写作、新闻、公文和小说中,词束在数量、结构分类和功能分类方面既体现了相似,也反映了差异,体现了汉语语言的特点和不同语体的特点。

(1)汉语书面语四种语体中,公文中词束数量最多,出现频率最高,其次为学术写作,再次为小说,新闻中词束数量最少,出现最不频繁。这体现了书面语中不同语体的特点。学术写作和公文都为非常正式的书面语语体,有固定格式和"以事告人"的陈述方式,这使得词束容易重复出现。新闻具有时效性,语言简洁、不重复。小说写作带有写作者的个人偏好,在词汇和句法方面,写作者尽量采用不重复的语言。

(2)汉语学术写作、新闻、公文和小说中,词束结构分类体现了汉语语言特点和不同语体的特点。词束结构分类体现了词束在不同语体中的共性:① 与第一、第二人称相结合的词束以及疑问词束,在汉语学术写作、新闻、公文和小说中,所占比例较少;② 没有与语气词结合的词束;③ 基于形容词词束为描述性形容词;④ 从句类词束也较少。这符合汉语书面语客观陈述的语境和交际目的。小说中的词束,体现了该语体的特点。相比而言,小说中与第一和第二人称相结合的词束、疑问词束、从句类词束相对较多,因为小说中有模拟对话,需要体现互动。与量词结合以及与"的"字相结合的词束所占比例较大,体现汉语量词和"的"字的频繁使用,是汉语语言特点的表现。

（3）汉语学术写作、新闻、公文和小说中,词束功能分类体现了汉语语言特点和不同语体的特点。汉语学术写作、新闻、公文和小说中,与第一和第二人称结合、与语气词结合、与疑问词结合的词束所占比例较小。这体现了汉语书面语不互动的语境和交际目的。词束功能分类在以下两方面体现了汉语语言特点:① 大部分情态词束由动词"是"构成;② 很多指称词束由量词构成。汉语"是"可以用来表示判断和情态,汉语量词的使用具有强制性。词束功能分类体现了汉语书面语不同语体的共同交际目的和需求,主要表现在以下两方面:① 词束主要发挥指称功能;② 词束在构成成分方面有相似。汉语四种书面语语体中,与第一和第二人称结合、与语气词结合和与疑问词结合的词束较少,这符合书面语语体的不互动的语境和交际目的。

（4）汉语学术写作、新闻、公文和小说中,词束结构和功能的关系既有相似,也有差异。相似性主要表现在三方面:① 情态词束主要由基于动词词束构成;② 指称词束主要由基于名词/介词词束构成;③ 形容词词束主要发挥情态功能。差异性主要表现在两方面:① 只有新闻和小说中有特殊会话功能词束。新闻中特殊会话功能词束由基于动词词束构成,小说中特殊会话功能词束由基于动词词束和从句类词束构成。② 学术写作中有词束可以发挥多种功能。

（5）汉语学术写作、新闻、公文和小说中,词束的离散度有差异。公文和小说中,离散分布的词束少。新闻和学术写作中,离散分布的词束相对较多。

5.4 本章小结

本章 5.1 节主要比较了自然会话和学术写作两类语体中,词束在数量、结构分类、功能分类以及离散度等方面的情况,发现自然会话和学术写作中,词束在这些方面有很大差异,反映了汉语语言的特点和不同语体的特点。相关结果总结如表 5.12 所示。

表 5.12　汉语自然会话和学术写作中词束规律表

	自然会话和 学术写作语体	分布规律与 汉语特征的关系	分布规律与 语体特征的关系
词束数量 和频率分 布规律	词束数量和频率有差异,且自然会话中词束更多,出现更频繁。	与语气词相关的词束、零句词束以及形容词疑问词束,在汉语自然会话中所起的作用会引起差异。	差异体现了汉语自然会话的互动特征,需与语气词、疑问词等相结合以体现互动性。
词束结构 分类规律	1）基于动词词束占词束总量和总频率很大比例,约 50%。2）没有被动动词词束。3）带量词的名词词束较多。4）自然会话中,有可直接提问和表示否定的形容词词束,但学术写作中没有。5）自然会话中有较多的零句词束,学术写作中没有。6）自然会话中,有较多与第一和第二人称结合、与疑问词以及语气词结合的词束。而学术写作中,没有这些类别的词束。	1）汉语动词使用频繁。2）汉语动词不常采用被动语态,因为汉语动词的被动常与不幸等意思相关。3）汉语名词词束体现了汉语量词的丰富性。4）直接提问或表示否定的形容词词束,体现了汉语形容词有与动词相似用法的特点。	1）自然会话中,与第一、第二人称相结合的词束的频繁使用,体现了自然会话的互动语境和交际目的。2）零句词束体现了汉语口语中,流水句较多,不太需要连接词的特点。
词束功能 分类规律	1）大部分情态词束由动词“是”构成。2）大量指称词束由量词构成。3）词束发挥的主要功能有差异。汉语自	1）汉语“是”可以用来表示判断和情态。2）汉语量词比较丰富,而且使用具有强制性。	1）自然会话中,情态词束更多,符合交流中互动和表达情态的特点。2）自然会话中,与第一和第二人

	自然会话和 学术写作语体	分布规律与 汉语特征的关系	分布规律与 语体特征的关系
词束功能 分类规律	然会话中,情态词束更多。相比而言,学术写作中,指称词束更多。 4) 词束在构成成分方面有不同。汉语自然会话中,有较多与第一和第二人称结合、与语气词结合、与疑问词结合的词束。而学术写作中,没有这些类别的词束。		称结合、与语气词结合、与疑问词结合的词束,可以体现自然会话互动的交际目的和需求。
结构与功能之间的关系规律	1) 情态词束主要由基于动词词束构成。2) 指称词束主要由基于名词/介词词束构成。3) 学术写作中,形容词词束只发挥情态功能。而自然会话中,形容词词束除了发挥情态功能外,还可以发挥特殊会话功能。4) 学术写作中,原始从句类词束只有一个,既发挥情态功能,也发挥话语组织功能。然而,自然会话中,从句类词束既发挥话语组织功能,也发挥特殊会话功能。5) 学术写作中,没有词束发挥特殊会话功能。	1) 汉语动词使用频繁; 2) 汉语有丰富的量词。	1) 汉语形容词可以直接提问或表示否定,发挥特殊会话功能,与自然会话的互动特征密切相关,描述性形容词发挥情态功能,符合学术写作的陈述特点。2) 描述性从句类词束发挥情态功能和话语组织功能,符合学术写作的陈述特点,疑问性从句类词束发挥特殊会话功能,与自然会话的互动特征相关。
离散度规律	1) 自然会话中,离散分布的词束更多,离散度广,且自然会话中 D 值高的词束更多。2) 学术写作中,离散分布的词束不多。		1) 自然会话内容涉及广泛,话题多样,相关词束也出现于其他语体中,分布比较均衡,离散度广。2) 学术写作有固定的格式和内容,比较局限,多为与其内容密切相关的词束,并不广泛分布于其他语体。

本章 5.2 节主要比较了 LLSCC 语料库的自然会话、剧本、专题话题和口头叙述四种语体中，词束在数量和频率、结构分类、功能分类以及离散度等方面的情况，发现了汉语口语四种语体中，词束在这些方面既有相似性，也有差异，可以体现汉语语言特点和不同语体的特点，如表 5.13 所示。

表 5.13　汉语自然会话、剧本、专题话题和口头叙述中词束规律表

	自然会话、剧本、专题话题和口头叙述	分布规律与汉语特征的关系	分布规律与语体特征的关系
词束数量和频率分布规律	自然会话、剧本、专题话题和口头叙述中，词束数量和频率表现不一。专题话题中词束最多，出现最频繁。口头叙述中词束最少，出现最不频繁。剧本中词束数量较多，频率不高。自然会话中词束数量不多，但频率较高。		1）专题话题兼具口语和书面语特征，既有互动，也有事先准备的内容，所以词束出现最多、最频繁。2）口头叙述由单人独自叙述，没有互动，所以词束最少，频率最低。3）剧本是完全准备好的模拟对话，尽量采用不重复的语言，希望语言呈现多样性，所以词束数量较多，频率并不高。4）自然会话具有限制性和重复性的词汇，所以词束数量不多，但频率较高。
词束结构分类规律	1）与第一和第二人称相结合的词束、疑问词束以及与语气词相结合的词束，都占相当一部分比例。2）和敬称"您"相结合的词束，只出现于剧本和专题话题两类语体中。3）大量且频繁地使用基于动词词束。4）有较多与量词结合的基于名词/介词词束。5）零句词束不太使用显性连接词。6）介词词束主要由"给""跟"等介词与动词结合构成，形成连谓结构。	1）汉语动词使用频繁。2）与量词结合的基于名词/介词词束体现了量词的丰富性。3）零句不太使用显性连接词。4）介词词束主要由"给""跟"等介词与动词结合构成，形成连谓结构，体现了汉语介词由动词演变而来的特点。	1）与第一、第二人称结合的词束的频繁使用，体现了口语中共享的语境及其交际目的。2）和敬称"您"相结合的词束，只出现于剧本和专题话题两类语体中，符合礼貌原则，有利于塑造人物形象。

	自然会话、剧本、专题话题和口头叙述	分布规律与汉语特征的关系	分布规律与语体特征的关系
词束功能分类规律	1）大部分情态词束由动词"是"构成。2）大量指称词束由量词构成。3）发挥情态功能的词束较多。4）词束在构成成分方面有相似，有较多与第一和第二人称结合、与语气词结合、与疑问词结合的词束。	1）汉语"是"可以用来表示判断和情态。2）汉语量词比较丰富，且使用具有强制性。	1）汉语口语中，情态词束更多，符合口语表情态的特点。2）与第一和第二人称结合、与语气词结合、与疑问词结合的词束，体现口语互动的交际目的和需求。
结构与功能之间的关系规律	1）情态词束主要由基于动词词束构成。2）指称词束主要由基于名词/介词词束构成。3）形容词发挥的功能不同。自然会话和剧本中的形容词除发挥情态功能外，少部分可以发挥特殊会话功能。口头叙述和专题话题中，形容词词束只发挥情态功能。	1）汉语动词使用频繁。2）汉语有丰富的量词。	1）剧本中有模拟对话，与自然会话相似，疑问形容词词束发挥特殊会话的提问互动功能。2）口头叙述和专题话题中，描述性话语更多，描述性形容词表达情态。
离散度规律	1）自然会话、专题话题、口头叙述中，离散分布的词束较多，离散度较广。2）剧本中离散分布的词束不多。		1）剧本是完全准备好的话语，写作者在创作剧本时，尽可能不重复语言，以体现语言的丰富性和多样化。剧本中的词束，在其他语体中并不频繁出现，离散度不广。2）自然会话、专题话题以及口头叙述中，有即时话语，在没有准备的情况下，会话者倾向于重复使用词束，以便会话顺利进行。自然会话、专题话题以及口头叙述中，相同的词束可能分布于多种语体，离散度较广。

本章 5.3 节主要比较了 LCMC 语料库的学术写作、新闻、公文和小说四种语体中，词束在数量和频率、结构分类，功能分类以及离散度等方面的情况，发现汉语书面语四种语体中，词束在这些方面既有相似性，也有差异，体现了汉语语言的特点和不同语体的特点，如表 5.14 所示。

表 5.14　汉语学术写作、新闻、公文和小说中词束规律表

	学术写作、新闻、公文和小说	分布规律与汉语特征的关系	分布规律与语体特征的关系
词束数量和频率分布规律	公文中词束数量和频率最多，出现最频繁，其次为学术写作，再次为小说，新闻中词束数量最少、频率最低。		学术写作和公文都为非常正式的书面语体，有固定格式和"以事告人"的陈述方式，使得词束容易重复出现。新闻具有时效性，语言简洁。小说写作带有写作者的个人偏好，在词汇和句法方面，写作者尽量采用不重复的语言。
词束结构分类规律	1）与第一、第二人称相结合的词束以及疑问词束，在汉语学术写作、新闻、公文和小说中所占比例较小。2）没有与语气词结合的词束。3）基于形容词词束为描述性形容词词束。4）从句类词束也较少。5）小说中与第一和第二人称相结合词束、疑问词束、从句类词束相对较多。6）与量词结合以及与"的"字相结合的词束所占比例较大。	与量词结合的基于名词/介词词束体现了量词的丰富性。	与第一、第二人称结合的词束较少；没有与语气词结合的词束；有描述性形容词词束等特征体现了书面语客观陈述的语境和交际目的。
词束功能分类规律	1）大部分情态词束由动词"是"构成。2）很多指称词束由量词构成。3）发挥指称功能的词束较多。4）词束在构成成分方面有相似，与第一和第二人称结合、与语气词结合、与疑问词结合	1）汉语"是"可以用来表示判断和情态。2）汉语量词比较丰富，而且使用具有强制性。	1）汉语书面语中，指称词束更多，符合书面语语体的特点。2）与第一和第二人称结合、与语气词结合、与疑问词结合的词束较少，可以体现书面语客观陈述的交

	学术写作、新闻、公文和小说	分布规律与汉语特征的关系	分布规律与语体特征的关系
词束功能分类规律	的词束较少。5）只有新闻和小说中有特殊会话功能词束。6）只有学术写作中有词束可以发挥多种功能。		际目的和需求。3）特殊会话功能词束一般用于询问，表示礼貌。小说中有模拟自然会话的场景，这些场景具有口头表达的特点，可以体现自然会话中的询问或礼貌。
结构与功能之间的关系规律	1）情态词束主要由基于动词词束构成。2）指称词束主要由基于名词/介词词束构成。3）形容词词束主要发挥情态功能。	1）汉语动词使用频繁。2）汉语有丰富的量词。	书面语中，多为描述性形容词，与书面语的陈述特点相关。
离散度规律	1）公文、小说、新闻和学术写作中，D 值等于大于 0.3 的词束不多。2）公文和小说中，分布均衡的词束较少，新闻和学术写作中，分布均衡的词束相对较多。		1）公文中有固定格式和内容，相关词束在其他语体中不常被采用。小说由写作者精心创作而产生，为体现语言的丰富性和多样化，写作者尽可能不重复词汇，因而小说中的词束，不会广泛出现于其他语体中。2）新闻和学术写作的语料涉及面更广，包括政治、经济、文化、生活等多个方面，以及文、理、农、工、医等多个学科，这两种语体的词束分布更加均衡，会出现于多种语体中。

本章通过比较和分析汉语口语和书面语的多种语体中，词束在数量和频率、结构分类、功能分类、结构和功能的关系以及离散度等方面的情况，总结了汉语词束在实际使用中的总体而全面的特征和使用规律。

第 6 章

结　语

本章为结语，内容包括本书主要发现、创新之处、研究不足，以及后续研究可发展的方向。首先，主要发现这一小节分别总结了定性探讨和实证研究的结果。其中，定性探讨的发现包括汉语词束在界定、识别、结构分类和功能分类等方面的特点，实证研究的发现主要包括汉语词束在口语和书面语多种语体中所呈现的不同特征和规律。接着，本章分别总结了本书在理论方面、实证方面和方法方面的创新之处。然后，本章客观陈述了本书在语料选取的静态性、口语语料的非细致性以及书面语语料讨论的局限性三个方面的不足。最后，本章对今后相关研究提出了三个方面的展望。

6.1　主要发现

本书主要开展了汉语词束的定性探讨和实证研究。

在定性探讨方面，本书对汉语词束进行了界定，系统地总结了汉语词束的识别条件，对汉语词束进行结构分类和功能分类，并构建了汉语词束表。

汉语词束在界定和识别方面，遵循"初步界定—识别—完善界定"的步骤，既把汉语词束初步界定中外在、结构、意义以及频率等方面的特征融入识别条件，体现界定对识别的指导，又把识别条件中更具体的频率、结构、意义、语感以及 MI 值等因素，融入汉语词束的界定中，完善汉语词束的初步界定，体现识别对界定的帮助，实现汉语词束界定和识别的互补论证。在界定和识别过程中，笔者发现了汉语词束不体现屈折形态变化的独特特点，区分了汉语词束有别于汉语短语的不同点：频繁出现于多个文本中，并在语境中发挥一定的功能。

在总结汉语词束表时,笔者结合词束的频率、覆盖率以及离散度(D值)等指标,归纳出可优先教授和学习的汉语词束,可用于对外汉语词汇教学。

汉语词束的结构分类方面,笔者依据词束主要构成成分词的词性,对可深入讨论的汉语词束进行分类,把汉语词束分为基于动词词束、基于名词/介词词束、基于形容词词束和从句类词束。

汉语词束的功能分类方面,笔者根据词束主要构成成分词在交流中发挥的功能,对可深入讨论的汉语词束进行分类,把汉语词束分为情态词束、话语组织词束、指称词束、特殊会话功能词束和多功能词束。

汉语词束的界定和识别,可明确本书的研究对象、范围和重点。汉语词束的结构分类和功能分类,有助于发现词束在结构和功能方面的特点。这些为本书研究汉语词束在多种语体中,在数量、结构、功能以及离散度等方面的情况做好铺垫。

在汉语词束的实证调查方面,笔者发现了汉语词束在口语和书面语多种语体中所呈现的分布特点,总结了汉语词束的规律性特征。本书主要发现可以总结为以下方面内容:

(1)在词束的数量和频率方面,汉语自然会话、剧本、专题话题和口头叙述四种口语语体中,比学术写作、新闻、公文和小说四种书面语语体中,词束数量更多,出现频率更高。这与汉语语言特点以及语体的语境和交际目的相关,如汉语多语气词,无连接词的零句,形容词与动词作用相似等。

语气词是汉语中特有的词类,而且语气词在口语中起情态作用,符合口头交流的互动目的和需求,而书面语体中很少出现语气词。

零句词束在汉语口语中比较常见,口语中有上下文,汉语句子的逻辑关系隐藏其中,不需要连接词表示明显的逻辑关系,只要听者能听懂即可。

汉语口语中,一些汉语形容词可以直接进行提问和表示否定(如"对 不对 啊")。这一用法和汉语的动词用法相似,体现了汉语形容词的特点,在口语中起到了互动的作用。书面语中没有此类形容词词束,书面语中的形容词词束多表现为描述性形容词词束(如"很 高 的")。

(2)在词束结构方面,汉语自然会话、剧本、专题话题和口头叙述四种口语语体,与学术写作、新闻、公文和小说四种书面语语体中的词束结构,体现了汉语语言特点和不同语体的交际目的和需求。

不同语体中,词束结构在以下三方面有相似,反映了汉语语言特点:① 动词词束占所有词束比例较大。如自然会话中,动词词束占词束总量约50%,学术写作中,动词词束占词束总量约46%。这与汉语动词使用的频繁性密切相关。② 动词词束全为主动动词词束,没有被动动词词束。汉语动词不常采用被动语态,因为汉语的被动常与不幸的意思相关(如"被罢免")。③ 带量词的名词词束占名词/介词词束(如"三 个 人")比例较大,体现了汉语量词的丰富性和使用的频繁性。如自然会话中,与量词结合的名词词束占名词词束总量的60%。

不同语体中,词束结构在以下三方面有差异,反映了不同语体的交际目的和需求:① 汉语口语中,有可直接提问和表示否定的形容词词束,体现了汉语形容词有与动词相似用法的特点,如"美 不 美",有助于口语中进行话轮转换。书面语中形容词词束为描述性形容词词束,如"很 高 的",用于书面语中描述事物特征。② 汉语口语中,零句类词束(如"我 跟 你 说")较多,体现了汉语流水句较多,不需连接词的特点。因为汉语口语中有共享语境,汉语重意义而非形式,听者不需显性连接词也能明白其中的逻辑。③ 汉语口语中,有较多与第一、第二人称相结合的词束,而这类词束在书面语中较少。这体现了口语中经常用指称进行明确指代和话轮转换。总体上,以上三类词束在书面语中较少,符合书面语语体话语正式和非互动的特点。

(3) 在词束功能方面,汉语自然会话、剧本、专题话题和口头叙述四种口语语体,与学术写作、新闻、公文和小说四种书面语语体中的词束功能,体现了汉语语言特点和不同语体的交际目的和需求。

不同语体中,词束功能在以下两方面有相似,反映了汉语语言特点:① 大部分情态词束由动词"是"构成,因为汉语"是"可以用来表示判断和情态;② 很多指称词束由量词构成,因为汉语量词比较丰富,而且使用具有强制性。

不同语体中,词束功能在以下两方面有差异,体现了不同语体的交际目的和需求:① 词束发挥的功能有差异。汉语自然会话、剧本、专题话题和口头叙述四种口语语体中,有较多词束表达态度、立场和情态(如"我 不 知道")。与此不同的是,学术写作、新闻、公文和小说四种书面语语体中,有较多词束发挥指称功能,对事物进行描述(如"有 一 种")。② 词束在构成成分方面有不同。汉语自然会话、剧本、专题话题和口头叙述四种口语语体中,有较多与第一和第二人称结合、与语气词结合和与疑问词结合的词束(如"挺 好 的 吧")。而学术写作、新闻、公文和小说等书面语语体中,这几类词束并不多。因为这几类词束可以实现汉语口语中互动的语境和交际目的,但是不符合书面语非互动和客观陈述的要求。

(4)在词束结构和功能之间的关系方面,汉语自然会话、剧本、专题话题和口头叙述四种口语语体,与学术写作、新闻、公文和小说四种书面语语体,体现了汉语语言特点和不同语体的交际目的和需求。

不同语体中,词束结构和功能之间关系在以下两方面有相似,反映了汉语语言的特点:① 情态词束主要由基于动词词束构成(如"这 是 一 种");② 指称词束主要由基于名词/介词词束构成(如"这 一 次")。

不同语体中,词束结构和功能之间关系在以下三方面有差异,体现了不同语体的交际目的和需求:① 学术写作、新闻、公文和小说四种书面语语体中,形容词词束只发挥情态功能(如"很 高 的"),而自然会话、剧本、专题话题和口头叙述四种口语语体中,形容词词束除了发挥情态功能外,还可以发挥特殊会话功能(如"对 不 对 啊")。② 书面语多种语体中,从句类词束既发挥情态功能,也发挥话语组织功能(如"这 是 因为")。而口语多种语体中,从句类词束既发挥话语组织功能,也发挥特殊会话功能(如"我 问 你啊")。③ 学术写作、新闻、公文和小说四种书面语语体中,很少有词束发挥特殊会话功能。而自然会话、剧本、专题话题和口头叙述四种口语语体中,基于动词词束、从句类词束都可以发挥特殊会话功能。

(5)在词束的离散度方面,汉语自然会话、剧本、专题话题和口头叙述四种口语语体,与学术写作、新闻、公文和小说四种书面语语体,体现了不同语体的交际目的和需求。

不同语体中,汉语词束的离散度有差异,体现了不同语体的交际目的和需求:① 离散分布的词束数量有差异。自然会话、剧本、专题话题和口头叙述四种语体中,离散分布的词束更多,而学术写作、新闻、公文和小说四种语体中,离散分布的词束较少。② 离散度值有差异。自然会话、剧本、专题话题和口头叙述四种语体中,离散度值高的词束更多,而学术写作、新闻、公文和小说中,离散度值高的词束较少。这两点差异,与口语和书面语的语体特点密切相关。通常口语交流中,内容涉及广泛,话题多样,所以相关词束也会离散分布于其他语体中,分布比较均衡,离散度广。而书面语写作中,不同语体的格式和内容有很大差异,其中多为与其内容密切相关的词束,并不广泛分布于其他语体。

6.2　创新之处

本书在以下三个方面体现了创新。

首先,理论方面的创新。本书对汉语词束在界定、识别和分类等方面进行了详细探讨,为汉语词束提供了全面的定性特征。同时,汉语词束的界定、识别和分类体现了汉语的特点,对汉语词束的界定和识别也体现了互补论证过程。这些讨论弥补了前人相关研究的不足,也为本书汉语词束的实证调查明确范围和内容,提供了铺垫和依据。

其次,实证方面的创新。笔者通过对比,分析了汉语口语和书面语多种语体中词束的实际使用情况,发现和概括了汉语词束在实际使用中所体现的汉语语言特征和不同语体的特征。

本书根据频率、覆盖率和离散度等指标,最后保留的汉语词束表,可用于对外汉语的词汇教学,成为优先教授的词束。外国汉语学习者可直接学习汉语词束表,以提高汉语水平,提高对外汉语教学的效果。

最后,方法方面的创新。在定性讨论部分,汉语词束的界定和识别体现了互补论证。在定量分析方面,本书采用了离散度(D 值)这一指标,深入分析汉语口语和书面语多种语体中词束的离散分布情况。相关归纳可促进采用语料库方法的汉语词束实证性研究的发展,进一步完善词束研究体系。

6.3　不足之处

本书在以下三个方面有不足之处:

第一,本书研究结果受所选语料的限制。本书采用的 LLSCC 和 LCMC 两个语料库,于 21 世纪初创建而成,后来没有增加新语料。

第二,口语语料讨论有局限性。因为本书采用的汉语口语语料为文本语料,语料中没有对停顿、表情或语调等方面的特征给予特别批注,所以无法全面呈现口语所体现的其他特征,也不利于在语用或多模态等方面进行口语研究。

第三,本书书面语语料的选取有局限性。本书对 LCMC 大部分语料进行了讨论,但由于篇幅所限,非小说类语体中的语料,笔者只选取了公文语料加以调查,没有对宗教文本、操作语体、流行读物、传记和散文等语料进行讨论。

6.4　后续研究展望

今后相关研究可在以下三方面进行拓展:第一,可以进行英汉词束的对比研究。因为英语和汉语语言特点不同,研究者可以通过选用英语、汉语可比性强的语料库,进行英汉词束比较研究,深入挖掘其中的异同。第二,可以选用年代相距较远的汉语语料库,进行汉语词束的历时讨论。第三,可以对跨越逗号的词束进行讨论。因为如果只是跨越逗号,说明该词束并没有超过句子层面,相关研究或许可以发现跨越逗号的词束所体现的一些特征。

参考文献

[1] Adel, A. & Erman, B. (2012) Recurrent word combinations in academic writing by native and non-native speakers of English: a lexical bundles approach[J]. *English for Specific Purposes* 31: 81 – 92.

[2] Allan, R. (2016) Lexical bundles in graded readers: To what extent does language restriction affect lexical patterning? [J] *System* 59: 61 – 72.

[3] Allen, D. (2011) Lexical bundles in learner writing: An analysis of formulaic language in the ALESS Learner Corpus [J]. *Komaba Journal of English Education* 1: 105 – 127.

[4] Baker, M. (2004) A Corpus-based View of Similarity and Difference in Translation[J]. *International Journal of Corpus Linguistics* 9(2): 167 – 193.

[5] Biber, D. (2006) *University Language: A Corpus-based Study of Spoken and Written Registers*[M]. Amsterdam/Philadelphia: John Benjamins.

[6] Biber, D. (2008) Corpus-based analyses of discourse: dimensions of variation in conversation, in V. Bhatia, J. Flowerdew, and Jones, R. (eds.), *Advances in Discourse Studies*, 100 – 114. London: Routledge.

[7] Biber, D. (2009) A corpus-driven approach to formulaic language in English [J]. *International Journal of Corpus Linguistics* 14(3): 275 – 311.

[8] Biber, D. & Barbieri, F. (2007) Lexical bundles in university spoken and written registers[J]. *Englishfor Specific Purposes* 26: 263 – 286.

[9] Biber, D. & Conrad, S. (2009) *Register, Genre, and Style*[M]. New York: Cambridge University Press.

[10] Biber, D., Conrad, S. & Cortes, V. (2004) If you look at …: Lexical bundles in university teaching and textbooks[J]. *Applied Linguistics* 25: 371 – 405.

[11] Biber, D., Johansson, S., Leech, G., Conrad, S. & Finegan, E. (1999)

Longman Grammar of Spoken and Written English [M]. London: Longman.

[12] Biber, D. & Gray, B. (2011) Grammatical change in the noun phrase: the influence of written language use [J]. *English Language and Linguistics* 15(2): 223 – 250.

[13] Biber, D., Kim, Y. J. & Tracy-Ventura, N. (2010) A corpus-driven approach to comparative phraseology: Lexical bundles in English, Spanish, and Korean [J]. *Japanese/Korean Linguistics* 17: 75 – 94.

[14] Butler, C. S. (1998) Collocational frameworks in Spanish [J]. *International Journal of Corpus Linguistics* 3: 1 – 32.

[15] Chao, Y. (1968) *A Grammar of Spoken Chinese* [M]. Berkeley: University of California Press.

[16] Chen, Y. H. & Baker, P. (2010) Lexical bundles in L1 and L2 academic writing [J]. *Language Learning & Technology* 14: 30 – 49.

[17] Church, K. & Hanks, P. (1990) Word association norms, mutual information and lexicography [J]. *Computational Linguistics* 16: 22 – 29.

[18] Conklin, K. & Schmitt, N. (2008) Formulaic sequences: Are they processed more quickly than nonformulaic language by native and nonnative speakers? [J]. *Applied Linguistics* 29(1): 72 – 89.

[19] Cortes, V. (2004) Lexical bundles in published and student disciplinary writing: Examples from history and biology [J]. *English for Specific Purposes* 23: 397 – 423.

[20] Cortes, V. (2006) Teaching lexical bundles in the disciplines: An example from a writing intensive history class [J]. *Linguistics and Education* 17 (4): 391 – 406.

[21] Cortes, V. (2008) A comparative analysis of lexical bundles in academic history writing in English and Spanish. *Corpora* 3(1): 43 – 57.

[22] Cortes, V. (2013) The purpose of this study is to: Connecting lexical bundles and moves in research article introductions [J]. *Journal of English for Academic Purposes* 12(1): 33 – 43.

[23] Crossley, S. A. & Salsbury, T. (2011) The development of lexical bundle accuracy and prod uction in English second language speakers [J]. *International*

Review of Applied Linguistics in Teaching 49: 1 – 26.

[24] Csomay, E. (2013) Lexical Bundles in Discourse Structure: A Corpus-Based Study of Classroom Discourse[J]. *Applied Linguistics* 34(3): 369 – 388.

[25] Culpeper, J. (1998) (Im)politeness in drama. In Culpeper, J., Short, M. & Verdonk, P. (eds.). 83 – 95. *Studying drama: From text to context*. London: Routledge.

[26] Erman, B. & Warren, B. (2000) The Idiom Principle and the Open Choice Principle[J]. *Text* 20(1): 29 – 62.

[27] Firth, J. R. (1951) Modes of meaning[J]. *Linguistics*. 118 – 149.

[28] Grabowsiki, L. (2015) Keywords and lexical bundles within English pharmaceutical discourse: A corpus-driven description[J]. *English for Specific Purposes* 38: 23 – 33.

[29] Granger, S & Paquot, M. (2008) Disentangling the phraseological web[J]. *Phraseology: An Interdisciplinary Perspective*, Sylviane, G & Meunier, F(eds). 28 – 49.

[30] Granger, S & Paquot, M. (2009) Lexical verbs in academic discourse: A corpus-driven study of expert and learner use[J]. *Academic Writing: At the Interface of Corpus and Discourse*, Maggie, C., Diane, P & Huston, S(eds), 193 – 214.

[31] Gray, B. & Biber, D. (2013) Lexical Frames in Academic Prose and Conversation[J]. *International Journal of Corpus Linguistics* 18(1): 109 – 135.

[32] Halliday, M. A. K., Mcintosh, A. & Strevens, P. (1964) *The Linguistic Sciences and Language Teaching*[M]. London: Longman.

[33] Halliday, M. A. K. (2008) *Complemetarities in Languages*[M]. Beijing: The Commercial Press.

[34] Herbel-Eisenmann, B & Wagner, D. (2010) Appraising lexical bundles in mathematics classroom discourse: obligation and choice[J]. *Education Study Mathematics* 75: 43 – 63.

[35] Hoey, M. (1991) *Patterns of lexis in text*[M]. Oxford: Oxford University Press.

[36] Hoey, M. (2005) *Lexical priming: A new theory of words and language*[M]. London: Routledge.

［37］Hunston, S. (2002) *Corpora in Applied Linguistics* [M]. Cambridge: Cambridge University Press.

［38］Hyland, K. (2000) *Disciplinary Discourses* [M]. Harlow: Pearson Education.

［39］Hyland, K. (2008a) Academic clusters: Text patterning in published and postgraduate writing [J]. *International Journal of Applied Linguistics* 18(1): 41-62.

［40］Hyland, K. (2008b) As can be seen: Lexical bundles and disciplinary variation [J]. *English for Specific Purposes* 27(1): 4-21.

［41］Hyland, K. (2012) Bundles in academic discourse [J]. *Annual Review of Applied Linguistics* 32: 150-169.

［42］Jespersen, O. (1917) *Negation in English and other Language* [M]. Copenhagen: A. F. Host.

［43］Jespersen, O. (1924/1976) *The Philosophy of Grammar* [M]. London: George, Allen & Unwin Ltd..

［44］Juilland, A. G., Brodin, D. R. & Davidovitch, C. (1970). *Frequency dictionary of French words* [M]. The Hague: Mouton de Gruyter.

［45］Karabacak, E. & Qin, J. J. (2013) Comparison of lexical bundles used by Turkish, Chinese, and American university students [J]. *Procedia-Social and Behavioral Sciences* 70: 622-628.

［46］Keenan, E. (1977) Why look at unplanned and planned discourse? [J]. In Keenan, E. and Bennett, T. (eds) *Discourse across Time and Space*. Southern California Occasional Papers in Linguistics No. 5, U.S.C.

［47］Kim, Y. J. (2007) Korean Lexical Bundles in Conversations and Academic Texts [D]. Northern Arizona University.

［48］Kim, Y. J. (2009) Korean lexical bundles in conversation and academic texts [J]. *Corpora* 4(2): 135-165.

［49］Krashen, S. & Scarcella, R. (1978) On routines and patterns in language acquisition and performance [J]. *Language Learning* 28(2): 283-300.

［50］Labov, W. & Waletzky, J. (1967) Narrative analysis: Oral versions of personal experience [J]. In: Holm, J. (ed.) *Essays on the Verbal and Visual Arts*. 12-44. Seattle: University of Washington Press.

[51] Laufer, B. & Waldman, T. (2011) Verb-noun collocations in second language writing: A corpus analysis of learners' English[J]. *Language Learning* 61: 647 – 672.

[52] Lee, C. (2013) Using Lexical Bundle Analysis as Discovery Tool for Corpus-based Translation Research[J]. *Perspectives: Studies in Translatology* 21(3): 378 – 395.

[53] Leech, G. (2000) Grammars of Spoken English: New Outcomes of Corpus-Oriented Research[J]. *Language Learning* 50(4).

[54] Li, J. & Schmitt, N. (2009) The acquisition of lexical phrases in academic writing: A longitudinal case study[J]. *Journal of Second Language Writing* 18: 85 – 102.

[55] Li, N. & Thompson, A. (1981) *Mandarin Chinese: A Functional Reference Grammar*[M]. Berkeley: University of California Press.

[56] Luzón Marco, M. J. (2001) Proceduaral vocabulary: Lexical signalling of conceptual relations in discourse[J]. *Applied Linguistics* 20: 1 – 21.

[57] Martinez, R. & Schmitt, N. (2012) A phrasal expressions list[J]. *Applied Linguistics* 33(3): 299 – 320.

[58] Millar, N. (2011) The processing of malformed formulaic languaguage[J]. *Applied Linguistics* 32(2): 129 – 148.

[59] Miguel, A., Olliva, A. & Serrano, O. M. (2013) *Style in Syntax: Investigating Variation in Spanish Pronoun Subjects*[M]. Peter Lang: Bern.

[60] Nam, D. (2016) *Lexical Bundle Structures in Argumentative Writing of Korean and Japanese Learners of English*[J]. DOI: http://dx.doi.org/10.16933/sfle. 2016.30.3.1.

[61] Nekrasova, M. T. (2009) English L1 and L2 speakers' knowledge of lexical bundles[J]. *Language Learning* 59: 647 – 686.

[62] Nattinger, J. R. & DeCarrico, J. S. (1992) *Lexical Phrases and Language Teaching*[M]. Oxford: Oxford University Press.

[63] Nesi, H. & Basturkmen, H. (2006) Lexical bundles and discourse signalling in academic lectures [J]. *International Journal of Corpus Linguistics* 11(3): 283 – 304.

[64] Nesselhauf, N. (2005) Collocations in a Learner Corpus[J]. *Studies in Corpus Linguistics* 29(1): 136 – 137.

[65] Niu, G. L. (2015) *A Corpus-Based Analysis of Lexical Bundles in English Introductions of Chinese and International Students' Theses*[J]. DOI: 10.1007/978-3-319-27194-1_49.

[66] Ohlrogge, A. (2009) Formulaic expressions in intermediate EFL writing assessment [J]. In *Formulaic Language* (Vol. 2): *Acquisition, Loss, Psychological Reality, and Functional Explanations* [Typological Studies in Language 83], Roberta C., Edith, A., Moravcsik, H. O. & Kathleen, M. W. (eds), 375 – 386. Amsterdam: John Benjamins.

[67] Pace-Sigge, M. (2013) *Lexical Priming in Spoken English Usage* [M]. Basingstoke: Palgrave Macmillan.

[68] Palmer, H. E. (1933) *Second Interim Report on English Collocations*[M]. Tokyo: Kaitakusha.

[69] Pan, F., Reppen, R. & Biber, D. (2016) Comparing patterns of L1 versus L2 English academic professionals: Lexical bundles in Telecommunications research journals[J]. *Journal of English for Academic purposes* 21: 60 – 71.

[70] Paquot, M. & Granger, S. (2012) Formulaic language in learner corpora[J]. *Annual Review of Applied Linguistics* 32: 130 – 149.

[71] Pawley, A. (1985) On Speech Formulas and Linguistic competence [J]. *Lenguas Modernas* 12: 84 – 104.

[72] Pawley, A. & Syder, F. H. (1983) Two puzzles for linguistic theory: Nativelike selection and nativelike fluency [J]. In J. Richards and R. Schmidt (eds): *Language and Communication*. London: Longman: 191 – 225.

[73] Pawley, A. & Syder, F. H. (2000) The one-clause-at-a-time hypothesis[J]. In Riggenbach, H. (ed.) *Perspectives onfluency*. Ann Arbor: University of Michigan Press: 163 – 199.

[74] Peng, Y. M. (2015a) *Review of Lexical Priming in Spoken English Usage*[J]. *Discourse Studies* 17(3): 392 – 394.

[75] Peng, Y. M. (2015b) *Review of Style in Syntax: Investigating Variation in Spanish Pronoun Subjects*[J]. *System* 51: 97 – 99.

[76] Qin, J. J. (2014) Use of formulaic bundles by non-native English graduate writers and published authors in applied linguistics[J]. *System* 42: 220 - 231.

[77] Raupach, M. (1984) Formulae in second language speech production [J]. *Second Language Production* 13: 114 - 137.

[78] Richards, J. C., Schmidt, R., Kendric, H. & Kim, Y. 2005 (管燕红,唐玉柱译). *Longman Dictionary of Language Teaching and Applied Linguistics*[K]. 北京: 外语教学与研究出版社.

[79] Salazar, D. (2014) *Lexical Bundles in Native and Non-native Scientific Writing* [M]. Amsterdam: John Benjamins.

[80] Schmitt, N. (ed.). (2004) *Formulaic Sequences: Acquisition, Processing and Use*[M]. Amsterdam: John Benjamins.

[81] Scott, M. & Tribble, C. (2006) *Textual Patterns: Key Words and Corpus Analysis in Language Education*[M]. Amsterdam: John Benjamins.

[82] Simpson-Vlach, R. & Ellis, N. C. (2010) An academic formulas list: New methods in phraseology research[J]. *Applied Linguistics* 31(4): 487 - 512.

[83] Shrefler, N. (2011) Lexical bundles and German bibles [J]. *Literary and Linguistic Computing* 26(1): 89 - 106.

[84] Sinclair, J. M. (1991) *Corpus, Concordance, Collocation* [M]. Oxford: Oxford University Press.

[85] Sinclair, J. M. (2004) *Trust the Text: Language, Corpus and Discourse*[M]. London: Routledge.

[86] Stefanowitsch, A. & Gries, S. T. (2003) Collostructions: Investigating the interaction between words and constructions[J]. *International Journal of Corpus Linguistics* 8(2): 209 - 243.

[87] Tracy-Ventura, N., Biber, D. & Cortes, V. (2007) Lexical bundles in Spanish speech and writing[J]. *Working with Spanish Corpora* 36: 217 - 231.

[88] Tremblay, A., Derwing, B., Libben, G. & Westbury, C. (2011) Processing Advantages of Lexical bundles: Evidence from self-paced reading and sentence recall tasks[J]. *Language Learnig* 61(2): 569 - 613.

[89] Wray, A. (2002) *Formulaic Language and the Lexicon* [M]. Cambridge: Cambridge University Press.

［90］Wray，A.（2013）*Formulaic Language: Pushing the Boundaries*［M］．上海：上海外语教育出版社．

［91］Xiao，R.（2010）How Different is Translated Chinese from Native Chinese？A Corpus-based Study of Translation Universals［J］．*International Journal of Corpus Linguistics* 15(1)：5－35.

［92］Xiao，R.（2011）Word clusters and reformulation markers in Chinese and English：Implications for translation universal hypotheses［J］．*Languages in Contrast* 11(2)：145－171.

［93］Xiao，R. & McEnery，T.（2006）Collocation，semantic prosody and near synonymy：A cross-linguistic perspective［J］．*Applied Linguistics* 27（1）：103－129.

［94］Xiao，R. & McEnery，T.（2010）*Corpus-based Contrastive Studies of English and Chinese*［M］．New York：Routledge．

［95］陈德彰（2011）汉英对比语言学［M］．北京：外语教学与研究出版社．

［96］崔蓬克（2012）当代汉语流行语概念的再界定［J］．当代修辞学(2)：27－31.

［97］桂诗春（2009）基于语料库的英语语言学语体分析［M］．北京：外语教学与研究出版社．

［98］郭宪珍（1987）现代汉语量词手册［M］．北京：中国和平出版社．

［99］胡显耀（2006）当代翻译小说的规范语料库研究［D］．上海：华东师范大学．

［100］李方（2009）教育研究的概念性定义和操作性定义［J］．教育导刊(9)：12－15.

［101］李慧（2008）现代汉语"V 单+NP"语块研究［D］．北京：北京语言大学．

［102］李晶洁、卫乃兴（2017）学术英语文本中的功能句干研究：提取方法与频数分布［J］．外语教学与研究(3)：202－214.

［103］李咸菊（2009）北京话话语标记"是不是""是吧"探析［J］．语言教学与研究(2)：83－89.

［104］连淑能（1993/2004）英汉对比研究［M］．北京：高等教育出版社．

［105］梁福军（2016）科技语体语法、规范与修辞（上册）［M］．北京：清华大学出版社．

［106］梁茂成、李文中、许家金（2010）语料库应用教程［M］．北京：外语教学与研究出版社．

［107］刘宓庆（1991）汉英对比研究与翻译［M］．南昌：江西教育出版社．

[108] 陆俭明(2013) 现代汉语语法研究教程(第四版)[M]. 北京：北京大学出版社.

[109] 吕叔湘(1979/2013) 汉语语法分析问题[M]. 北京：商务印书馆.

[110] 吕叔湘、朱德熙(1979) 语法修辞讲话[M]. 北京：中国青年出版社.

[111] 吕叔湘(1942/1944) 中国文法要略[M]. 北京：商务印书馆.

[112] 马广惠(2011) 词块的界定、分类与识别[J]. 解放军外国语学院学报(1)：1-4.

[113] 欧阳霞(2011) 浅析新闻报道的语言表达特点[J]. 今传媒(10)：122-123.

[114] 潘文国(2010) 汉英语言对比概论[M]. 北京：商务印书馆.

[115] 钱旭菁(2008) 汉语语块研究初探[J]. 北京大学学报(哲学社会科学版)(5)：139-146.

[116] 邵敬敏、周芍(2005) 语义特征的界定与提取方法[J]. 外语教学与研究(1)：21-28.

[117] 沈家煊译(2000) 现代语言学词典[M]. 北京：商务印书馆.

[118] 田俊武(2001) 剧本小说——一种跨文本写作的范式[J]. 外国文学评论(1)：86-94.

[119] 王力(1943/1944) 中国现代语法[M]. 北京：商务印书馆.

[120] 王力(1984) 中国语法理论[M]. 济南：山东教育出版社.

[121] 肖忠华(2012) 英汉翻译中的汉语译文语料库研究[M]. 上海：上海交通大学出版社.

[122] 薛旭辉(2013) 英语语块的概念表征与认知界定研究综述[J]. 西安外国语大学学报(2)：23-28.

[123] 邢福义、汪国胜(2011) 现代汉语(第二版)[M]. 武汉：华中师范大学出版社.

[124] 杨国枢(1984) 社会及行为科学研究法[M]. 台北：东华书局.

[125] 杨建国(2012) 面向汉语国际教育的汉语文化词语的界定、分类及选取[J]. 语言教学与研究(3)：27-34.

[126] 张德禄、贾晓庆、雷茜(2015) 英语文体学重点问题研究[M]. 北京：外语教学与研究出版社.

[127] 赵元任(1979/2012) 汉语口语语法[M]. 北京：商务印书馆.

[128] 朱德熙(1982/2012) 语法讲义[M]. 北京：商务印书馆.

附　录

附录 1　汉语自然会话中保留的词束[①]

词　束	频率	MI 值
就 是 说	754	8.149 191
是 不 是	219	5.261 585
有 一 个	205	10.432 46
有 没 有	143	10.175 47
是 一 个	113	7.755 343
一 个 人	122	10.914 53
跟 你 说	110	8.266 434
跟 你 讲	93	10.649 69
对 不 对	91	6.479 207
一 个 月	89	12.752 79
就 行 了	87	7.887 386
我 不 知 道	80	7.267 283
不 是 啊	73	4.224 099
你 知 道 吗	72	9.427 908
那 个 就 是	67	4.766 145
你 就 是	67	3.576 954

---

① 本书讨论了八种语体中的词束,由于词束数量较多,加之有结构分类和功能分类等方面的内容。若将全部原始结果列出,篇幅过大,因而笔者只选词束频率排前 20 的三词和四词词束放于本书附录中。

词 束	频率	MI 值
那 就 是	67	4.448 801
好 不 好	66	6.828 688
现 在 就 是	65	5.478 209
我 就 是	61	3.230 867
我 跟 你 讲	70	15.359 77
我 跟 你 说	68	12.692 49
是 不 是 啊	56	8.739 482
还 有 一 个	50	15.404 3
都 挺 好 的	44	14.454 67
我 也 不 知 道	30	12.722 38
你 就 是 说	23	8.445 021
一 个 就 是	23	10.911 53
我 就 是 说	21	8.103 042
就 是 一 个	20	10.709 9
但 是 就 是 说	19	11.984 04
那 就 是 说	19	9.041 234
但 是 就 是 说	19	11.984 04
还 挺 好 的	18	13.083 63
跟 你 说 啊	17	11.017 87
现 在 就 是 说	16	9.866 436
你 有 没 有	15	12.253 18
跟 你 讲 啊	15	13.462 76
他 有 没 有	14	12.719 06

附录 2　汉语自然会话中被排除的多词单位①

1. 被排除的三词单位

1.1　无意义

的 话 你	就 就 是	那 那 你
了 是 吧	的 这 种	那 那 就
的 话 就	的 你 知道	是 这个 这个

1.2　跨越标点符号

完了，就	说:"我 现在	时候，就是
一 个 。嗯	你 讲 ，你	我 知道。那
说 ，就 说	那 时候，他	没 问题。我

1.3　意义不清晰

不 是 我	是 你 要	要 是 不
就 是 不	不 就 是	还 是 那
到 一 个	就 让 他	一 个 这个

1.4　MI 值小于 3

说 我 也	我 说 的	还 是 这个
说 我 在	没 有 什么	还 是 那个
就 说 在	不 是 现在	就 是 所以

2. 被排除的四词单位

2.1　无意义

的 是 不 是	是 就 是 说	嗯 哼 嗯 有
对 对 对 就	对 对 对 是	的 时候 我 就
一 个 呢 就	哎 哎 哎 哎	的 好 的 好

2.2　跨越标点符号

就 是 ，不 是	觉得，就 是 说	就 是 说 ，有

---

① 因排除的多词单位较多,此处选取排除的种类和实例作为范例。

就是说，呃　　　　就是说，跟　　　　就是说，嗯
跟他说："我　　　　跟你讲："你　　　　我不知道，我

2.3 意义不清晰

了我说我　　　　得挺好的　　　　了我跟你
了你知道吗　　　了一封信　　　　了是不是
的对不对　　　　的话还是　　　　的话你就

附录3　汉语学术写作中保留的词束

词　束	频率	MI 值
是 一 种	62	10.667 11
是 一 个	56	10.697 31
并 不 是	32	10.089 57
有 一 个	26	11.233 29
而 不 是	19	8.423 777
一 个 重要	17	13.054 99
一 个 人	16	11.417 11
一 个 新	16	12.249 3
相 结合 的	14	12.328 11
所 说 的	14	8.428 17
之间 的 关系	14	9.684 067
这 两 个	13	12.935 23
也 不 能	13	10.170 82
另 一 个	13	14.162 73
技术 的 发展	13	7.405 267
这 就 是	12	8.505 729
两 个 方面	12	14.345 93
每 一 个	12	13.274 03
一些 新 的	12	9.361 14
如 图 所示	15	28.396 82
有 不同 的	15	16.236 64
一 个 新 的	11	15.549 1
是 不同 的	10	14.008 78
一 种 新 的	6	14.497 59
更 重要 的 是	6	14.741 58

词　束	频率	MI 值
主要 表现 在 以下	5	24.010 68
以下 几 个 方面	5	26.370 61
在 一定 程度 上	5	20.292 54
在 实际 工作 中	5	19.109 55
近 几 年 来	5	26.585 32
一 个 独立 的	5	16.979 69
某 种 意义 上	5	23.898 69
这 种 情况 下	5	21.761 24
在 不同 的	5	13.639 67
就 是 一 种	5	15.132 73
也 是 一 个	5	15.237 5
应 是 一 个	5	16.586 71
而 是 一 个	5	15.525 18
在 此 基础 上	4	20.722 8

附录 4　汉语学术写作中被排除的多词单位

1. 被排除的三词单位

1.1　无意义

于 年 月　　　　　　从 年 开始　　　　　　的 这 就

1.2　意义不清晰

的 一 种　　　　　　的 过程 是　　　　　　的 两 个

的 基础 上　　　　　的 这 一　　　　　　　的 两 种

的 人 的　　　　　　也 就 不　　　　　　　的 历史 上

1.3　特定话题

社会主义 初级 阶段　　　计划 的 商品经济　　　经济 发展 和

2. 被排除的四词单位

2.1　特定话题

有 计划 的 商品经济

2.2　意义不清晰

的 一个 重要　　　　　的 另 一 个

附录 5　汉语自然会话中词束的结构分类

1. 三词词束结构分类

1.1　基于动词词束

我 不 知道	你 不 用	你 要 在
就 是 你	你 就 可以	你 要 有
用 不 用	有 什么 事	知 不 知道

1.2　基于名词/介词词束

一 封 信	一 件 事	一 个 呢
这 两 天	两 个 星期	另外 一 个
一 个 月	一 两 天	一 个 公司

1.3　基于形容词词束

忙 不 忙	好 不 好	热 不 热
都 挺 好	不 好 的	不 太 清楚
很 大 的	也 挺 好	很 重要 的

1.4　从句类词束

你 知道 吧	好 了 吗	来 了 以后
我 告诉 你	怎么 办 啊	但是 我 觉得
再 说 吧	我 知道 啊	所以 你 要

2. 四词词束结构分类

2.1　基于动词词束

是 不 是 有	那 有 没 有	你 还 有 什么
我 现在 就 是	我 也 不 是	我 不 知道 他
是 有 一 个	不 是 说 你	你 说 两 句

2.2　基于名词/介词词束

我 一 个 人	一 个 人 在	一 个 人 就
在 国内 的	跟 我 说 的	跟 我 说 了
给 你 写 信	跟 你 打 电话	就 跟 他 说

2.3　基于形容词词束

挺 好 的 啊　　　　　挺 好 的 吧　　　　　挺 好 的 哈

对 不 对 啊　　　　　好 不 好 啊　　　　　挺 好 的 吗

那 挺 好 的　　　　　现在 挺 好 的　　　　　比较 好 一 点

2.4　从句类词束

是 不 是 啊　　　　　我 不 知道 啊　　　　　我 跟 他 说

跟 你 讲 啊　　　　　你 知 不 知道　　　　　收 到 了 吗

附录6　汉语学术写作中词束的结构分类

1. 三词词束的结构分类

1.1　基于动词词束

这 就 是	都 是 有	得 不 到
一 种 是	这 不 是	具有 重要 的
是 一 种	是 一 门	特别 是在

1.2　基于名词/介词词束

一些 新 的	社会 生活 的	水平 的 提高
意义 上 的	等 方面 的	重要 的 作用
一 系列 的	系统 中 的	发展 的 历史

1.3　基于形容词词束

很 大 的	较 高 的	十分 重要 的
更 多 的	较 大 的	很 强 的
更 大 的	更 好 地	更 多 地

1.4　从句类词束

这 是 因为		

2. 四词词束结构分类

2.1　基于动词词束

就 是 一 种	指 出 的 是	是 不 同 的
也 是 一 种	而 是 一 个	也 有 不 同
也 是 一 个	更 重要 的 是	是 多 方面 的

2.2　基于名词/介词词束

在 一定 程度 上	从 某 种 意义	不同 程度 的
在 实际 工作 中	在 这 种 情况	一 个 新 的
在 此 基础 上	在 不 同 的	以下 几 个 方面

附录7 汉语自然会话中词束的功能分类

1. 三词词束功能分类

1.1 情态词束

我 就 觉得	我 不 敢	反正 我 觉得
你 还 是	我 很 想	我们 不 是
都 挺 好	很 贵 的	挺 好 了

1.2 话语组织词束

打 个 电话	跟 你 说	我 告诉 你
你 写 信	跟 你 讲	再 说 吧
看 一 看	跟 我 说	你 说 吧

1.3 指称词束

一 个 人	一 件 事	三 个 月
两 个 人	两 个 星期	一 个 礼拜
前 几 天	几 块 钱	每 一 个

1.4 特殊会话功能词束

是 不 是	你 有 什么	不 知道 什么
有 没 有	是 什么 意思	就 是 什么
用 不 用	还 是 什么	是 什么 都

1.5 多功能词束

那 就 好	所以 就 是	因为 是 这样
那 就 行	但是 我 想	不 是 因为
放心 好 了	如果 你 要	就 是 如果

2. 四词词束功能分类

2.1 情态词束

我 现在 就 是	也 不 是 很	有 一 个 是
我 觉得 还 是	知道 怎么 回 事儿	就 是 那 种
你 就 不 用	都 是 这样 的	是 挺 好 的

2.2 话语组织词束

我 跟 你 讲	到 时候 再 说	跟 你 说 了
我 跟 你 说	以后 再 说 吧	跟 他 联系 了
跟 你 说 啊	我 给 你 写	给 你 写 了

2.3 指称词束

我 这 两 天	他 一 个 人	有 一 个 人
在 国内 的	就 在 家里	到 这 边 来

2.4 特殊会话功能词束

有 没 有 什么	你 能 不 能	几 点 钟 啊
是 不 是 有	是 不 是 这	怎么 回 事 啊

2.5 多功能词束

那 就 是 说	你 不 是 说	所以 我 就 觉 得
现在 就 是 说	你 就 是 说	而且 就 是 说

附录8　汉语学术写作中词束的功能分类

1.三词词束功能分类

1.1　情态词束

一 种 是	是 一 个	就 有 可能
是 一 项	注意 的 是	是 复杂 的
指 的 是	只是 一 种	是 很 难

1.2　话语组织词束

而 产生 的	得 不 到	意 义 上 讲
而 成 的	就 有 了	表现 在 以下
就 形成 了	这 就 要求	对 其 进行

1.3　指称词束

近 几 年	每 一 个	等 各 种
这 一 问题	任何 一 个	每 一 个
一 段 时间	一 个 问题	每 个 人

1.4　多功能词束

这 是 因为	同时 也 是

2. 四词词束功能分类

2.1　情态词束

就 是 一 种	指 出 的 是	有 很 大 的
也 是 一 种	而 是 一 个	是 不 同 的
也 是 一 个	更 重要 的 是	也 有 不 同

2.2　话语组织词束

主要 表现 在 以下

2.3　指称词束

在 一定 程度 上	从 某 种 意义	不 同 程度 的
在 实际 工作 中	在 这 种 情况	一 个 新 的

附录 9　汉语剧本中保留的词束

词　束	频率	MI 值
是 不 是	66	6.405 825
这 不 是	35	6.204 681
不 是 我	28	4.638 858
也 不 能	23	9.075 459
一 个 人	21	10.824 26
我 告诉 你	18	9.055 349
也 不 是	17	6.031 314
是 一 个	15	8.236 027
一 顿 饭	13	15.448 38
跟 你 说	13	7.824 662
可 不 能	13	9.550 335
你 就 是	13	4.960 366
又 不 是	12	7.430 633
我 不 是	12	3.416 466
我 是 说	12	4.639 135
干 什么 呀	11	11.343 33
你 这 是	11	4.500 439
不 就 是	11	4.753 748
对 不 对	11	9.110 272
你 说 的	10	4.672 426
我 一 个 人	9	14.635 51
你 是 不 是	8	8.857 073
我 跟 你 说	7	11.965 22
我 的 意思 是	6	12.798 69
不 能 这么 说	6	15.417 26

词　束	频率	MI 值
是 不 是 也	5	9.829 345
是 不 是 再	5	11.839 54
你们 这 一 家	5	16.742 54
这么 多 年 了	5	19.685 27
你 还 有 什 么	4	13.508 41
你 可 不 能	4	13.345 54
您 这 不 是	4	9.788 048
我 也 不 能	4	11.585 54
也 不 能 这么	4	15.225 58
你 看看 你	4	13.367 01
好 几 天 了	4	18.697 83
不 瞒 您 说	4	16.907 92
就 这么 定 了	4	17.953 87
瞧 您 说 的	4	14.693 31

附录 10　汉语剧本中被排除的多词单位

1. 排除的三词单位

1.1　无意义

对 对 对	不 着 了	啊 我 都
来 来 来	了 你 也	啊 不 不
哎 哎 哎	了 你 怎么	啊 你 也

1.2　意义不清晰

人家 把 我	你 可 真	你 别 在
你 把 那	你 可 得	你 可 别
你 让 我	你 别 再	你 还 没

1.3　跨越标点符号

什么 了? 你	放心 吧。我	爸, 不 是
什么 事? 都	明白 了。那	爸, 我 得
什么 呀? 你	不 是? 再	牛 大姐, 你

1.4　MI 值小于 3

我 是 不	是 我 的
是 你 的	我 说 的

2. 被排除的四词单位

2.1　无意义

吧 来 来 来	呃 对 对 对	不 不 不 不
我 告诉 你 你	哎 您 瞧 您	是 我 是 说
对 对 对 哎	哎 哎 哎 哎	呀 呃 对 对

2.2　意义不清晰

你 别 在 这	我 什么 也 没	了 什么 事儿 了
怎么 说 的 我	天 三 顿 饭	了 我 也 是
了 你 怎么 了	了 是 不 是	的 意思 是 说

2.3　跨越标点符号

是 不 是? 我	爸 , 不 是 我	得 了 吗? 我
我 说, 你 怎 么	好 了 , 好 了	快 走 , 快 走
不 是 ? 我 不	行 了 , 行 了	是 ? 我 是 说

附录11　汉语专题话题中保留的词束

词　束	频率	MI 值
是 一 个	203	9.974 723 94
是 不 是	179	6.109 654 46
有 一 个	135	10.906 927 2
是 一 种	102	9.928 571 35
就 是 说	83	6.937 855 2
有 没 有	70	10.967 937 3
我 觉得 我	42	6.579 573 02
有 一 种	41	10.134 421 6
我 想 请问	39	11.428 173 2
不 是 说	38	5.455 983 79
这 件 事	37	15.286 301 9
更 多 的	37	9.918 957 55
很 大 的	36	9.185 202 5
是 社会 问题	35	9.750 174 67
两 个 人	34	11.870 173 9
所 说 的	33	8.494 215 35
并 不 是	32	9.340 334
是 这样 的	32	5.426 168 44
也 不 是	30	5.760 627 22
是 客观 存在	30	13.780 049 5
这 是 一 个	32	14.528 306 9
还 有 一 个	21	16.420 714 4
不 是 一 个	20	12.664 717 1
就 是 一 个	20	13.019 476 6
每 一 个 人	19	20.289 126 2

词 束	频率	MI 值
每 个 人 都	17	20.950 602 2
是 三 分 钟	16	25.485 692 1
也 是 一 种	14	14.379 691 6
我 觉得 这 是	14	11.884 465 2
是 一 个 很	13	14.367 563 3
是 客观 存在 的	12	16.696 863 9
这样 的 一 个	12	13.728 081 3
美 是 主观 感受	12	22.080 351 8
美 是 客观 存在	12	21.434 938 8
有 更 多 的	11	14.777 952 1
怎样 炼 成 的	11	28.057 505 5
是 怎样 炼 成	11	28.907 055 7
有 没 有 可能	11	17.185 266 1
你 是 不 是	10	8.717 332 07

附录 12　汉语专题话题中被排除的多词单位

1. 被排除的三词单位

1.1　特定话题

对方 辩 友	想 请问 对方	国际 大专 辩论会
请问 对方 辩	越 辩 越	呢 对方 辩
辩 友 你	辩 友 如果	同学 发言 时间

1.2　意义不清晰

的 人 都	的 话 我们	的 观众 朋友
的 名字 叫	的 都 是	的 话 就
的 是 吧	了 他 的	同学 下 来

1.3　无意义

时间 是 三分	是 分 秒	的 话 你
系 二年 级	的 话 就	月 日 播出
了 我 就	是 分钟 请	时间 是 分

1.4　跨越标点符号

各位，掌声！谢谢！	了 。我 觉得	情况 下，我
吗？不 是	呢？我 觉得	吗？我 想
呢？就 是	吗？我 觉得	了 吗？我们

1.5　MI 值小于 3

是 我 的	我 就 是	是 他 的
我 不 是	就 是 我	一 种 是
是 你 的	是 我们 的	是 人 的

2. 被排除的四词单位

2.1　跨越标点符号

不 是？就 是	问题 。就 是 说	一 点 。就 是
这 件 事，我	就 是 说，这	我 觉得，这 种
有 一 次，我	呢？就 是 说	哪 一 位 我？

2.2 意义不清晰

是 要 告诉 我们　　　　到 了 一 个　　　　一 种 什么 样
一个 人 都　　　　　　一些 什么 样 的　　　那 我 就 不
了 我 说 你　　　　　　友 是 不 是　　　　　的 时候 我 的

2.3 无意义

宣布 年 国际 大专　　　时间 是 分秒　　　　的 时候 也 是
月 日 播出 各位　　　　也 是 分钟 请　　　　的 时候 我 就
我 宣布 年 国际　　　　时间 也 是 分　　　　的 时候 是 不

2.4 专题话题

请问 对方 辩 友　　　　吗 对方 辩 友　　　　对方 辩 友 是
对方 辩 友 的　　　　　对方 辩 友 告诉　　　辩 友 告诉 我们
对方 辩 友 还　　　　　我 方 一 辩　　　　　同学 表明 立场 和

附录 13　汉语口头叙述中保留的词束

词　束	频率	MI 值
是 不 是	158	5.480 84
有 一 个	115	9.579 577
也 就 是	99	6.534 395
一 个 人	87	9.559 051
也 不 是	60	5.345 682
是 一 个	58	7.164 561
不 是 我	51	3.784 81
那 就 是	50	6.040 986
我 就 是	48	4.163 594
一 个 月	45	12.282 29
就 是 说	43	5.781 204
也 不 知 道	42	8.690 677
这 是 我	42	4.660 649
我 一 个	42	6.634 222
一 个 是	38	6.554 507
我 不 是	38	3.360 312
也 不 能	36	7.763 19
这 就 是	35	5.345 079
并 不 是	34	9.386 64
还 不 是	34	5.699 688
还 有 一 个	23	15.111 23
我 一 个 人	18	12.639 77
我 也 不 知 道	16	12.652 1
说 是 不 是	13	9.007 548
还 有 别 的	11	15.166 16

词　束	频率	MI 值
不 是 北京 人	9	12.717 55
就 是 一 个	9	10.777 71
是 不 是 啊	9	9.718 887
是 不 是 我	8	6.530 8
是 不 是 有	8	8.022 983
就 不 知道 了	8	11.541 47
这 就 是 我们	8	10.574 82
我 有 我 的	8	7.031 683
也 有 人 说	8	12.389 33
是 这么 回 事	8	19.042 59
几 十 块 钱	8	22.497 14
一 个 人 的	8	11.089 12
一 百 多 块	7	22.452 8
到 家 里 来	7	18.938 36

附录14　汉语口头叙述中被排除的多词单位

1. 被排除的三词单位

1.1　无意义

呢 就 是	是 就 是	啊 就 是
的 也 有	的 都 是	多 块 钱
了 我 的	他 也 不	我 才 不

1.2　意义不清晰

我 也 不	他 就 不	他 给 我
什么 也 不	你们 可 别	他 跟 我
我 就 不	我 也 就	但 我 不

1.3　特定话题

四 个 现代化	为 人民 服务	粉碎 四人帮 之后

1.4　跨越标点符号

是? 这 是	再 以后,我	是 什么? 是
是 ? 我 是	出去 了。我	走 了。那
走 了。我	解放 以后, 我	象 我。这样

1.5　MI 值小于 3

是 我 的	我 是 个	我 有 我
我 也 是	不 也 是	我 也 有
就 是 我	不 是 一	我 说 了

2. 被排除四词单位

2.1　意义不清晰

了 是 不 是	的 时候 我 就	五 毛 钱 一
了 几 个 月	了 三 个 月	的 是 不 是
的 时候 儿 啊		

2.2　跨越标点符号

就 是,就 是	不 是,不 是	不 是? 就 是
我 说:" 我 是		

附录15 汉语剧本中词束的结构分类

1. 三词词束结构分类

1.1 基于动词词束

不 是 我	你 也 是	你 就 知道
我 不 是	您 这 是	就 知道 你
我 是 说	我 就 知道	就 算 我

1.2 基于名词/介词词束

一 顿 饭	你 一 人	我们 家 的
这 两 天	你 这 人	这 人 啊
多 年 了	几 个 钱	这 几 年

1.3 基于形容词词束

对 不 对	好 了 吗	多 好 的
挺 好 的	那么 大 的	她 挺 好
不 一样 啊	不 对 了	那么 多 的

1.4 从句类词束

我 告诉 你	谢谢 您 了	完 了 以后
您 坐 这儿	这么 说 吧	我 告诉 你们
什么 事儿 了	你 说 呢	是 这样 啊

2. 四词词束结构分类

2.1 基于动词词束

你 是 不 是	咱 是 不 是	要 不 要 我
是 不 是 也	咱们 是 不 是	说 是 不 是
是 不 是 再	您 是 不 是	行 不 行 啊

2.2 基于名词/介词词束

你们 这 一 家	一 天 三 顿	我 一 个 人
这么 多 年 了	一 稿 两 投	好 几 天 了

2.3 从句类词束

我 跟 你 说	这 话 说 的	您 说 的 对
不 瞒 您 说	一点儿 关系 都 没有	您 这么 说 吧
就 这么 定 了	不 瞒 你 说	我 干 什么 呀

附录16　汉语专题话题中词束的结构分类

1. 三词词束结构分类

1.1　基于动词词束

我 就 觉得	我 倒 是	那么 我 觉得
我 觉得 这个	我 特别 喜欢	你 也 是
我 也 是	我 觉得 您	其实 我 知道

1.2　基于名词/介词词束

这件 事	一 种 方式	两 个 问题
两 个 人	一 个 月	第一 个 问题
这件 事情	他们 两 个	几 个 人

1.3　基于形容词词束

更 多 的	更 大 的	最 惨 的
很 大 的	就 好 了	最 重要 的
最 大 的	不 一样 的	那么 多 的

1.4　从句类词束

怎么 说 呢	下 周 再见	这么 回 事
干 什么 呢	是 这样 吗	到 此 结束
您 怎么 看	他 说 不行	可以 这么 说

2. 四词词束结构分类

2.1　基于动词词束

怎样 炼 成 的	你 有 没 有	到底 是 不 是
是 怎样 炼 成	有 哪 一 位	是 不 是 一
有 没 有 可能	还 有 哪 一	是 不 是 告诉

2.2　基于名词/介词词束

你们 两 个 人	这样 的 一 个	一 个 具体 的
人 的 主观 感受	一 个 人 的	一 个 大 的
两 个 人 的	每 个 人 的	一 个 新 的

2.3　从句类词束

美 是 主观 感受	艾滋病 是 社会 问题	我 在 家 里
美 是 客观 存在	我 觉得 是 这样	我 想 问 一 下

附录 17　汉语口头叙述中词束的结构分类

1. 三词词束

1.1　基于动词词束

也 不 是	我 就 是	那 就 是
不 是 我	可 不 是	不 是 有
也 就 是	他 不 是	我 不 知 道

1.2　基于名词/介词词束

一 个 月	那 么 一 个	三 个 字
这 几 年	一 代 人	八 十 块 钱
前 几 年	一 大 群	几 十 个

1.3　基于形容词词束

最 好 的	全 齐 了	不 太 多
最 大 的	太 大 了	人 不 多
不 太 好	挺 多 的	人 很 多

1.4　从句类词束

怎 么 回 事	哪 去 了	是 谁 的
怎 么 说 呢	多 少 年 了	有 多 少 人
不 是 吗	哪 来 的	干 什 么 呢

2. 四词词束

2.1　基于动词词束

我 也 不 知 道	这 是 我 的	我 也 不 懂
不 是 北 京 人	就 是 一 个	挺 有 意 思 的
就 不 知 道 了	不 是 一 个	这 可 不 是

2.2　基于名词/介词词束

几 十 块 钱	一 个 人 的	就 我 一 个

我 一 个 人   一 百 多 块

2.3　从句类词束

是 不 是 啊   是 怎 么 回 事   是 干 什 么 的

附录18　汉语剧本中词束的功能分类

1. 三词词束功能分类

1.1　情态词束

不 是 我	您 这 是	你 就 知道
我 不 是	我 就 知道	就 知道 你
我 是 说	是 咱们 的	就 算 我

1.2　话语组织词束

看 着 我	瞎 了 眼	信 上 说
这么 一 说	瞧 您 说	公布 于 众
你 还 有	管 得 着	再 去 找

1.3　指称词束

多 年 了	这么 多 年	一 篇 文章
您 二 位	你们 二 位	一 个 人儿
我 这 人	您 这 话	三 顿 饭

1.4　特殊会话词束

是 不 是	能 不 能	你 干 嘛
干 什么 呀	要 不 要	出 什么 事
成 不 成	什么 来 着	出 什么 事 儿

1.5　多功能词束

就 是 说	说 的 是	说 实在 的
就 是 因为		

2. 四词词束功能分类

2.1　情态词束

我 的 意思 是	你 这 不 是	要 不 是 我
你 可 不 能	我 从来 都 是	这 是 你 的
您 这 不 是	我 就 不 信	不 能 这么 说

2.2 话语组织词束

跟 您 这么 说	你 看看 你	您 瞧瞧 您
我 跟 你 说	就 这么 定 了	这 话 说 的
不 瞒 您 说	瞧 您 说 的	不 瞒 你 说

2.3 指称词束

你们 这 一 家	一 天 三 顿	我 一 个 人
这么 多 年 了	一 稿 两 投	好 几 天 了

2.4 特殊会话词束

管 得 着 吗	你 是 不 是	咱们 是 不 是
出 了 什么 事 儿	是 不 是 也	您 是 不 是
怎么 回 事 儿 啊	是 不 是 再	成 不 成 啊

附录 19　汉语专题话题中词束的功能分类

1. 三词词束功能分类

1.1　情态词束

我 觉得 我	我 倒 是	是 给 我
我 觉得 你	我 特别 喜欢	我 感觉 到
我 觉得 我们	我 觉得 您	我 是 这么

1.2　话语组织词束

给 大家 介绍	让 我们 来	给 我们 讲
让 我 说	跟 他们 接触	跟 他 说
跟 你 说	跟 我们 说	跟 大家 说

1.3　指称词束

这 件 事	一 种 方式	一 个 男人
两 个 人	一 个 月	第四 位 代表
这 件 事情	他们 两 个	一 件 事情

1.4　特殊会话功能词束

怎么 说 呢	您 怎么 看	是 不 是
干 什么 呢	是 这样 吗	有 没 有
会 不 会	哪 一 位	是 什么 呢

1.5　多功能词束

就 是 说	他 说 不行	所以 我 想
不 是 说	但是 我 觉得	因为 他 是
我 想 请问	所以 我 觉得	因为 它 是

2. 四词词束功能分类

2.1　情态词束

我 觉得 这 是	我 说 的 是	这 就 是 我
我 觉得 就 是	我 也 不 知道	就 是 我 的
我 觉得 最好	这 是 我 的	这 就 是 我们

2.2　话语组织词束

给 你 带 来	来 给 大家 介绍	我们 再 来 看
我 想 问 一下	我 就 想 到	请 到 了 现场
我们 讲 一 讲	我 来 给 大家	他 的 名字 叫

2.3　指称词束

两 个 人 的	一 个 人 的	一 个 新 的
从 何 而 来	每 个 人 的	他 一 个 人

2.4　特殊会话功能词束

你 有 没有	就 是 什么 呢	是 什么 样 的
有 哪 一 位	是 不 是 不	是 干 什么 的

2.5　多功能词束

并 不 是 说	就 是 这样 的	我们 讨论 的 是
要 进入 的 是	因为 我 觉得 我	下面 要 进入 的

附录20　汉语口头叙述中词束的功能分类

1. 三词词束

1.1　情态词束

也 不 是	他 不 是	这 就 是
不 是 我	就 是 那个	那个 就 是
也 就 是	这 也 是	都 不 知道

1.2　话语组织词束

跟 我 说	跟 他 说	给 我 看
依 我 说	跟 你 说	对 我 说
跟 人家 说	给 我 介绍	给 我 找

1.3　指称词束

一 个 月	这么 多 年	一 个 儿子
这 几 年	几 十 块	一 个 字
前 几 年	几 块 钱	我 一 个

1.4　特殊会话功能词束

是 不 是	凭 什么 不	有 什么 好
有 没 有	不 是 什么	有 什么 用
会 不 会	就 是 什么	这 有 什么

1.5　多功能词束

就 是 说	不 是 说	
不 是 因为	因为 我 是	是 因为 我

2. 四词词束

2.1　情态词束

我 也 不 知道	我 并 不 是	不 是 一 个
不 是 北京 人	这 可 不 是	就 是 我 的
就 不 知道 了	这 是 我 的	这 就 是 我们

2.2　话语组织词束

也有人说　　　　有人说我

2.3　指称词束

几十块钱　　　　一百多块　　　　在家呆着

我一个人　　　　就我一个　　　　到家里来

2.4　特殊会话功能词束

是干什么的　　　　说是不是　　　　有什么不好

是不是啊　　　　是不是这　　　　是不是我

是怎么回事　　　　也不知怎么　　　　是不是有

2.5　多功能词束

是这么回事　　　　我说我是

附录 21　汉语新闻中保留的词束

词　束	频率	MI 值
是 一 个	59	10.335 07
有 一 个	18	9.814 895
并 不 是	17	10.103 13
多 年 来	17	12.005 99
对 记者 说	17	12.548 68
最 大 的	16	9.693 129
每 一 个	15	13.642 58
几 年 来	14	13.240 06
更 好 地	14	13.974 81
一 个 新	13	10.805 66
一 个 月	13	10.765 88
这 是 一	13	7.405 945
很 大 的	12	8.915 522
更 多 的	12	8.565 024
是 一 种	12	10.235 5
和 社会 发展	12	11.689 38
几 个 月	12	13.625 28
多 国 部队	12	17.261 5
在 新 的	11	5.743 262
近 几 年	11	15.381 79
一 个 新 的	11	14.791 73
这 是 一 个	10	15.513 07
新 的 一 年	7	13.840 82
近 几 年 来	6	23.253 05
在 这 种 情况	5	20.672 63

词　束	频率	MI 值
这 种 情况 下	5	23.586 06
提 出 一 个	5	22.582 9
人们 不禁 要 问	5	28.371 7
过去 的 一 年	4	15.135 57
应 有 的 贡献	4	19.337 98
大 有 希望 的	4	16.253 18
更 重要 的 是	4	15.306 31
这 是 一 次	4	15.170 72
不 是 一 个	4	13.761 3
再 翻 一 番	4	29.648 01

附录22　汉语新闻中被排除的多词单位

1. 被排除的三词单位

1.1　无意义

年 月 日	日 上午 时	自 年 月
今年 月 日	月 日 在	月 日 晚
将 于 月	去年 月 日	月 的 时间

1.2　意义不清晰

了 一 场	的 一 种	的 一 天
了 一 次	的 前提 下	的 一 条
了 两 个	了 一 大	的 一 部分

1.3　特定话题

改革 开放 的	项 基本 原则	的 基本 路线
中国 特色 的	四 项 基本	十一 届 三中全会
有 中国 特色	经济 建设 为	广大 人民 群众

2. 被排除的四词单位

2.1　无意义

将 于 月 日	月 日 上午 时
日 上午 时 分	达 多 万 元

2.2　意义不清晰

中国 特色 的 社会主义	的 十一 届 三中全会	四 项 基本 原则
建设 有 中国 特色	第二 步 战略 目标	坚持 四 项 基本
有 中国 特色 的	人民 的 根本 利益	党 的 十一 届

附录 23 汉语报告和公文中保留的词束

词　束	频率	MI 值
比 上年 增长	43	16.070 120 9
比 上年 增加	25	16.040 797 6
和 社会 发展	18	10.413 296 7
十 年 规划	16	15.224 976 6
由 上年 的	11	9.030 701 76
单位 和 个人	10	12.743 369 9
比 上年 减少	9	16.042 599 9
近 几 年	9	18.201 029 2
一 个 新	9	12.904 325 7
工作 的 领导	9	8.319 614 8
等 方面 的	9	10.402 057 8
和 有关 部门	8	9.218 584 89
一 项 重要	8	15.377 841 2
经验 的 基础	8	11.855 975 8
相 结合 的	8	12.822 808 9
更 好 地	8	16.161 796 8
今后 十 年	7	16.416 995 4
全 社会 的	7	10.992 733 9
是 一 项	7	12.670 622 9
有 条件 的	7	9.067 227 64
经验 的 基础 上	8	20.786 136 1
到 一 个 新	6	21.437 150 6
各 种 形式 的	6	22.988 812 1
提高 到 一 个	6	25.303 091 8
多 种 形式 的	5	24.468 281 5

词　束	频率	MI 值
和 社会 发展 的	4	12.630 217 3
全 社会 的 力量	4	21.888 128 9
另 有 规定 的	4	20.600 052 5
在 全国 范围	3	27.200 221 6
按照 国家 有关 规定	3	21.699 890 4
批准 之 日 起	3	28.011 033 9
自 批准 之 日	3	29.258 961 5
全国 范围 内	3	24.280 446 3
单位 和 个人 的	3	15.393 249 9
广大 干部 群众 的	3	21.489 748 7
经济 等 方面 的	3	17.570 829 1
这 一 工作 的	3	15.925 117 4
本地 的 实际 情况	3	22.049 879 9
研究 的 基础 上	3	18.990 008 5

附录24　汉语报告和公文中被排除的多词单位

1. 被排除的三词单位

1.1　无意义

月 日 起	年 活动 的	日 起 施行
条 本 规定	为 亿 元	总额 亿 元
元 比 上年	上年 增长 新	个 总 投资

1.2　意义不清晰

同意 后 报	中 广泛 开展	的 刑事 的
的 发展 和	的 情况 下	的 目标 和
的 基本 任务	范围 内 开展	了 一 系列

1.3　跨越标点符号

社会、团体、企业	深入、持久 地	团体、企业、事业
法律、法规 规定	第一 条：为了	企业、事业 组织
企业、事业 单位	计划、有 步骤	地区、各 部门

1.4　特定话题

全国 人民 代表大会	全民 所有制 单位	认真 贯彻 执行
和 八五 计划	各 地区 各	人民政府 和 有关
思想 政治 工作	行政 主管 部门	质量 品种 效益

2. 被排除的四词单位

2.1　无意义

元 比 上年 增长	质量 品种 效益 年
项目 个 总 投资	比 上年 增长 其中

2.2　跨越标点符号

转发 给 你们，请	品种，提高 产品 质量

2.3　专题话题

人民 代表大会 常务 委员会	七 中 全会 精神
全国 人民 代表大会 常务	发展 十 年 规划

2.4　意义不清晰

的 一 项 重要	的 实际 情况 制定	开展 质量 品种 效益
的 单位 和 个人	中 的 一 个	主管 部门 提 出

附录 25　汉语小说中保留的词束

词　束	频率	MI 值
是 不 是	45	6.414 865
是 我 的	29	4.197 197
我 不 是	13	4.949 187
会 不 会	12	10.332 64
你 不 是	10	5.192 038
我 不 知道	9	7.906 186
有 没 有	8	9.144 232
不 是 你	8	4.870 11
这 是 我	7	4.938 762
你 叫 什么	6	10.292 97
你 有 什么	6	7.911 433
叫 什么 名字	6	15.913 55
是 什么 地方	6	10.471 88
发生 了 什么	5	10.780 21
怎么 会 是	5	9.764 431
是 什么 意思	5	11.976 67
是 谁 呢	5	10.594 06
能 不 能	5	9.162 69
这 是 怎么	5	8.076 375
你 是 个	6	6.148 645
点 了 点头	13	21.449 98
我 一 个 人	13	14.032 85
是 怎么 回事	9	21.916 58
叹 了 口气	8	26.428 07
走 来 走 去	8	19.464 9

词　束	频率	MI 值
说 了 一 句	8	15.325 47
出 了 什么 事	7	17.829 55
一 个 人 的	7	11.246 11
站 起 身 来	6	23.853 67
这 是 一 种	6	14.758 12
那 是 一 个	6	13.251 6
摇 了 摇 头	5	25.591 57
吃 了 一 惊	5	19.024 35
哼 了 一 声	5	19.453 88
看 不 见 的	5	13.828 63
躺 在 床 上	5	22.612 37
犹豫 了 一 下	5	18.750 03
这 是 我 的	5	9.024 602
成 了 一 个	5	14.964 81

附录 26　汉语小说中被排除的多词单位

1. 被排除的三词单位

1.1　无意义

年 月 日	的 话 我	我 我 也

1.2　意义不清晰

了 一 声	了 口 气	地 一 声
的 人 都	的 一 声	的 不 是
了 他 一	了 一 条	的 就 是

1.3　跨越标点符号

说:" 我 是	说:" 我 也	地 说:" 我
说:" 这 是	说:" 我 不	的 时候,他
说:" 你 是	他 说:" 你	的 时候,我
不 是? 我	说:" 你 真	笑 道:" 你

2. 被排除的四词单位

2.1　跨越标点符号

想 了 想,说

2.2　意义不清晰

了 一 口 气	了 他 一 眼	地 看 着 她
是 怎 么 一 回		

附录27　汉语新闻中词束的结构分类

1. 三词词束结构分类

1.1　基于动词词束

并 不 是	是 正确 的	也 是 一
这 是 一	而 不 是	多 的 是
是 一 种	是 一 个	是 一致 的

1.2　基于名词/介词词束

多 年 来	对 记者 说	在 治理 整顿
几 年 来	和 社会 发展	对 这个 问题
一 年 来	在 新 的	据 有关 部门

1.3　基于形容词词束

最 大 的	最 多 的	不 合理 的
更 好 地	更 好 的	十分 重要 的
很 大 的	较 大 的	更 重要 的

2. 四词词束结构分类

2.1　基于动词词束

大 有 希望 的	应 有 的 贡献	这 是 一 个
更 重要 的 是	再 翻 一 番	不 是 一 个
这 是 一 次	提出 一 个	

2.2　基于名词/介词词束

新 的 一 年	过去 的 一 年	在 这 种 情况
近 几 年 来	一 个 新 的	这 种 情况 下

2.3　从句类词束

人们 不禁 要 问

附录28 汉语报告和公文中词束的结构分类

1. 三词词束结构分类

1.1 基于动词词束

是 一 项	有 条件 的	有 针对性 地
持久 地 开展	创造 良好 的	提供 必要 的
可以 根据 需要	有 计划 地	不 服 的

1.2 基于名词/介词词束

比 上年 增长	从 实际 出发	比 上年 提高
比 上年 增加	与 上年 相比	与 上年 持平
和 社会 发展	比 上年 下降	在 认真 总结

1.3 基于形容词词束

更 好 地	不 合理 的	更 多 的
较 大 的	更 大 的	

2. 四词词束结构分类

2.1 基于动词词束

提高 到 一 个	发挥 各自 的 作用
另 有 规定 的	要 通过 各 种
表示 衷心 的 感谢	

2.2 基于名词/介词词束

到 一 个 新	按照 国家 有关 规定
在 全 国 范围	批准 之 日 起
自 批准 之 日	

2.3 从句类词束

现 转发 给 你们

附录 29　汉语小说中词束的结构分类

1. 三词词束结构分类

1.1　基于动词词束

是 我 的	这 是 我	你 知道 我
我 不 是	你 是 个	我 不 能
你 不 是	我 就 是	我 也 想

1.2　基于名词/介词词束

两 个 人	一 回 事	这 几 个
这 件 事	再 一 次	这 几 天
一 句 话	这 一 天	那 两 个

1.3　基于形容词词束

很 大 的	不 早 了	最 好 的
最 大 的	不 清 的	最 重要 的
小 小 的		

1.4　从句类词束

怎么 回 事	在 什么 地方	哪 来 的
这 是 什么	到 哪里 去	你 说 什么

2. 四词词束结构分类

2.1　基于动词词束

点 了 点 头	叹 了 口 气	摇 了 摇 头
说 了 一 句	哼 了 一 声	躺 在 床 上
吃 了 一 惊	看 不 见 的	犹豫 了 一 下

2.2　基于名词/介词词束

两 个 人 的	怎么 一 回 事	一 个 人 的
两 个 人 都	我 一 个 人	

附录30　汉语新闻中词束的功能分类

1. 三词词束功能分类

1.1　情态词束

并 不 是	不 能 把	是 一 片
这 是 一	这 就 是	是 我们 的
是 一 种	这 是 我们	是 正确 的

1.2　话语组织词束

巩固 和 发展	就 有 了	就 成 了
不禁 要 问	意义 上 说	笑 着 说
得 不 到	经济 发展 和	纷纷 涌 向

1.3　指称词束

多 年 来	对 记者 说	在 治理 整顿
几 年 来	和 社会 发展	对 这个 问题
一 年 来	在 新 的	据 有关 部门

1.4　特殊会话功能词束

能 不 能	会 不 会

2. 四词词束功能分类

2.1　情态词束

大 有 希望 的	这 是 一 次	不 是 一 个
更 重要 的 是	这 是 一 个	应 有 的 贡献

2.2　话语组织词束

人们 不禁 要 问

2.3　指称词束

新 的 一 年	近 几 年 来	过去 的 一 年
一 个 新 的	在 这种 情况	这 种 情况 下
再 翻 一 番	提出 一 个	

附录31　汉语报告和公文中词束的功能分类

1. 三词词束功能分类

1.1　情态词束

是 一 项	有 条件 的	取得 了 明显
增加 较 多	创造 良好 的	持久 地 开展
密切 相关 的	有 计划 地	可以 根据 需要

1.2　话语组织词束

另 有 规定	关心 和 支持	改进 和 完善
现 转发 给	经济 发展 和	巩固 和 发展
动员 和 组织		

1.3　指称词束

比 上年 增长	从 实际 出发	比 上年 提高
比 上年 增加	与 上年 相比	与 上年 持平
和 社会 发展	比 上年 下降	在 认真 总结

2. 四词词束功能分类

2.1　情态词束

表示 衷心 的 感谢

2.2　话语组织词束

现 转发 给 你们

2.3　指称词束

到 一 个 新	按照 国家 有关 规定
在 全 国 范围	批准 之 日 起
自 批准 之 日	

附录 32　汉语小说中词束的功能分类

1. 三词词束功能分类

1.1　情态词束

是 我 的	不 是 你	你 不 会
我 不 是	这 是 我	你 知 道 我
你 不 是	你 是 个	我 不 能

1.2　话语组织词束

笑 着 说	站 起 身	就 走 了
看 了 看	下 了 车	想 到 这 里
看 不 见	看 不 出	摇 了 摇

1.3　指称词束

两 个 人	一 回 事	一 大 群
这 件 事	再 一 次	这 一 招
一 句 话	这 一 天	这 几 个

1.4　特殊会话功能词束

是 不 是	你 有 什 么	怎 么 会 是
会 不 会	叫 什 么 名 字	是 什 么 意 思
有 没 有	是 什 么 地 方	是 谁 呢

2. 四词词束功能分类

2.1　情态词束

这 是 一 种	那 是 一 个	这 是 一 个
这 是 我 的	是 一 个 人	

2.2　话语组织词束

点 了 点 头	叹 了 口 气	摇 了 摇 头

2.3　指称词束

两 个 人 的	怎 么 一 回 事	一 个 人 的

两个人都　　　　　　我一个人

2.4　特殊会话功能词束

是 怎 么 回 事　　　　出 了 什 么 事

附录 33　汉语口语中可优先教授的词束

频率	文本数	词　束	D 值
52	44	我 也 不 知道	0.564 434 362
15	14	这 是 我 的	0.380 835 17
16	14	这 就 是 我们	0.359 666 701
12	11	就 是 我 的	0.351 833 486
45	36	这 是 一 个	0.327 705 054
23	20	也 是 一 种	0.394 652 989
22	21	也 是 一 个	0.738 520 362
31	28	不 是 一 个	0.661 735 259
46	42	就 是 一 个	0.754 742 881
41	35	一 个 就 是	0.449 727 607
14	13	还 有 就 是	0.462 687 661
16	15	我 觉得 就 是	0.442 209 729
13	13	有 什么 不 好	0.380 835 17
80	46	我 跟 你 说	0.490 259 094
13	13	是 这么 回 事	0.270 539 156
34	27	我 一 个 人	0.588 454 23
26	20	每 一 个 人	0.371 085 484
17	13	有 这么 一 个	0.493 790 483
20	15	一 个 人 的	0.398 972 903
23	20	有 一 个 人	0.457 778 011
21	20	我 有 一 个	0.452 631 245
23	20	你 有 没 有	0.491 741 757
22	20	你 是 不 是	0.678 220 003
66	31	是 不 是 啊	0.494 713 229
25	24	是 不 是 有	0.615 824 396

频率	文本数	词　束	D 值
24	21	是 不 是 也	0.648 948 776
20	16	说 是 不 是	0.404 128 464
18	18	是 不 是 不	0.588 858 965
15	14	是 不 是 这	0.328 938 559
21	18	你 还 是	0.497 119 945
21	19	我 就 去	0.499 366 604
20	19	你 不 知道	0.494 291 194
20	19	我 倒 是	0.499 889 636
19	19	都 是 我	0.477 941 498
18	18	那 我 想	0.498 339 193
17	15	你 要 说	0.469 476 157
16	13	我 就 问	0.436 981 162
16	15	看 着 我	0.399 939 475
15	14	我 一 看	0.380 835 17
15	15	我 看 过	0.334 838 622
15	14	是 我 自己	0.351 833 486
15	15	来 找 我	0.696 856 618
15	13	让 我 去	0.336 670 193
14	13	你 告诉 我	0.462 687 661
14	14	我 就 知道	0.404 165 193
14	13	我 想 可能	0.483 429 752
14	13	我 还 想	0.482 917 243
14	14	我们 都 是	0.482 917 243
13	12	我 现在 想	0.470 136 028
11	11	我 做 了	0.380 835 17
10	10	我 刚才 说	0.345 256 831
52	35	我 觉得 你	0.479 433 453
74	53	我 觉得 我	0.742 040 189
12	10	我 觉得 不	0.477 585 129

频率	文本数	词 束	D 值
31	24	我 觉得 这个	0.369 011 277
80	60	就 是 他	0.591 478 862
79	58	他 就 是	0.620 148 086
62	51	他 不 是	0.565 155 245
35	28	不 知道 他	0.482 959 882
15	14	它 不 是	0.467 755 075
81	64	那 就 是	0.725 565 869
49	41	这 也 是	0.674 146 261
46	34	这 都 是	0.762 738 64
38	35	这 就 是	0.704 474 964
35	28	这 是 一	0.647 493 479
29	25	就 是 这么	0.374 121 197
19	16	是 这 样子	0.420 320 849
17	17	这 是 个	0.447 724 746
14	13	是 这么 个	0.479 006 855
37	35	这个 就 是	0.684 920 333
30	24	都 是 这样	0.456 436 867
174	90	就 是 说	0.639 177 467
131	74	是 一 种	0.592 214 585
96	76	也 就 是	0.429 622 547
86	67	有 一 个	0.800 466 573
73	53	有 一 种	0.627 097 375
63	50	现在 就 是	0.605 184 021
61	55	就 是 一	0.874 907 923
50	38	看 一 看	0.758 295 958
46	36	有 一 次	0.411 685 716
46	39	有 这样 的	0.476 830 75
45	41	有 几 个	0.606 377 117
40	33	就 是 有	0.416 333 074

频率	文本数	词　束	D 值
40	31	所 说 的	0.466 302 933
39	32	反正 就 是	0.499 518 039
39	35	就 是 在	0.630 389 742
37	33	是 真 的	0.471 278 279
35	29	也 是 一	0.669 405 304
34	31	就 是 什么	0.544 953 527
31	22	是 一 个	0.926 576 908
30	23	就 是 要	0.494 866 64
29	26	有 一 天	0.430 464 141
29	23	有 一定 的	0.499 655 103
28	27	可能 就 是	0.472 505 953
27	24	就 走 了	0.456 436 867
25	23	是 一样 的	0.590 787 493
24	22	说 的 话	0.665 125 724
23	17	也 是 个	0.451 088 709
23	21	刚才 说 的	0.303 043 148
23	22	是 两 个	0.584 474 552
22	22	就 是 很	0.457 778 011
22	19	讲 一 讲	0.475 987 247
21	19	是 中国 人	0.328 938 559
20	16	想 一 想	0.377 875 779
20	18	过 一 次	0.413 354 563
20	17	过 几 天	0.457 300 467
19	18	就 是 个	0.640 340 244
19	18	是 一般 的	0.528 359 069
18	16	写 了 一	0.465 955 613
18	15	是 很 难	0.375 092 93
17	16	就 成 了	0.326 962 489
17	16	就 有 一	0.575 784 22

频率	文本数	词 束	D 值
17	17	有 什么 好	0.453 688 627
16	16	又 来 了	0.474 644 113
16	16	就 是 做	0.350 485 922
16	14	就 等 着	0.425 325 338
16	12	打 了 一	0.307 471 377
15	15	也 是 在	0.382 748 849
15	15	也 是 这样	0.477 585 129
15	12	是 很 有	0.353 802 91
15	12	觉得 还 是	0.459 787 208
14	13	这 位 是	0.380 835 17
14	12	都 忘 了	0.400 683 692
13	12	举 个 例子	0.326 962 489
13	11	就 是 想	0.344 325 771
13	13	就 是 觉得	0.487 933 484
13	10	是 错 的	0.380 835 17
13	13	说 了 一	0.495 038 301
13	13	这么 一 说	0.474 644 113
12	11	是 谁 的	0.351 833 486
12	12	有 一 位	0.326 962 489
12	11	说 一 说	0.490 644 39
12	12	还 真 有	0.499 793 3
11	10	再 去 找	0.382 607 691
11	11	来 了 个	0.328 938 559
10	10	可能 还 会	0.490 644 39
15	14	都 是 这个	0.304 179 654
91	69	这 不 是	0.689 229 513
55	44	那 不 是	0.866 272 597
25	23	不 是 那么	0.598 209 337
19	15	是 不 可能	0.479 941 091

频率	文本数	词 束	D 值
162	113	也 不 是	0.795 315 371
136	102	不 是 说	0.901 231 17
102	78	也 不 知道	0.630 256 258
90	64	并 不 是	0.566 999 379
84	42	不 是 啊	0.477 448 277
81	65	也 不 能	0.640 824 918
73	59	还 不 是	0.708 302 216
66	53	不 是 很	0.740 238 659
58	55	不 是 有	0.342 986 79
53	49	也 不 会	0.718 676 273
48	35	都 不 知道	0.854 089 817
95	57	一 个 月	0.542 444 379
87	60	两 个 人	0.911 363 324
57	35	这 件 事	0.594 287 864
56	39	一 个 人	0.721 849 056
55	44	一 句 话	0.851 790 196
54	37	这 两 天	0.475 383 539
53	34	一 封 信	0.483 719 52
51	40	三 个 月	0.463 175 936
43	37	几 个 人	0.402 855 286
43	31	这 件 事情	0.378 885 756
38	29	这 几 年	0.334 287 396
36	29	这 两 个	0.661 402 051
34	29	两 个 月	0.635 194 508
28	26	这 方面 的	0.490 644 39
26	19	你们 两 个	0.485 559 174
24	21	前 几 天	0.355 875 781
23	20	多年 了	0.497 044 53
23	20	这么 多 年	0.636 063 394

频率	文本数	词　束	D 值
22	17	三 个 人	0.896 484 045
21	18	这 一 段	0.637 630 015
20	13	一 本 书	0.472 068 453
20	16	那 两 个	0.418 612 446
19	13	一 类 的	0.422 937 995
16	15	前 两 天	0.434 817 27
15	11	很 多 人	0.479 257 011
15	15	这么 回 事儿	0.403 182 518
14	13	那 几 个	0.499 405 396
13	11	一 篇 文章	0.404 297 947
13	13	几 个 钱	0.499 959 831
13	12	我们 家 的	0.489 987 674
12	12	什么 人 都	0.328 938 559
11	10	我们 的 人	0.315 852 283
46	38	这样 的 话	0.496 446 046
135	71	跟 你 说	0.792 781 378
79	61	跟 我 说	0.867 284 417
53	39	跟 他 说	0.911 001 873
30	21	跟 她 说	0.429 901 708
22	16	在 社会 上	0.489 450 843
21	16	在 这 方面	0.498 531 23
23	23	来 的 时候	0.461 815 999
19	16	年轻 的 时候	0.464 324 605
28	22	走 的 时候	0.403 814 848
127	67	对 不 对	0.904 542 384
287	88	挺 好 的	0.735 679 769
111	71	就 行 了	0.862 137 429
83	59	很 大 的	0.763 897 41
55	46	最 好 的	0.533 397 958

频率	文本数	词 束	D 值
53	43	不 太 好	0.605 634 332
48	44	最 大 的	0.565 982 618
47	36	就 好 了	0.737 593 955
43	37	很 好 的	0.487 933 484
36	23	太 好 了	0.359 003 213
32	28	太 多 了	0.516 569 227
30	26	不 好 的	0.496 179 009
24	22	不 太 清楚	0.495 305 729
23	21	不 一样 了	0.678 321 265
23	17	很 重要 的	0.490 644 39
22	16	不 好 啊	0.449 106 572
22	21	这么 大 的	0.472 068 453
21	17	不 可能 的	0.490 644 39
21	20	比较 好 的	0.661 337 254
19	15	挺 多 的	0.422 937 995
14	11	那么 多 人	0.380 835 17
14	14	那么 大 的	0.488 652 47
11	10	不 太 多	0.382 748 849
40	31	但是 我 觉得	0.386 862 568
26	19	所以 我 觉得	0.364 258 067
22	19	因为 我 觉得	0.384 012 141
20	18	是 因为 我	0.323 704 65
17	17	但是 我 想	0.482 804 692
17	16	因为 我 是	0.326 962 489
17	16	所以 我 想	0.492 904 589
14	11	如果 你 要	0.499 879 605
56	36	完 了 以后	0.909 218 325
40	33	怎么 说 呢	0.555 387 952
36	34	怎么 回 事	0.631 231 009

频率	文本数	词　束	D 值
21	18	在 什么 地方	0.652 513 457
15	14	干 什么 呢	0.472 068 453
15	15	是 什么 时候	0.498 188 853
13	10	那么 回 事儿	0.304 179 654
12	12	因为 他 是	0.490 644 39

附录 34　汉语书面语中可优先教授的词束

频率	文本数	词　束	D 值
37	30	这 是 一 个	0.383 741
16	15	更 重要 的是	0.490 003
33	28	一个 新 的	0.453 719
21	17	近 几 年 来	0.430 64
38	32	这 就 是	0.497 56
153	90	是 一种	0.682 532
52	47	有 一种	0.690 711
35	35	有 两个	0.765 114
33	26	是 一位	0.495 734
33	24	笑 着 说	0.409 187
27	19	是 一项	0.761 939
23	22	也 是 一	0.496 914
22	20	有 几 个	0.474 273
19	18	是 一片	0.499 355
19	18	特别 是 在	0.496 914
17	15	是 一次	0.410 25
10	9	巩固 和 发展	0.498 7
35	30	重要 的 是	0.479 842
12	12	就 有 了	0.469 204
28	16	相 结合 的	0.486 704
23	22	有 一定 的	0.474 448
15	12	有 一致 的	0.483 205
15	14	是 正确 的	0.449 086
14	12	相 适应 的	0.499 912
11	10	值得 注意 的	0.487 59

频率	文本数	词　束	D 值
95	75	并 不 是	0.734 024
50	42	而 不 是	0.740 958
40	39	也 不 能	0.488 133
40	37	这 不 是	0.650 516
34	29	也 不 是	0.781 01
26	25	得 不 到	0.756 766
24	24	就 不 能	0.498 792
16	13	不 能 把	0.429 179
16	16	还 不 能	0.487 59
20	16	会 不 会	0.455 396
14	13	能 不 能	0.473 295
44	38	一 句 话	0.481 854
44	33	这 件 事	0.417 979
39	29	近 几 年	0.705 433
37	31	这 两 个	0.783 129
36	28	几 年 来	0.719 122
36	32	多 年 来	0.380 731
30	29	又 一 次	0.455 089
28	24	一 段 时 间	0.487 59
24	19	两 个 方 面	0.497 939
23	21	另 一 种	0.470 33
15	14	一 项 重 要	0.320 029
14	14	一 年 多	0.497 999
10	10	一 大 批	0.487 59
20	17	经 济 的 发 展	0.780 378
13	12	发 展 的 需 要	0.394 831
22	22	各 方 面 的	0.747 709
19	15	等 方 面 的	0.337 027
18	16	这 方 面 的	0.487 59

频率	文本数	词　束	D 值
15	12	发展 中 的	0.475 679
31	22	对 我 说	0.445 815
24	22	从 根本 上	0.783 654
17	12	在 新 的	0.396
46	38	所 说 的	0.440 892
24	19	所 需 的	0.488 994
69	60	很 大 的	0.785 045
60	54	更 多 的	0.755 436
52	43	最 大 的	0.712 4
31	29	最 重要 的	0.738 649
31	28	较 大 的	0.729 046
30	23	更 大 的	0.790 34
27	24	较 高 的	0.499 325
21	20	更 重要 的	0.499 174
18	18	最 多 的	0.457 179
15	14	十分 重要 的	0.487 59
11	10	很 强 的	0.497 948
35	27	更 好 地	0.711 691

索　引